U0937633

作者简介

王占锋　1971年9月出生，中共党员，河南新野人，法学博士，现为桂林电子科技大学马克思主义学院副教授，主要研究方向为思想政治教育原理与方法。在核心期刊发表学术论文20余篇，人大复印资料转载1篇；主持国家社科基金课题1项，参与国家社科基金课题2项，主持省部级课题2项，参与省部级课题14项；参与编著专著4部，获省部级科学研究优秀成果奖2项。

社会主义核心价值体系系统建设研究

王占锋◎著

人民日报学术文库

人民日报出版社

图书在版编目（CIP）数据

社会主义核心价值体系系统建设研究／王占锋著．
—北京：人民日报出版社，2017．6
ISBN 978－7－5115－4770－5

Ⅰ．①社… Ⅱ．①王… Ⅲ．①社会主义建设—价值论
—研究—中国 Ⅳ．①D616

中国版本图书馆 CIP 数据核字（2017）第 150904 号

书　　名：社会主义核心价值体系系统建设研究
著　　者：王占锋

出 版 人：董　伟
责任编辑：周海燕
封面设计：中联学林

出版发行：人民日报出版社
社　　址：北京金台西路 2 号
邮政编码：100733
发行热线：（010）65369509　65369846　65363528　65369512
邮购热线：（010）65369530　65363527
编辑热线：（010）65369518
网　　址：www. peopledailypress. com
经　　销：新华书店
印　　刷：三河市华东印刷有限公司

开　　本：710mm×1000mm　1/16
字　　数：296 千字
印　　张：17
印　　次：2018 年 1 月第 1 版　　2018 年 1 月第 1 次印刷

书　　号：ISBN 978－7－5115－4770－5
定　　价：68．00 元

序

社会主义核心价值体系建设是党的十六届六中全会首次明确提出的重大命题，体现了我们党在建设中国特色社会主义伟大实践中的价值自觉。如何建设社会主义核心价值体系是当代学人孜孜以求为之探索的重要任务。《社会主义核心价值体系系统建设研究》一书运用系统论等科学研究方法对其进行系统、深刻的理论探讨，读之使人眼前为之一亮，留下了深刻印象。

首先，本书选题立意较为高远。从立论基点上看，本书选题以社会主义核心价值体系系统建设为研究对象，就跳出了一般意义上囿于细枝末节的研究范围，显示了从宏观、整体角度研究论题的立意。从立论缘起上看，本书从全球化境遇中我国意识形态安全面临的新挑战、社会转型期巩固国民信仰遇到的新课题、中国特色社会主义发展的新诉求和多元文化冲突中主导价值认同遇到的新冲击入手阐述社会主义核心价值体系系统建设的时代境遇，较为全面分析了在“意识形态终结论”和“非意识形态化”思潮“普世伦理”等国际思潮侵蚀背景下，在国内新自由主义、民粹主义、普世价值思潮、新儒学思潮、“新左派”思潮以及民主社会主义等思潮随对社会主义主导意识形态的影响、蒙蔽和消解下社会主义核心价值体系系统建设的国内外背景，从国际和国内的视角转换中论述文化、价值观念和信仰的交融和冲突，显示了较为大气的学术视角。从学术探究深度上看，本书以价值理性追问为切入点，从社会价值追求层面导出“什么是社会主义，怎样建设社会主义”这一历史命题，力求从价值层面澄清“什么是社会主义”的诘问，提升了社会主义核心价值体系系统建设选题的学理层次。

其次，本书学术视野较为宏阔。本书科学运用系统论的研究方法，善于从系统的整体、结构、层次和功能构成切入研究分析社会主义核心价值体系系统建设问题，使本书在布局谋篇上纵横捭阖，张弛有度。从整体上看，本书框架架构全面,从社会主义核心价值体系系统建设的蕴含、进路、域分、过程和评价五个方面展开了全面论述,使本书更显张力,内容丰富,形成了相对严密的整体,涉及到了社会主义核心价值体系建设的主要论域。从结构上看,本书结构较为严谨,遵循"提出问题——分析问题——解决问题"的研究思路,层层推进,环环相扣,每一章节前有铺垫,后有总结,体现了较为严谨的治学之风。从层次上看,本书多处从纵向和横向层次着墨。如在有关社会主义核心价值体系建设上的论述中,文中提出从横向侧面上看,社会主义核心价值体系系统建设的层次匹配表现为理论建设、价值建设和意识形态建设"三建"并举;从纵向层次上看,社会主义核心价值体系系统建设的层次匹配表现为理论建设侧面的内在等级匹配、价值建设侧面的内在等级匹配和意识形态建设侧面的内在等级匹配。这样的分层论述比比皆是。

再次,本书思想观点较有新意。本书中不少观点很有见地,体现了作者一定的学术功力。如有关社会主义核心价值体系系统建设的质态分类论述中,本书从传承、扬弃和创新的哲学抽象高度分析社会主义核心价值体系系统建设的本质规定,提出社会主义核心价值体系系统建设可分为原生性建设、再生性建设、融入性建设,观点就较为新颖。再比如书中依据社会主义核心价值体系本身具有理论体系、意识形态和价值观念的"三重蕴含"属性,提出社会主义核心价值体系系统建设可分为理论化建设、社会化建设和个体化建设三大建设。社会主义核心价值体系理论建设又细分为学理化建设和通俗化建设,社会主义核心价值体系社会化建设也包括社会意识化建设和社会制度体现化建设,社会主义核心价值体系个体化建设又表现为个体内化机制建设和个体外化条件建设两大方面。这样的论述发前人之未发,大胆探讨,就显得较有创意。

社会主义核心价值体系建设既是一个理论问题,更是一个实践问题,要解决的问题复杂又艰巨,这就难免使本书存在一些值得进一步探讨和商榷的问题。例如,书中关于社会主义核心价值体系载体建设,书中将之主要分为"精神载体建设""文化载体建设""制度载体建设"三大方面,这样划分是不是尚不够全面?再比如,书中提出社会主义核心价值体系系统建设过程的规律主要是"要素协同规律"、"层次递进规律"和"过程充分规律",这样划分依据是否已经充分?本书虽然有一些不足,但相对于书中大量的创新观点和创新论证而言仍然是瑕不掩瑜,本书中存在的一些弱点,相信在以后的科研过程中会逐步得到改进和完善。

本书是在王占锋本人的博士论文基础上修改而成的,他在武汉大学读博期间就以学习认真、科研功夫较为扎实受到导师们的好评,当时博士论文答辩就得到了评委的一致认可。经过本人不断充实、修改,本书稿更加趋于完善。我为他在学术上取得的成绩由衷欣慰,希望王占锋同志百尺竿头,更进一步!

谨以此为序

熊建生

2015 年 12 月 9 日撰于珞珈山

前　言

建设社会主义核心价值体系是党的十六届六中全会提出的时代命题和战略任务,体现了我们党在建设中国特色社会主义伟大实践中的价值自觉,从而将对社会主义本质的认识推进到新的时代高度。当前国内对社会主义核心价值体系建设的研究取得了丰硕的成果,但也存在如下不足:一是在立论根据乏力。尚须借鉴自然科学和交叉学科的理论为社会主义核心价值体系建设研究确立学理根据。二是研究视域狭窄。分割式、分裂式研究较多,整体性、整合性的研究不足。三是核心价值凝练杂乱。核心价值体系凝练众说纷纭,莫衷一是。四是研究层次偏低。政策宣讲层面的零散论述较多,学理层次的系统研究较少。五是研究范式僵化。表现为理论研究与实践研究相疏离,宏观研究往往偏重于社会主义核心价值体系建设的理论探讨,缺少对我国意识形态建设现实的应有的关切;微观研究又习惯滞留于经验层面,缺乏理论性支撑。理论源于实践,指导实践,最终要接受实践的检验。建设是一种特殊的实践活动,社会主义核心价值体系重在建设。

本书以马克思主义唯物论和辩证法为指导,以现代系统理论为理论参照,对社会主义核心价值体系系统建设进行深入研究。内容共分五个部分,第一部分主要廓清社会主义核心价值体系系统建设的蕴含。从社会主义核心价值体系系统建设的应然旨归、系统建设的总体观照、系统建设的基本质态和系统建设的内在规定四个方面深入挖掘社会主义核心价值体系建设的应有蕴涵,力图在对社会主义核心价值体系系统建设的内涵把握中发掘系统建设的必然性和内在规定。第二部分着重从理论化建设、社会化建设和个体化建设三个方面分析了社会主义核心价值体系建设的进路。系统论述了以学理化建设和通俗化建设为重点的理论化建设;以生活化、制度化和社会心理化为主要方面的社会化建设;以个体内化和外化为着力点的个体化建设。从研究进路入手打开社会主义核心价值体系系统建设的关照视域。第三部分重点论述社会主义核心价值体系系统建设的主要关注领域,从主体、本体和载体领域入手,分析了社会主义核心价值体系主体建设、本体建设和载体建设。并从人与人、人与社会、人与自身和人与自然几个关系中提出了“平等”“公正”“自由”和“共生”是社会主义最为核心的价值。主体建设、本体建设和载体建设界定了社会主义核心价值体系系统建设的对象,增强了研究的针对性。第四部分探讨了社会主义核心价值体系系统建设的过程,对社会主义核心价值体系系统建设过程中的实质、矛盾、规律和机制进行分析。指出社会主义核心价值体系系统建设过程的实质是主客体互为对象化的过程,是理论具体与实践具体相契合的过程,是核心价值发掘与体现相统一的过程。系统建设过程的基本矛盾是理论可能与现实可行之间的矛盾,应然追求与实然要求之间的矛盾,理性应当与价值正当之间的矛盾。分析了要素协同律、层次递进律和过程充分律是系统建设的基本规律。分析了导向机制、动力机制和调控机制是社会主义核心价值体系系统建设过程的三大机制。第五部分研究了社会主义核心价值体系系统建设的评价,从内涵评价、功能评价、效度评价和表征评价诸方面对社会主义核心价值体系系统建设进行评价。

目　录
CONTENTS

导　论

社会主义核心价值体系建设是党的十六届六中全会首次明确提出的重大命题和战略任务，体现了我们党在建设中国特色社会主义伟大实践中的价值自觉，从而对社会主义本质的认识推进到新的时代高度。社会主义核心价值体系命题的提出突破了以往实证化和伦理化认识、研究社会主义的局限和不足，从更深层的价值维度对"什么是社会主义、怎样建设社会主义"进行了回应，开启了认识社会主义、建设社会主义的新篇章。"社会主义核心价值体系是社会主义意识形态的本质体现"，①是社会主义制度的内在精神和生命之魂，是社会主义运动的核心。如何"把社会主义核心价值体系融入国民教育、精神文明建设和党的建设全过程，贯穿改革开放和社会主义现代化建设各领域，体现到精神文化产品创作生产传播各方面"，②"有效引领社会思潮"，"最大限度形成社会思想共识"，"形成全民族奋发向上的精神力量和团结和睦的精神纽带"，③是社会主义核心价值体系建设面临的任务和课题。

一、选题的缘起

"问题就是公开的、无畏的、左右一切个人的时代声音。"④作为社会主义的立国价值和兴国之魂，社会主义核心价值体系的立论根源有其特定的问题处境，只

① 胡锦涛：《高举中国特色社会主义伟大旗帜　为夺取全面建设小康社会新胜利而奋斗》，人民出版社 2007 年版，第 34 页。

② 《中共中央关于深化文化体制改革推动社会主义文化大发展大繁荣若干重大问题的决定》，《人民日报》2011 年 10 月 26 日第 1 版。

③ 《中共中央关于构建社会主义和谐社会若干重大问题的决定》，《光明日报》2006 年 10 月 18 日第 1 版。

④ 《马克思恩格斯全集》第 1 卷，人民出版社 1956 年版，第 204 页。

有准确把握和认知问题处境,才能抓住建设社会核心价值体系的关键。当前我国意识形态建设面临着国际和国内的双重压力:国际上面临政治、经济、技术等全球化的汹涌浪潮和西方"和平演变"的图谋叫嚣;国内面临社会转型期的不安和阵痛以及多元文化冲突的冲击。这些时代境遇对社会主义核心价值体系建设构成了挑战也提供了机遇,是新时期社会主义核心价值体系建设必须关注的问题。

(一)全球化境遇中我国意识形态安全面临新挑战

"21世纪的世界秩序将是一种什么样的结构和意味着什么,虽然还很不确定,但无疑所有的国家、社会、公民、民族、社会集团、非政府组织等正在形成一个相互联结的全球性政治、经济和社会文化的关系网络。全球政治、全球经济、全球社会文化、全球生态环境将形成全球综合性的生活环境,并极大地制约着我们人类的日常生活。"①全球化是当今世界最显著的时代特征和演变的主旋律,是人类文明进程发展必然出现的环节。一方面冲破传统民族国家的界域,促进不同民族国家在政治、经济、文化等方面走向沟通和融合。另一方面在全球化浪潮的推动和促进下,"地球村"意识和"全球共同体"理念开始为不同国家和民族的人们所普遍接受和认同。就其本质而言,全球化是人类社会政治、经济、文化和科技等发展演化的必然要求和逻辑结果,是当代人类社会在其所能生存空间内出现的最高组织形态,是人类社会文明进步的产物和表现。在此意义上,"全球化作为人类社会发展的客观必然是不可逆转、无法阻挡和不以人的意志为转移的,因而也是无法选择的。"②但也不要忘记全球化的始作俑者和主要推动力量是以美英为首的西方发达国家,其实质动因是资本全球化扩张,目的是凭借发达资本主义国家在政治、经济、科技和军事等方面的优势,在全球范围内进行利益创造、利益追求和利益分享,从而实现其资本利益最大化。"发达国家总是凭借自身的先发优势,强行推行其主导全球化的战略—实现经济、政治、文化全球一体化,即以经济全球化推动政治全球化和资本主义意识形态全球化,又以政治全球化和资本主义意识形态全球化保障其生产方式全球化。"③因此在经济全球化、政治全球化等全球化的汹涌浪潮中,发展中国家只是被动地卷入,全球化的主导权仍然牢牢掌握在发达

① [日]星野昭吉:《. 全球化时代的世界政治》,社会科学文献出版社2004年版,第1页。

② 唐海燕:《全球化问题研究的回顾与思考—再论全球化问题研究的路径和方法》,《华东师范大学学报》2001年第5期。

③ 房玫:《关于中国在全球化进程中坚持并巩固马克思主义主流意识形态地位的思考》,《当代世界与社会主义》2007年第3期。

西方国家手中。需要指出的是,在全球化的浪潮中经济一体化过程固然是主导,同时伴随经济全球化节奏而起舞的还有以政治和文化的交融与碰撞以及价值观念为代表的不同意识形态的交流与交锋。由于东西方意识形态上的根本对立和差异,西方国家从来没有放弃对马克思主义意识形态、社会主义制度和共产党执政地位的颠覆和挑战,各种西方社会思潮以价值中立为标榜,以经济全球化和政治一体化为隐性载体,以政治交往、经济合作、学术交流、新闻媒体互动等方式和渠道进入我国,传播西方的价值观念和意识形态,冲击马克思主义意识形态的主导地位,造成我国意识形态出现一定程度的混乱。

全球化境遇中对我国意识形态造成扰乱和影响的西方现代社会思潮主要有以塞缪尔·亨廷顿、阿尔伯特·加缪、雷蒙·阿隆、弗兰西斯·福山、丹尼尔·贝尔等提出的"意识形态终结论"和"非意识形态化"思潮;以马特拉和布迪厄为代表提出"全球化意识形态";以孔汉斯为代表提出"普世伦理"等。受此影响,也有人提出意识形态"多元论"与马克思主义"多元论"。意识形态终结论者认为在人类社会科学技术的发展与进步的推动下,当代西方资本主义社会结构也今非昔比发生了根本改变,资产阶级和无产阶级的概念内涵不仅发生了改变,而且其差别也变得模糊。传统的意识形态已经过时,意识形态已经走向了终结。意识形态终结论鼓吹的实质是把资本主义价值观念和经济模式看作为管理和发展的普遍方式,把资本主义所谓自由民主的意识形态看成是人类社会最后的意识形态,其目的是让资本主义意识形态一统天下。非意识形态化论者从意识形态的虚假性出发,认为作为社会意识的意识形态实质是为社会阶层或集团自身利益谋取的合法性进行辩护,意识形态与科学不存在通约性,要求人们远离虚假性的意识形态,吹捧技术决定论。非意识形态化论的意图是用西方意识形态向社会主义国家渗透,消解马克思主义和共产主义运动。全球化意识形态论宣扬同质文化论调,回避不同文化差异的事实,其实质是鼓吹以美国为首的西方文化及其隐含的价值观念,并冠之为所谓全球化的普适意识形态。全球化意识形态实质是资本主义意识形态和新自由主义的的改头换面,其目的是让西方意识形态来代替社会主义意识形态,为实现其全球霸权服务。普世价值论认为人类存在普遍适用的、共同的信念和价值观,其实质是把西方资产阶级抽象的诸如平等、自由、民主、人权等价值观看成是普适的价值观。其目的是消解社会主义和共产主义的价值理想,其立足点是对资本主义不可超越性的迷恋,代表的是资产阶级的价值利益。意识形态多元论祭起意识形态"多元"的大旗,用"多元"来审视社会问题,并以"多元"为研究社会问题的方法和观察社会现象的出发点，借此批判社会主义国家的政治制度，否认马克思主义意识形态在国家中的指导地位。马克思主义“多元论”认为马克思主义存在人本主义的马克思主义、生态的马克思主义、科学主义的马克思主义等多种样式，否认存在正统的、整体的、单一的马克思主义。无论是马克思主义多元论还是意识形态多元论，往往貌似中立，实质是否定了马克思主义的整体性、一致性和一贯性，最终是要取消马克思主义意识形态的主导地位，否定社会主义制度。在看到全球化促进了不同民族国家政治、文化、意识领域的接触、对话和交流，促进科技和信息的进步外，还应看到全球化的实质是以发达资本主义国家为主导、以市场经济为载体、以跨国公司为推动力，在经济上表现为市场经济全球化，在政治上表现为企图用资本主义制度一统世界。

在以上国际思潮的挟裹下，国内新自由主义、民粹主义、普世价值思潮、新儒学思潮、“新左派”思潮以及民主社会主义等思潮也暗流涌动，蒙蔽、消解和离散着社会主义主导意识形态。从而使当前我国社会意识形态呈现传统意识形态与现代意识形态共生、国内意识形态与国外意识形态并存、先进意识形态与落后意识形态同在的多元化状态和局面。削弱了马克思主义意识形态的引导力和凝聚力。“意识形态是一定社会或一定阶级、集团基于自身根本利益对现存社会关系自觉反映而形成的理论体系”。① 不仅是统治阶级利益的根本体现，更是国家和民族凝聚力的灵魂，是维系国家和社会发展的精神纽带。“如果从观念上来考察，那么一定的意识形式的解体足以使整个时代覆灭。”②因此，全球化背景下如何加强马克思主义在我国意识形态领域的指导地位，使其在多元中树主导，在多样中求共识，在多变中争主动，有效回应异质社会思潮在意识形态领域的挑战，维护我国意识形态安全，是社会主义核心价值体系建设应有之意。

（二）社会转型期巩固国民信仰遇到新课题

中国正处于社会的转型期。社会转型就其本质而言，是一个社会内部长时期的变迁（量变）积累所导致的根本变化（质变）。就其整体表现来说，“社会转型就是指中国社会从传统社会向现代社会、从农业社会向工业社会、从封闭性社会向开放性社会的社会变迁和发展。”③经过 30 年的改革开放，不断“接受、吸收现代

---

① 《中国大百科全书·哲学》（II），中国大百科全书出版社 1985 年版，第 1097 页。

② 马克思恩格斯全集》第 30 卷，人民出版社 1995 年版，第 540 页。

③ 陆学艺、景天魁：《转型中的中国社会》，黑龙江人民出版社 1994 年版，第 23 页。

的民主、市场经济和法制制度”,①中国社会在社会体制、社会结构和社会形态等方面发生了深刻变革:政治领域向现代民主政治过度,经济领域向市场经济体制转型,文化领域向多元开放的现代文化渐变,社会领域向现代信息社会转化。在转型期,社会在政治、经济、文化各个方面都在寻求、建构新的方向和秩序。出现了社会阶层分化、社会竞争加剧、利益结构重组和多元价值观念冲突的复杂局面。在“民主社会主义”、“历史虚无主义”、“复古主义”和“新自由主义”等为代表的非马克思主义思潮侵蚀下,传统美德丧失,利己主义张扬,一些地方迷信盛行;同时随着社会转型期工业化、市场化、信息化、国际化进程的不断加快,人们的思想在独立性、差异性和多变性等方面显著增强。与此同时,盲从、非理性和集体无意识成为当代部分人思考和处理问题的一大特征。以上原因造成“过去共同支撑信心的精神理念的瓦解,以及当前整个社会在道德文化与价值系统方面的虚无主义,给人们的生存与发展带来了许多新的疑虑和困难,这在一定程度上导致了人们心理上以及心灵深处的动荡失衡”。② 信仰危机就成为中国社会转型期的突出问题。

信仰危机是指信仰者在怀疑机制的驱散力的作用下,导致原有信仰的失落和崩溃。当前我国社会转型期国民信仰危机从信仰主体来看主要表现为:一是信仰认知贫乏。在西方各种社会思潮的影响下部分国民对马克思主义、社会主义和共产主义信仰缺乏全面认知,从而把西方社会的腐朽没落的价值观念奉为圭臬,而对科学的价值信仰视而不见。二是信仰情感淡漠。表现为部分民众忽视精神信仰追求,对社会主义价值观念和价值理想缺乏必要的热情和情感共鸣。三是信仰意志弱化。由于受西方个人主义、自由主义和实用主义等思想的影响,部分人群信仰随意,呈现世俗化、非理性化和功利化的信仰倾向。从价值信仰危机的表现类型来看表现为价值信仰危机、道德信仰危机和目标追求危机。价值信仰危机表现为非理性价值信仰和没有价值信仰,其表现为金钱崇拜、神灵崇拜和拜物崇拜等。一些人把金钱和物质利益作为衡量一切利害的标准,把占有物质和获取金钱看成是人生的信条,把“一切向钱看”、“一切向权看”看成人生的指南,拒绝崇高,排斥高尚;道德信仰危机是指“人们对既有道德价值信仰体系的怀疑、动摇乃至缺

---

① 沃尔夫冈·查普夫,陈黎等译:《现代化与社会转型》,社会科学文献出版社 2000 年版,第 80 页。

② 贺璋瑢:《民间信仰与当代社会的关系之探略_关于广东中山民间信仰的田野调查之思考》,《学术研究》2010 年第 3 期。

失的精神状态,在现象层面上显现为道德失范"。① 表现为部分人对原有的道德规范产生怀疑、动摇、甚至抛弃。由于社会转型期各项法律、法规和制度尚不健全,新的制度规范没有建立起来,旧的传统的法律道德体系约束和引导逐渐失去作用,导致道德失范。部分人忽视道德追求,只顾眼前利益,以至于假冒伪劣大行其道,坑蒙拐骗无所不用其极,社会道德风尚出现隐忧;目标追求危机表现为社会转型期,一些人把权力、金钱和物质作为人生追求的目标,精神、理想、价值、奉献、服务等更高层次追求目标被放弃,"官员""大款"、"明星"成了一些人的梦寐以求的追求,导致权力崇拜、金钱崇拜有增无减,人只关注权力和物欲的满足,失去了人生存真正价值的追问。

"信仰是一个人的基本态度,是渗透在他全部体验中的性格特征,信仰能使人毫无幻想地面对现实,并依靠信仰而生活。"②甚至可以夸张一点说"世界历史的唯一真正的主题是信仰与不信仰的冲突。"③社会核心价值体系是社会意识形态的本质体现,是社会主义的精神之魂,是重塑和巩固国民信仰的指针和标尺。如何优化社会主义核心价值体系教育环境,形成有利于社会主义核心价值体系充分体现的良好氛围,夯实社会主义核心价值体系有效引领社会风尚的牢固基础,使社会主义核心价值体系充分融入现代化建设的各个方面。确立马克思主义指导思想真正成为统领民众信仰的灵魂,中国特色社会主义共同理想成为凝聚民众信仰的主题,以爱国主义为核心的民族精神和以改革创新为核心的时代精神成为塑造民众信仰的动力,以"八荣八耻"为代表的社会主义荣辱观成为民众信仰的基础,是社会转型期重塑和巩固国民信仰,为政治、经济、文化、社会、生态和谐发展提供动力是社会转型期我国意识形态领域回避不了的话题。

(三)中国特色社会主义发展的新诉求

在30余年的对内改革和对外开放中,中国社会沿着解决温饱——小康社会——科学发展——和谐社会的发展脉络稳健推进,经历了"摸着石头过河"的感性认知到"什么是社会主义,怎样建设社会主义"的理性追问。社会主义核心价值体系作为中国社会主义建设的时代命题和战略任务,内含着社会主义自身的价值追求和回应自身合法性的诉求。价值追求深入澄清了"什么是社会主义"的诘问,

① 黄明理、丁妍:《道德信仰危机的成因及克服》,《伦理学研究》2003年第2期。

② 弗洛姆著,孙依依译:《为自己的人》,三联书店1988年版,第184页。

③ 歌德:《东西集·注释》,转引自《伦理学体系》,中国社会科学出版社1990年版,第363页。

提升了对社会主义本质理解的层次;合法性诉求回答了"社会主义何以立身"的疑问,维护了社会主义的正当性。在社会主义运动中,对"什么是社会主义"存在着两种片面的理解传统:一是以考茨基、阿尔都塞为代表的"科学的"社会主义;二是以伯恩施坦和一些西方马克思主义者为代表的"伦理的"社会主义。前者着重从实证化和制度化的角度理解社会主义,缺陷是否认社会主义内在的价值因素,甚至认为其是谬误的根源。后者则相反,基于价值和伦理的出发点,认为社会主义表达的只是一种价值追求,仅在道德上存在一定的必然性。由此产生的后果是在社会主义实践中,"科学的"社会主义忽视甚至抛开社会主义的内在价值规定,片面追求社会主义的外在形式。20 世纪 30 年代高度集中、僵化的苏联模式被解释成社会主义的标准并加以推广和模仿,对世界社会主义运动造成扭曲和伤害;"伦理的"社会主义割裂了价值与历史、价值与制度和的辩证关系,将社会主义价值抽象化、浪漫化。"因此这种浪漫主义观点将作为合理的对立面伴随着资产阶级观点一同升入天堂"。① 必然演变为以改良为特征的西方民主社会主义思潮,与科学社会主义渐行渐远。我国社会主义实践中由于受苏联模式的影响,社会主义价值一度被悬置,不加追问,实证化、教条化、制度化理解建设社会主义倾向严重。片面认为"什么叫做社会主义？社会主义最基本的就是完成了社会主义改造,就是取消了生产资料的私人资本主义所有制,归国家所有了,就是农业、手工业集体化了。"②结果在社会主义道路上忽视生产力的实际发展水平,盲目追求"一大二公三纯"的所有制模式,使社会主义在发展过程中出现了见物不见人的现象,使我们在社会主义探索中走了弯路,也付出了代价。

社会主义核心价值体系是社会主义精神气质的集中反映,是社会主义意识形态的本质体现。其表现出来的价值理想、价值目标、价值原则和价值规范,是以精神形式表现着社会主义的本质。社会主义核心价值体系表征着社会主义的精神内核,是社会主义制度的生命之魂,是社会主义"带有一种令人愉悦的、诗意的诱惑力,以迷人的笑靥引人注目"③所在。社会主义核心价值体系也是社会主义政治纲领、经济纲领、文化纲领和社会发展纲领的内在价值理论依据,为人们的行为准则、意识取向和道德理想提供规范依据;社会主义核心价值体系是"涵盖社会发

---

① 《马克思恩格斯全集》第 46 卷(上),人民出版社 1979 年版,第 109 页。

② 《周恩来选集》,人民出版社 1984 年版,第 105 页。

③ 《马克思恩格斯选集》第 3 卷,人民出版社 1995 年版,第 699 页。

展的指导思想和价值取向,决定着社会意识的性质和方向,影响着人们的思想观念、思维方式、行为规范,引领着社会思潮,是推动社会前进的精神旗帜。"①表现为:社会主义核心价值体系调控社会主义建设和发展的进程。社会主义发展过程是理论与实践相结合、目的与手段相促进、伦理与价值相观照、制度与体制相匹配的过程,失去社会主义核心价值体系的参照依据和调控标准,社会主义建设和发展就会迷失方向;社会主义核心价值体系评判社会主义建设和发展的结果。以社会主义价值评判为依据才能评判社会发展依靠谁,发展为了谁,才能避免社会"两极"分化,真正让人民分享发展成果;社会主义核心价值体系是社会主义回答自身合法性的应有诉求。合法性(英语:Legitimacy;又译正统性、正确性、合理性或正当性)是一个被广泛使用的政治概念,通常指作为一个整体的政府或制度被民众所认可的程度。从政治学的角度来说,一个制度的合法性取决于它是否获得被统治者们的普遍认同。正如马克思·韦伯所言,若要维持统治的持久存在,必须唤起合法性的信仰。尤其是全球化背景下,西方国家针对我国推行"和平演变"政策的图谋下,社会主义回答自身合法性就显得分外迫切。从人类社会发展的历史进程来看,社会主义核心价值体系以马克思主义价值观为指导,立足唯物史观,以最广大人民群众的价值利益为基础,从价值层面揭示社会主义的精神气质和价值追求;从与资本主义价值的对立角度来看,社会主义核心价值体系是扬弃资本主义价值的高级价值体系,社会主义核心价值体系的优势和合法性恰在于能解决资本主义价值的弊端及其因历史局限性所带来危机,只要资本主义危机没有解决,社会主义价值对资本主义价值的反动和纠正作用始终存在。从社会发展的存续性来看,社会主义合法性很大程度上取决于和资本主义竞争中战胜资本主义的必然性。资本主义在论证其合理性的同时,总是以某种历史发展的所谓"误会"或"偶然"来诋毁社会主义存在与发展的历史必然性。同时无视社会主义国家因为诸多历史原因造成起点低,基础薄等事实,对社会主义低效率、市场经济不健全对人的异化作用、官僚腐败及缺乏创新等大加渲染。社会主义的合法性主要体现在比资本主义更加有利于生产力的解放与发展,就需要社会主义核心价值体系充分发挥自身的凝聚力和吸引力,调动人民群众的生产劳动积极性,创造出比资本主义更高的劳动生产率,从而捍卫社会主义的合法性。

---

① 韩震:《社会主义核心价值体系研究》,人民出版社 2007 年版,第 14 页。

（四）多元文化冲突中主导价值认同遇到新冲击

马克思主义文化观认为，广义的文化是自然的人化或人化的自然。狭义的文化是人类改造世界的对象性活动中取得的物质和精神成果，主要包括物质生产文化、制度行为文化和精神心理文化三大类。但是“一定的文化总是在一定的文化场中展开的”，“各民族各地域的文化有其独特的文化模式”。[①] 人类文化又是多元发展的，从而在世界范围内形成了以中国文化、印度文化、伊斯兰文化和西方文化为代表的多元文化谱系。文化的多元呈现只是在说明不同地域、不同文化模式下不同文化的独特精神气质，并不否认在全球化境遇下同一地域文化的多元化趋势。文化的多元化是指在同一文化场域中多种文化交织、兼容、冲突、共生和发展的态势。在文化多元化的发展过程中，由于“各民族的文化都由不同的价值取向和民族精神所主导”，[②]多元文化之间的冲突也在所难免。文化冲突指两种或者两种以上的文化相互接触所产生的竞争和对抗状态。由于文化的产生是以人的生命体验和生存经验为基础，不同生存环境的刺激和作用造成了人们对自身及自身以外的世界的不同感受与看法，造就了不同文化之间具有“先天性”的冲突基因，因此冲突是文化在发展过程中不可避免的一种必然现象。文化之间的冲突在一定程度上也印证了美国学者亨廷顿在《文明的冲突》一书中提出的观点。亨氏认为，当今世界不同民族和国家之间最根本的区别在于文化的差异，国家之间政治、经济、生活等方面的矛盾冲突归根结底在于文化之间的矛盾和冲突。随着我国对外开放的进一步深入，异质文化之间的交流、融合不断加强，其交锋、冲突也进一步加剧。

当前我国多元文化冲突归纳起来主要有以下几种情形：一是东西方文化之间的冲突。长期以来，农耕文明是东方文化的脐带，孕育出东方文化尊人伦、重礼仪、崇整体、尚中庸的文化价值观；海洋文明是西方文化的孵化器，造就西方文化重视平等、注重法制、尊重个体、崇尚竞争的文化价值观。西方发达国家还凭借发达的经济和科技实力，在西方文化中心主义的偏执思维驱使下，打着“精英文化”、“现代文化”、“世界文化”的旗号，输出它们的文化价值理念。造成了东西方文化之间的冲突。二是传统文化和现代文化之间的冲突。不同的生产力和生产方式造成了中国传统文化和现代文化截然不同的价值取向：生产力和生产方式落后使

---

① 金元浦主编：《中国文化概论》，首都师范大学出版社 1999 年版，第 11 页。

② 金元浦主编：《中国文化概论》，首都师范大学出版社 1999 年版，第 11 页。

传统文化重过去、重保守、重玄想、重退让、重自然、重出世的文化思想；先进的生产力和生产方式促使现代文化重现在、重进取、重实际、重竞争、重认为、重入世的文化思想。明显表现在我国城乡之间、东西部之间、传统与现代的文化差异中，不同文化思想旨趣造成传统文化和现代文化的冲突。三是自身多元本土文化之间的冲突。我国幅员辽阔，民族众多，各民族在交流、融合中共同创造了灿烂的中华文化。但在中华文化的谱系中，从地域上看，豪放的燕赵文化，厚重的中原文化，温润的吴越文化，灵动的荆楚文化，瑰丽的巴蜀文化等仍保持着自身鲜明的特色；从民族脉络上看，不同民族的文化更是异彩纷呈，各具特色。即使在同一民族文化内，不同地区的群体，由于不同的自然生活环境和社会生活条件而形成不同的文化氛围，表现出文化上的差异，在接触和交往中也会出现文化冲突。不同的本土文化蕴含的价值观念和审美趣味各不相同，难免产生一定程度的文化冲突。

文化的基本结构包括外层次的物质性文化、中间层次的制度性文化和核心层次的精神心理文化三个组成部分。最难改变和最易产生冲突的是文化的内核部分——精神心理文化，精神心理文化总是和思维方式、价值观念和对生活意义的体认联系在一起。多元文化冲突最核心的是不同文化所蕴含的价值观念的冲突。多元的文化就必然产生多元的价值观。势必对马克思主义主导价值的认同产生影响和干扰。认同是个体对外界人或事物的一种认可或情感归属。价值认同“是指价值主体通过价值认知、价值评价、价值选择等活动不断改变自身价值结构，把一定社会的价值观念、价值规范内化为自身的价值取向，并外化为一定的价值行为的过程。”①主导价值认同就是人们对社会主义主导价值从内心深处产生的一种带有肯定性的心理判断，是人们对社会主义主导价值的认可或情感归属。多元文化冲突中我国主导价值认同危机表现为：一是对主导价值认知模糊。对社会主义主导价值缺乏全面的认识和理解；二是对主导价值情感淡漠。对社会主义主导价值缺乏积极、肯定的情感体验。三是对主导价值评价错位。没有充分认识到社会主义主导价值在社会和个人生活中的核心、主导和统领地位，把主导价值混同为社会多元价值中普通的一元；四是部分社会成员价值选择随意。当遇到多元价值选择时没有自觉把主导价值作为首要价值选项。“建设社会主义核心价值体系

---

① 李斌雄、张小秋：《大学生对社会主义核心价值体系的认同研究》，《思想政治教育研究》2007 年第 4 期。

的实质，就是用马克思主义的主流价值观来统一人们的思想。"①加强社会主义核心价值体系建设，促进人民群众对社会主导价值的事实认同、情感认同和行为认同，有效抵御多元文化冲突中主导价值认同遇到新冲击。

二、研究的现状

自党的十六届六中全会首次明确提出建设社会主义核心价值体系这一重大命题以来，社会主义核心价值体系建设的研究已为社会所普遍关注，并成为学界研究的热点。国内学界关于社会主义核心价值体系建设的研究概括在研究域分上主要聚焦在四大问题研究领域：即"什么是社会主义核心价值体系"、"为什么要建设社会主义核心价值体系"、"建设什么样的社会主义核心价值体系"、"如何建设社会主义核心价值体系"。相关研究中从研人员众多，研究视域宽泛，研究成果丰硕。综览学界关于社会主义核心价值体系建设的研究，可概括如下。

（一）社会主义核心价值体系建设的缘起与境遇

社会主义核心价值体系建设的缘起与境遇研究是早期学者关注和研究的重点，学者大多从国际和国内两个方面视角展开论述。韩震认为从国际方面看社会核心价值体系建设是我国社会主义建设中价值自觉的表现，是抵制以美英为代表的西方资本主义国家价值观输出的需要。缘由是社会经济的快速发展对社会主义核心价值提出了新要求；国际多极化发展和以信息技术为代表的现代科技发展对社会主义发展提出了新挑战；社会转型期多样化社会思潮对社会主义建设提出了新问题。② 王泽应认为从国内方面看，构建社会主义核心价值体系是时代的要求和中国特色社会主义建设实践发展的必然选择。③ 张卫和王振卯认为社会转型期不同社会群体之间存在价值迷惑、价值错位、价值不平衡为代表的三类价值认识问题。建设社会主义核心价值体系，是立足中国实际，应对世界政治、文化潮流冲击下的价值观风险的必要举措。④ 赵曜认为社会主义核心价值体系的提出是应对改革开放以来我国意识形态领域出现的新情况、新变化的紧迫需要。⑤ 韩

① 周中之、石书臣：《"社会主义核心价值体系与思想政治教育全国学术研讨会"综述》，《马克思主义研究》2007 年第 12 期。

② 韩振：《社会主义核心价值体系研究》，人民出版社 2007 年版，第 23 – 53 页。

③ 王泽应：《社会主义核心价值观的基本特征》，《光明日报》2007 年 4 月 3 日。

④ 张卫、王振卯：《社会主义核心价值体系的社会学向度——兼论当前主要社会群体的价值取向》，《江海学刊》2007 年第 6 期。

⑤ 赵曜：《大力推进社会主义核心价值体系建设》，《红旗文稿》2007 年第 12 期。

军认为全球化浪潮中西方资本主义价值观对社会主义理想信念和思想道德带来强烈冲击。社会上出现了“不以荣为荣”、“不以耻为耻”的“精神滑坡”现象是社会主义核心价值体系建设的时代境遇。① 尤俊意认为社会主义核心价值体系的提出的时代背景是当前我国思想文化领域呈现交流、交融和交锋的“三交”状况，主流意识形态与其他意识形态相交织，思想领域中正确思想与错误思想并存。② 周潮洪从国家竞争力的角度认为在软实力中最关键的因素就是核心价值体系，建立以社会主义核心价值体系为内核的意识形态，是提高国家竞争力的关键所在。③

(二)社会主义核心价值体系建设的功能与意义

党的十六届六中全会通过的《中共中央关于构建社会主义和谐社会若干重大问题的决定》首先提出建设社会主义核心价值体系的主旨是“形成全民族奋发向上的精神力量和团结和睦的精神纽带”，具体表现为“用民族精神和时代精神凝聚力量、激发活力”，“以社会主义核心价值体系引领社会思潮，尊重差异，包容多样，最大限度地形成社会思想共识。”④党的十七大报告对社会主义核心价值体系建设的功能与意义又进行了深入界定，指出建设社会主义核心价值体系的目的和意义是增强社会主义意识形态的吸引力和凝聚力。具体表现为通过社会主义核心价值体系建设来“巩固马克思主义指导地位”，“用中国特色社会主义共同理想凝聚力量，用以爱国主义为核心的民族精神和以改革创新为核心的时代精神鼓舞斗志，用社会主义荣辱观引领风尚，巩固全党全国各族人民团结奋斗的共同思想基础。”⑤在此基调下，学界在不同层面和角度对社会主义核心价值体系建设的功能与意义进行了深入探讨。就理论意义而言，吴潜涛认为社会主义核心价值体系建设能够有效地制约非核心、非主导的社会价值体系作用的发挥，能够保障社会经

① 韩军:《多元价值冲突中的社会主义核心价值体系构建》,《河北科技师范学院学报》2010年第3期。

② 尤俊意:《关于践行社会主义核心价值体系的几点认识》,《前进论坛》2010年第11期。

③ 周潮洪:《学习践行社会主义核心价值观的几点体会》,《天津社会主义学院学报》2010第9期。

④ 《中共中央关于构建社会主义和谐社会若干重大问题的决定》,《光明日报》2006年10月18日第1版。

⑤ 胡锦涛:《高举中国特色社会主义伟大旗帜　为夺取全面建设小康社会新胜利而奋斗——在中国共产党第十七次全国代表大会上的报告》,《人民日报》2007年10月25日第1版。

济制度、政治制度、文化制度的稳定和发展。① 刘苍劲认为社会主义核心价值体系的提出是对唯物史观的新发展。② 赵存生认为社会主义核心价值体系的提出，是我们党在对社会主义的实践、认识和把握基础上对社会主义价值理论的重大创新，不仅丰富和发展马克思主义的价值理论，而且对社会主义思想道德建设和精神文明建设理论的一大创新。③ 学界普遍认为社会主义核心价值体系的提出不仅丰富了马克思主义价值哲学、社会学和伦理学等相关学科的价值蕴含，而且促进了相关学科以价值论的视角深入对社会转型、政治更替、经济建设、文化变迁等问题的深入探讨，对社会转型期我国社会主义意识形态的建构、政治文明建设具有理论促进意义。就实践意义而言，社会主义核心价值体系建设的功能和意义主要集中在社会主义和谐文化建设和和谐社会建设两个方面。杨业华认为社会主义核心价值体系是社会主义和谐文化的灵魂。④ 韩庆祥认为社会主义核心价值体系的提出为社会主义现代化建设确立了基本价值，为公民在激荡的社会思潮中奠定共同的思想基础，为和谐文化提供共同的精神纽带，为人们提供心灵上的方向引导，防止西方颓废的文化扩张和价值观渗透。⑤ 杨金海认为社会主义核心价值体系的提出，一方面为和谐社会奠定精神基础；另一方面为每个人的生存和发展建立一个安身立命的精神寓所，进而为中华民族的繁荣和发展铸造坚实的理想信念基础。⑥ 王文莉认为社会主义核心价值体系是构建社会主义和谐社会的指导思想，构建社会主义和谐社会是社会主义核心价值体系的出发点和落脚点。⑦ 也有学者对社会主义核心价值体系的具体功能展开论述，如韩震认为社会主义核心价值体系具有导向功能、凝聚功能、激励功能、规范功能、整合功能。⑧ 乔法容、赵增彦认为社会主义核心价值体系具有指导功能、引领功能、整合功能、创新功能。⑨ 刘艳指出社会主义核心价值体系引领社会思潮，一有明确导向的功能，二

---

① 吴潜涛：《准确理解社会主义核心价值体系的科学内涵》，《人民日报》2007 年 2 月 12 日。
② 刘苍劲：《论社会主义核心价值体系与唯物史观》，《马克思主义与现实》2007 年第 3 期。
③ 赵存生：《牢固树立社会主义核心价值体系》，《思想理论教育》2007 年第 1 期。
④ 杨业华：《建设社会主义核心价值体系的关键》，《科学社会主义》2007 年第 5 期。
⑤ 韩庆祥：《论建设社会主义核心价值体系的现实意义》，《党政干部论坛》2007 年第 10 期。
⑥ 杨金海：《关于构建社会主义核心价值体系的几个理论问题》，《毛泽东邓小平理论研究》2007 年第 9 期。
⑦ 王文莉：《关于社会主义核心价值体系建设若干辩证关系的思考》，《思想理论教育》2007 年第 9 期。
⑧ 韩震：《社会主义核心价值体系研究》，人民出版社 2007 年版，第 40 – 45 页。
⑨ 乔法容、赵增彦：《论社会主义核心价值体系的功能》，《马克思主义研究》2007 年第 9 期。

有凝聚人心的功能,三有规范调整的功能。① 周和义认为社会主义核心价值体系有利于整合政治合法性资源,因而有利于探索执政党的执政规律,进而为和谐社会建设提供保障。②

(三)社会主义核心价值体系建设的依据与原则

社会主义核心价值体系建设必须有自身的科学依据和方法论原则。为此陈石明、欧祝平认为建设社会主义核心价值体系必须坚持三个依据:即依据马克思主义、中国传统文化精华和世界优秀文化的交流共生。③ 许志功认为社会主义核心价值体系的提出依据三个方面:一是依据我们正在做的事情;二是依据我们所处的内外环境;三是依据我们党在价值及价值观建设方面形成的优秀思想传统和国外思想建设的有益经验。④ 陈新汉认为社会主义核心价值体系建设必须坚持先进性与广泛性的统一原则;民族性与世界性的统一原则;稳定性与开放性的统一原则。⑤ 李慎明认为建设的基本原则包括先进性与广泛性统一原则;民族性与世界性统一原则;稳定性与开放性统一原则。⑥ 王文莉指出建设社会主义核心价值体系要重点处理好以下三大关系原则:“一元化”与“多样性”的关系;阶级性与普世性的关系;批判性与整合性的关系。⑦

(四)社会主义核心价值体系本体建设与支撑建设

自党的十六届六中全会通过的决定把马克思主义指导思想,中国特色社会主义共同理想,以爱国主义为核心的民族精神和以改革创新为核心的时代精神,社会主义荣辱观,共同构成社会主义核心价值体系的基本内容后。秋石把社会主义核心价值体系内涵的四个方面内容概括为“灵魂”、“主题”、“精髓”、“基础”。⑧ 得到社会和学界的广泛认同。杨明把将社会主义核心价值体系四个方面的内容

---

① 刘艳:《社会主义核心价值体系引领社会思潮深层次解读》,《学术论坛》2010 年第 2 期。

② 周和义:《建设社会主义核心价值体系的政治学解读》,《学校党建与思想教育》,2007 年第 12 期。

③ 陈石明,欧祝平:《建设社会主义核心价值体系的依据、理念及方法》,《理论探索》2008 年第 5 期。

④ 许志功:《大力加强社会主义核心价值体系建设》,《思想理论教育导刊》2007 年第 10 期。

⑤ 陈新汉:《论核心价值体系》,《马克思主义研究》2008 年第 10 期。

⑥ 李慎明:《大力推进社会主义核心价值体系建设》,《理论前沿》2007 年第 21 期。

⑦ 王文莉:《关于社会主义核心价值体系建设若干辩证关系的思考》,《思想理论教育》2007 年第 9 期。

⑧ 秋石:《论社会主义核心价值体系》,《求是》2006 年第 12 期。

依次定位为“灵魂”、“旗帜”、“支柱”、“基础”。① 有学者把在此基础上展开社会主义核心价值体系建设称为“铸魂建设”、“举旗建设”、“立柱建设”和“夯基建设”。相关四大建设的研究中,龙菲认为以马克思主义为指导不是大而空的口号,必须坚持马克思主义的科学本质,要随着社会环境的不断变化和社会发展的不同阶段去具体问题具体分析,不断发展与创新。要坚持马克思主义的指导地位就应当尊重差异性、包容多样性。② 韩振峰认为中国特色社会主义共同理想的奋斗目标主要体现在经济富强、精神文明、政治民主、社会和谐四个方面,共同理想具有广泛的包容性和强烈的时代感召性。③ 陈晓英认为民族精神和时代精神相互依托,民族精神需要从时代精神中汲取新鲜的活力因子,丰富发展自身,彰显时代感;时代精神需要以民族精神为源头,汲取养分,增强民族的深度和广度。④

核心价值凝练是社会主义核心价值体系本体建设不可回避的环节,主要涉及社会主义核心价值凝练的原则和方法。关于凝练的原则,石云霞认为凝练社会主义核心价值观应坚持四条原则,即先进性、人民性、根本性和实践性。张峰认为其凝练原则包括:一要体现社会主义的本质要求,还要符合社会主义发展规律;二要有传统根基,又要体现现代特点。孙伟平认为凝练的基本原则是:要以中国化的马克思主义为指导;在提炼过程中,既要继承前人的文化遗产,也要虚心学习世界先进文化;在实践中“以我为主”,自主选择、消化、改造和创新;坚持以“立”为本,以“向前看”为取向,以建设性的态度进行提炼。张翔认为社会主义核心价值体系应该是包含理论、思想、道德、行为等在内的一系列既体现社会主义性质,又表达历史文化传承,还要包括时代精神的价值概括。韩震认为我们应该遵照下述原则提炼中国特色社会主义的核心价值观念:必须是真正目标性、理念性的价值理念;必须是具有一定超越性或精神层面性的理念;必须是代表历史前进方向和具有世界意义的理念。黄蓉生、孙楚航认为提炼社会主义核心价值观,一要遵循逻辑与历史、理论与现实相统一的准则;二要借鉴外国值观和我国传统文化的优秀成果,坚持洋为中用,古为今用。三要体现民族性和时代性基础上的大众化风格。张剑认为凝练应遵循以下原则:要遵循马克思主义有关社会主义价值追求的基本思想;要体现社会主义的本质;要突出中国共产党的执政理念;要反映我国优秀的文

① 杨明:《紧紧抓住社会主义核心价值体系这一根本》,《群众》2007 年第 5 期。

② 龙菲:《贵州省“社会主义核心价值体系”研讨会综述》,《理论与当代》2008 年第 8 期。

③ 韩振峰:《社会主义核心价值体系几个深层次问题探析》,《科学社会主义》2010 年第 5 期。

④ 陈晓英:《社会主义核心价值体系建设研究》,《沈阳师范大学学报》2010 第 5 期。

化传统和人类文明的进步成果;要最大限度地表达社会共识;要便于传播和记忆。关于社会主义核心价值凝练的方法,韩庆祥提出了凝练的五条科学方法:一是定位要准确;二是覆盖面要广;三是内在逻辑要清晰;四是基本原则要遵守;五是凝练要达雅。周玉清、王少安提出把握社会主义核心价值体系系,也就等于提出了社会主义核心价值观。这种观点的科学内涵有两个向度:其一,由简到繁。就是丰富完善社会主义核心价值体系理论,彰显理论的科学性和严谨性。其二,由繁到简。就是在把握社会主义核心价的精神实质基础上,凝练出通俗易懂、朗朗上口的社会主义核心价值观用语。程恩富认为中国特色社会主义核心价值观的凝练思路有四:一是其内涵要与现有的社会主义核心价值理念内涵相衔接;二是要体现世情为鉴、国情为据,马学(马克思主义学说)为体、西学(西方学说)为用、国学(中国古近代学说)为根综合创新的科学精神;三是简洁性与完整性相结合,体现唯物辩证法;四是凝练词语的排列要有一定逻辑性。张剑认为凝练社会主义核心价值观可以从以下三个层面展开:制度层面,社会主义核心价值观是社会主义制度的本质体现;共识层面,社会主义核心价值观是社会主体对重大问题的价值共识;精神层面,社会主义核心价值观是国家和民族赖以生存的精神支柱。韩庆祥提出了三种凝练方案:第一,围绕“人在活动中发生的基本关系”来选定社会主义核心价值。第二,围绕“人的活动的完整结构”来选定社会主义核心价值观。第三,围绕中国“社会主义基本原则、根本特征和时代要求”来选定社会主义核心价值观。杨明认为凝练核心价值观:一要着眼于国家的“安邦定国”,二要着眼于公民的“安身立命”。首先要厘清“谁的价值观”,可以从国家主导价值观和公民共同价值观两个层面界定。关于核心价值观的概括韩震把“民主、公正、和谐、进取”概括为当代中国特色社会主义的核心价值观。程恩富浓缩为“自由、民主、文明、和谐、富强”五个方面。马俊峰强调中国特色社会主义核心价值理念应为“富裕、民主、公正、和谐”。周玉清等认为社会主义核心价值体系的精要可以概括为:“实事求是、和谐富裕、崇尚真理、品德高尚”十六个字,孙伟平认为“人本、公正、民主”是社会主义核心价值理念。石云霞认为“人本、民主、公正、和谐、发展”是社会主义核心价值观。刘舸认为社会主义核心价值观可概括为“民主、公平、和谐、进取”。侯惠勤认为“劳动优先”、“人民至上”、“共同富裕”、“公平正义”、“每个人的自由全面展”是社会主义核心价值体系的内涵。① 李忠杰提出把“发展”、“富裕”、“民主”、“文明”、“公平”、“正义”、“友爱”、“互助”、“安定”、“和谐”等作为中国特色社会主义的核心价值来研究。② 焦国成提出以“人本”、“公忠”、“和谐”为社会主义的核心价值理念。③ 林尚立提出“以人为本、以和为贵、以法为基、以公为善、以劳为美、以家为安”来概括社会主义核心价值。④

有学者认为社会主义核心价值体系的支撑体系建设主要包括:共识支撑(包括政府、社会精英、社会大众以及各行各业、各个阶层的利益群体形成广泛共识)、经济基础支撑(归根结底要靠继续中国的经济奇迹和建构“社会主义和谐社会”取得成效,使全体人民公平获益来支撑)、理论支撑(应以“马克思主义理论研究与建设工程”为龙头,深入进行理论研究和理论创新,为社会主义核心价值体系提供雄厚的理论支撑)、制度和政策支撑(制定具体的制度和政策,为社会主义核心价值体系建构提供强有力的保障和支撑)。总之,构建社会主义核心价值体系一要坚持马克思主义在社会主义核心价值观培育中的指导地位,二要体现社会主义性质,三要传承、借鉴民族精神和外来价值观的合理因素,四要获得广大人民群众的普遍认同。

(五)社会主义核心价值体系建设的基础与重点

关于社会主义核心价值体系建设的基础,李崇富认为在社会主义制度下建构和培育社会主义核心价值观体系,不能仅仅依靠对未来社会的预见、希望和理想的支撑,更主要依靠社会主义的直接实践和社会现实。⑤ 邵龙宝认为社会主义核心价值体系的建设是与社会制度创新、公民社会的确立、信仰体系的构建、道德行为规范体系和知识体系(技术创新体系)相互依存密切相关,其建设是由以上各个子系统组成的一个系统工程。⑥ 关于社会主义核心价值体系建设的重点,徐玉乾认为就高校而言,建设社会主义核心价值体系的重点就是要深入研究社会主义核

---

① 侯惠勤:《马克思主义的指导是构建社会主义核心价值体系之根本》,《毛泽东邓小平理论研究》2007 年第 3 期。

② 李忠杰:《构建中国特色社会主义核心价值观》,《科学社会主义》2005 年第 2 期。

③ 焦国成:《试论社会主义核心价值体系的基本理念》,《道德与文明》2007 年第 1 期。

④ 林尚立:《当代中国的核心价值观》,《理论参考》2007 年第 3 期。

⑤ 李崇富:《建设社会主义核心价值体系从观念到现实的思考》,《江西社会科学》2007 年第 2 期。

⑥ 邵龙宝:《论社会主义核心价值体系建设的系统论方法与视域》,《河南社会科学》2010 年第 4 期。

心价值体系的内容和形式,使其易于为大学生所理解和接受。在理解和接受的基础上才能将社会主义核心价值体系内化为价值观念、外化为自觉行动。① 李忠杰认为弘扬和培养民族精神和时代精神是社会主义核心价值体系建设的着力点和关键。② 杨业华认为各级领导干部带头学习、研究、宣传是建设社会主义核心价值体系关键,为此要为领导干部践行社会主义核心价值体系提供制度保障。③ 焦国成认为抓理想信念教育是建设社会主义核心价值体系的关键。④ 韩庆祥认为社会主义核心价值体系建设的重点和关键一是执政党,执政党要率先垂范践行建设社会主义核心价值体系。二是人民群众,尤其是人民群众中的先进分子和青少年一代。⑤ 万生更、刘宏佺认为社会主义核心价值体系建设重点在建设的动力体系上,社会主义核心价值体系建设的动力分为原动力、内动力、能动力和推动力在内的四个动力体系。社会主义核心价值体系建设的源动力指社会主义核心价值体系内含的真善美力量的吸引力和感召力。社会主义核心价值体系建设的内动力指主体对社会主义核心价值体系的渴望从而得到满足的心理而形成的影响主体接受这一体系的内部动力。社会主义核心价值体系建设的能动力指人的主体性的应用,主体对社会主义核心价值体系做出价值选择,变成自己需要的能力。社会主义核心价值体系建设的推动力指社会主义核心价值体系建设的载体——能够承载和传递社会主义核心价值体系的内容信息,并促使社会主义核心价值体系和个体之间相互作用和转化。⑥ 徐贵权认为社会主义核心价值体系建设有合理建构、宣传教育和践行等三个维度的基本内涵。其中,合理建构是基础性建设,宣传教育是关键性建设,践行是根本性建设。⑦ 高慧珠认为执政党的核心价值观起着关键作用,执政党首先应当成为社会主义核心价值体系最重要的示范者。⑧

---

① 徐玉乾:《关于建设社会主义核心价值体系的几点思考》,《国家教育行政学院学报》2009年第5期。

② 李忠杰:《构建中国特色社会主义核心价值观》,《科学社会主义》2005年第2期。

③ 杨业华:《建设社会主义核心价值体系的关键》,《科学社会主义》2007年第5期。

④ 焦国成:《试论社会主义核心价值体系的基本理念》,《道德与文明》2007年第1期。

⑤ 韩庆祥:《论建设社会主义核心价值体系的现实意义》,《党政干部论坛》2007年第10期。

⑥ 万生更、刘宏佺:《社会主义核心价值体系建设的动力指标体系》,《湖北社会科学》2008年第6期。

⑦ 徐贵权:《社会主义核心价值体系建设的多维内涵》,《南京师范大学报》2008年第4期。

⑧ 高慧珠:《社会主义核心价值体系研究中的若干问题》,《思想理论教育》2007年第9期。

(六)社会主义核心价值体系建设的方法与路径

何云峰认为社会主义核心价值体系建设的规律主要体现在一元引领与多元表现相互作用、外部输入与个体内化相互作用、整治文化认同与个体价值实现相互作用、一贯历史传承与时代性创新相互作用和自下而上与自上而下相互作用中。① 唐昆雄认为在具体实践中要综合地灵活运用下列方法:一是历史与逻辑相统一的方法。二是静态与动态相结合的方法。三是思想性与艺术性相统一的方法。② 陈元九认为必须从我国现阶段社会实际出发去认识和把握建设社会主义核心价值体系的规律,从系统工程的视角去认识和把握建设社会主义核心价值体系的规律,从建设社会主义核心价值体系的实践中去认识和把握建设社会主义核心价值体系的规律。③ 陈石明、欧祝平认为建设社会主义核心价值体系必须实现三个转变:即必须更多地从强调社会主义核心价值体系的理论建设向实践建设转变;必须更多地从用社会主义核心价值体系进行价值评价向行为准则转变;必须更多地从强调社会主义核心价值体系作为规则规范向行为示范转变。④ 王文莉认为社会主义核心价值体系是构建社会主义和谐社会的指导思想,因此以构建社会主义和谐社会为契机,把社会主义核心价值体系建设融入和谐社会建设进程中是其建设的出发点和落脚点。⑤

关于社会主义核心价值体系建设的途径研究,吴潜涛认为社会主义核心价值体系建设是一项艰巨复杂的理论和实践工程,哲学社会科学是建设社会主义核心价值体系的主阵地、主战场,其繁荣发展对于建设社会主义核心价值体系的意义尤为重要。⑥ 陈新汉认为"共建共享"不仅是构建社会主义和谐社会的主题,也是

---

① 何云峰:《深刻把握社会主义核心价值体系建设规律是增强传播有效性的前提》,《思想理论教育》2011 年第 3 期。

② 唐昆雄:《社会主义核心价值体系引领社会思潮的历史经验与方法创新》,《学校党建与思想教育》2010 第 17 期。

③ 陈元九:《正确认识和把握建设社会主义核心价值体系的规律》,《怀化学院学报》2011 年第 6 期。

④ 陈石明,欧祝平:《建设社会主义核心价值体系的依据、理念及方法》,《理论探索》2008 年第 5 期。

⑤ 王文莉:《关于社会主义核心价值体系建设若干辩证关系的思考》,《思想理论教育》2007 年第 9 期。

⑥ 本刊记者:《大力建设社会主义核心价值体系——访中国人民大学伦理学与道德建设研究中心主任、博士生导师吴潜涛教授》,《思想理论教育导刊》2009 年第 5 期。

社会主义核心价值体系建设的重要原则和根本途径。① 陈秉公认为建设社会主义核心价值体系要重点处理好三大关系:"一元化"与"多样性"的关系;阶级性与普世性的关系;批判性与整合性的关系。② 刘波认为社会主义核心价值体系建设包含着理论建设与大众化、生活化双重路径。社会主义核心价值体系生活化建设是核心价值体系的第二次理论建设,即以通俗化的方式来重新编码、表达核心价值体系。③ 王文莉认为社会主义核心价值体系建设必须坚持科学的灌输理论;必须上下良性互动;建立一套科学有效的社会机制,从而实现教育转化和系统推进。④ 张传开认为把社会主义核心价值观融入国民教育之中,着力推进理论创新,开展中国特色社会主义理论体系的宣传活动,用社会主义核心价值体系引领社会思潮,是社会主义核心价值建设的有效途径。⑤ 韩军认为社会主义核心价值体系建设一要把坚持与发展马克思主义统一起来,社会主义核心价值体系的首要内容就是坚持马克思主义的指导。二要把远大理想与共同理想统一起来,从而调动人民群众建设社会主义事业的积极性、主动性与创造性。三要把建设党风、政风与振兴民风统一起来,树立社会主义荣辱观,加强领导干部和普通群众的思想道德建设,这是建设社会主义核心价值体系的基础工程。⑥ 贺新元等提出了社会主义核心价值体系建设的总体思路:即"务虚"与"务实"相结合;"核心"与"外延"相结合;政府与社会相结合;"运行"与"保障"相结合。⑦ 李慎明指出社会主义核心价值体系建设必须大力推进理论创新;开展中国特色社会主义理论体系宣传教育活动,把社会主义核心价值观融入国民教育之中;必须用社会主义核心价值体系引领社会思潮。⑧ 颜晓峰认为建设社会主义核心价值体系,是一个从实践到理论、从理论到实践的双向转化过程;是一个在建设中转化、在转化中建设的过程。

---

① 陈新汉:《论核心价值体系》,《马克思主义研究》2008 年第 10 期。

② 陈秉公:《马克思主义意识形态理论与社会主义核心价值体系建构》,《马克思主义研究》2008 年第 3 期。

③ 刘波:《论社会主义核心价值体系生活化的逻辑理路与发展路径》

④ 王文莉:《关于社会主义核心价值体系建设若干辩证关系的思考》,《思想理论教育》2007 年第 9 期。

⑤ 张传开:《建设社会主义核心价值体系的方法论思考》,《求是》2007 年第 20 期。

⑥ 韩军:《多元价值冲突中的社会主义核心价值体系构建》,《河北科技师范学院学报》,2010 年第 3 期。

⑦ 贺新元等:《社会主义核心价值体系构建的路径思考》,《当代马克思主义研究》2007 年第 5 期。

⑧ 李慎明:《大力推进社会主义核心价值体系建设》,《理论前沿》2007 年第 21 期。

第一层次,从理论向心理转化。第二层次,从评价向行为转化。第三层次,从规范向示范转化。① 陆岩提出,一要始终坚持和巩固马克思主义在执政党文化基础建设中的指导地位。二要大力宣传和深入研究社会主义核心价值体系,不断增强其亲和力与吸引力以加强社会主义核心价值体系建设。② 杨丹华认为以互联网为代表的新兴媒介是社会主义核心价值体系建设的重要平台,要充分重视互联网的政治社会化功能,加快建设传播社会主义核心价值体系的网络阵地,以网络建设为平台,以制度创新为抓手,以人才培养为重点,使互联网成为社会主义核心价值体系传播的新载体、新工具、新力量。③ 汪幼海认为党的新闻媒体是传播社会主义核心价值体系的重要舆论阵地,充分发挥党报的政治作用,做大做强党报传媒集团是社会主义核心价值体系建设的重要途径。④ 王俊华、李娟强调大众传媒在社会主义核心价值体系建设中的作用,认为健全传媒内部监督机制,加强传媒队伍建设,增强传媒阵地意识是社会主义核心价值体系建设的重要途径。⑤

综上所述,当前国内对社会主义核心价值体系建设的研究无论在成果数量与质量、研究方法与视角、研究广度与深度等方面业已取得了丰硕的成果,为本论题进一步研究奠定了坚实的基础。但是,也应当看到对社会主义核心价值体系建设的研究还存在较大的提升空间,不足和展望之处主要表现如下:一是在立论根据乏力。首先是深入挖掘马克思主义经典论著中关于社会主义价值学说的思想。其次是深入总结中国特色社会主义实践中的价值思想和中国博大精深的传统价值思想。再次是借鉴国外尤其是西方发达国家的传统价值思想,在社会主义核心价值体系与非社会主义核心价值体系的比较中,在社会主义核心价值体系与社会主义价值体系的甄别中,确立社会主义核心价值体系建设研究的理论根据。二是研究视域狭窄。就整体而论,目前社会主义核心价值体系建设研究的视域还不够

① 国防大学邓小平理论和“三个代表”重要思想研究中心:《促进社会主义核心价值体系的实践转化》,《党建》2007 年第 6 期。

② 陆岩:《建设社会主义核心价值体系巩固党执政的文化基础》,《学校党建与思想教育》2010 年第 25 期。

③ 杨丹华:《论传播社会主义核心价值体系的网络阵地建设——从网络的政治社会化功能谈起》,《湖北社会科学》2010 第 8 期。

④ 汪幼海:《论坚持舆论阵地的社会主义核心价值体系导向》,《毛泽东邓小平理论研究》2010 第 7 期。

⑤ 王俊华、李娟:《论社会主义核心价值体系下大众传媒的自我规范》,《河北师范大学学报》2010 年第 5 期。

宽泛,分割式、分裂式研究较多,整体性、整合性的研究不足。表现为不少研究者学科背景单一,从单一哲学、社会学的学科视界出发来研究社会主义核心价值体系建设,未免以偏概全,挂一漏万。尽管从研究者群体学科背景上看确实涵盖了哲学社会学等人文科学领域,甚至非人文社会科学的研究者都参与进来,也呈现出"百花齐发,百家争鸣"的态势,但存在问题是相关研究成果数量有余而质量不足,真正研究方法得当,研究视角新颖,具有相应研究广度与深度的成果不是太多。三是核心价值凝练杂乱。由于对价值、价值观、价值观念、价值体系、核心价值体系等概念的理解出现较大的差异,没能达成共识,因此在社会主义核心价值的凝练方面可谓众说纷纭,莫衷一是。很多研究者把"富强"、"文明"和"发展"等看作是社会主义核心价值,实质上是把价值和事物的发展状态混为一谈,听起来言之凿凿,实则与价值真意相差甚远。要避免核心价值凝练杂乱,还需要厘清以上关系。四是研究层次偏低。当前对社会主义核心价值体系建设的研究情况是政治、政策宣讲色彩的零散论述较多,深入学理层次的研究较少。对社会主义意识形态建设从价值层面来推进的依据、动因、方法和路径等鲜有学理层面的分析。对社会主义核心价值体系建设过程中矛盾的辩证关系缺乏研究,导致在具体实践中存在的问题如社会主义核心价值体系普遍建设与不同行业和领域的具体建设对策乏力,呈现研究队伍庞大、研究成果数量激增而理论层次偏低的情势。五是研究范式僵化。一方面表现为理论研究与实践研究相疏离,宏观研究往往偏重于社会主义核心价值体系建设的理论探讨,缺少对我国意识形态建设现实的应有的关切;微观研究又习惯滞留于经验层面,缺乏理论性支撑。导致理论与实践之间的研究缺乏合理的联通、互补。另一方面囿于固定研究边界,对属于一般性意识形态范畴、贯彻落实科学发展观、建设和谐社会和和谐文化等方面基础理论研究探讨较多,对凸显属于社会主义核心价值体系建设所独有的标识性议题的研究较少;再一方面在实践路径上受习惯研究影响,系统研究、整合研究不多,尚需从政治价值观、经济价值观、文化价值观、社会价值观、生态价值观等展开,着力集中研究社会主义核心价值体系引领我国"五大建设"的实践路径与操作机制。最后,要拓宽建设理路,尚需从社会主义核心价值体系的主体、本体、载体等宏观视角入手,从根本上解决社会主义核心价值体系理论与实践分离的问题。在研究方法上,尚需哲学、伦理学、政治学、社会学和历史学等学科的视界融合,使多种研究方法介入研究之中。

三、相关概念的界定

(一)价值

关于价值及其本质可谓众说纷纭,莫衷一是,是哲学社会学领域最有争议的议题之一。目前关于价值本质的说法中影响较大的有以下几种:一是主体说。认为"价值是人",①或人"既是价值的设定者又是价值本身"。② 主体说从主体——人的内在需要、欲望等出发,以人的心理的适意、满足为限度来界定价值。二是实体说。实体说把价值理解为实体。"许多的不同的东西本身就是善的或者恶的",③就是典型的唯客体论的实体说。三是属性说。该观点把价值看作客体本身固有的属性。"进入人们视野的那些自然属性,是在人类出现之前就已客观地存在于大自然中的。"④四是功能说。该观点把价值看作是客体的某一种功能,是功能的体现。"价值的实质在于它的有效性,而不在于它的实际的事实性。"⑤五是关系说。即所谓价值是指客体属性对于主体需要的特定关系。价值不是实体,而是主客关系中的客体能否满足主体需要,是否有利于主体生存和发展的一种效用关系。六是意义说。认为"价值的本质,是客体属性同人的主体尺度之间的一种统一,是'世界对人意义'"。⑥

笔者认为造成对价值本质认识混乱的主要原因有三个:一是价值概念的边界设定存在误区;二是价值的内涵理解出现分歧;三是价值研究思路不同导致结果迥异。在价值概念的边界设定上目前出现价值概念泛化和误用两种倾向。价值概念泛化主要表现在受西方实用主义哲学观念的影响,认为"有用"、"有效"即价值。事实上"有用"、"有效"是比价值更宽泛的概念,"有用"、"有效"是包括"实然"和"应然"的混合概念,而价值则主要强调"应然"。价值概念被误用表现在误把事实当价值。事实又主要分为两种:即本体论意义上的事实——就是客观存在,认识论意义上的事实——客观存在以概念等形式在人脑中的反映,不管哪一种事实其本身无所谓价值。通常被冠以价值之名的情感愉悦、满足需要等,说到

---

① 韩东屏:《"价值是人"及其意蕴》,《哲学研究》1993 年第 1 期。

② 赖金良:《哲学价值论研究的人学基础》,《哲学研究》2004 年第 5 期。

③ [英]摩尔著:《伦理学原理》,商务印书馆 1983 年版,第 3 页。

④ 杨通进译,罗尔斯顿著:《环境伦理学》,中国社会科学出版社 2000 年版,第 156—157 页。

⑤ 涂纪亮译,李凯尔特著:《文化科学的自然科学》,商务印书馆 996 年版,第 78 页。

⑥ 李德顺:《价值论》,中国人民大学出版社 2007 年版,第 39 页。

底都是不过因人而异的客观存在,表述的都是情感需要方面的事实,而不是价值。再如坚持"价值效应说"的所谓效应其实也只不过是彼此作用产生的事实,而不是价值。价值的内涵理解出现分歧集中表现在价值属性的精神性和物质性、现实性和超越性的分野中。在西方价值哲学流派中,罗素认为"当我们断言这个或那个具有'价值'时,我们是在表达我们自己的情感。"①文德尔班认为价值是相对于一个估价的心灵而言。新托马斯主义的价值学把价值归结为上帝等客观精神,国内不少学者认为价值就是"意义",都是片面强调了价值的精神性,忽视了价值的物质性。把价值等同于"有用"、"效用"则是强调价值的现实性,忽视了价值的超越性。其实价值从词源上看"它源于古代梵文 wer、wal(围墙、护栏、掩盖、保护、加固)和拉丁文 vallum(堤)、vallo(用堤护住,加固、保护),取其'对人有维护、保护作用'的含义深化而成。"②"价值(value)的本义是可宝贵、可珍贵、令人喜爱、值得重视"。③ 可以看出价值是对事实的超越,价值在内涵属性上具有精神性和物质性、现实性和超越性的多重内涵。在研究思路上,主观价值说的思路是心理主义或的主观主义的思考理路,把价值视为主体的主观偏好,否认价值自身的客观性。价值实体说的思路是唯主体论或唯客体论的思路。这种思路肯定客体在价值产生中的作用,对价值客观性的成因较好给予解释,缺陷是忽视主体在价值产生中的作用,在解释价值因主体不同而出现差异时表现乏力。唯主体论的思路是从主体出发理解价值,突出地强调价值的主体性,但忽视客体对价值的作用,显然是片面的。价值属性说和价值功能说是唯客体论思路的同一翻版,用机械主义的观点把价值理解为客体的物理和化学属性,犯了机械主义的错误。价值关系说的思路是把价值看作是一个关系的范畴,力求从主客体相互作用的关系中探究价值的思路。该思路突破了西方客观主义价值论和主观主义价值论以及我国价值研究中人道价值论或人学价值论的单极思维倾向,在价值理解上较为全面,是揭示价值本质的一条相对科学的思路。但关系思维在理解价值的实质中缺陷也是十分明显的,因为坚持关系说的弊端一是关系范畴太过笼统,难以认定。二是价值是客体相对于主体的什么而言的问题。若是相对于主体的兴趣、欲望、需要等而言,最终又陷入主观主义价值论。

---

① 王玉樑:《论价值与存在》,《北京行政学院学报》2009 年第 5 期。

② 张耀灿、郑永廷、吴潜涛、骆郁廷等著:《现代思想政治教育学》,人民出版社 2006 年版,第 160 页。

③ 张岱年:《文化与哲学》,教育科学出版社 1998 年版,第 197 页。

本文在借鉴吸收以上观点的基础上认为价值研究必须跳出唯客体论和唯主体论的思路,以"'价值'这个普遍的概念是从人们对待满足他们需要的外界物质的关系中产生"①为出发点,以"人在把成为满足他的需要的资料的外界物……进行评价,赋予它们以价值或使它们具有'价值'属性"②为着眼点,以"价值的本质,是客体属性同人的主体尺度之间的一种统一,是世界对人意义"③为关照,在价值关系说的基础上回归价值的应然本意。把价值看作是以评价方式来表现的一种对象性存在,从内源生成上看价值产生和存在于对象之间的相互作用之中,从外显表现上看价值是对象之间相互作用效应的评价。因此有必要提出价值对象体和价值评价体两个概念。所谓价值对象体是指价值作为关系性存在的相互作用的对象双方。所谓价值评价体是指对价值对象体之间相互作用结果的评价方(价值评价方当然是人)。引入价值对象体意在突破价值关系说中把价值看作关系范畴的过于笼统、缺乏指向性的缺陷,言简意赅说明是对象性关系。引入价值评价体一方面是强调价值的属人属性,价值在本质上是以人和人类为中心的,体现了人的活动的意向性、指向性和目的性。另一方面可以跳出价值论研究中借助知识论研究中主客二分的局限,避免价值关系中作用双方必须至少一方是人的前提限定,为广义价值即包括"人——物"和"物——物"在内的所有关系方提供作用结果评价,价值评价体既可以是相互作用对象体中的一方,也可以是对象体之外的第三方即评价方。基于以上认识,我们认为从广义上看所谓价值就是价值评价体对价值对象体之间相互作用所产生效应的判断性评价。狭义的价值就是价值评价体对价值对象体之间相互作用所产生积极效应的判断性评价。价值起源于对象体之间的相互作用,取决于对象体之间相互作用的效应,表现为评价体对作用效应的判断性评价,存在于对象体和评价体互动关系中。价值是客观性、主体性、实践性和历史性的内在统一。

(二)价值体系

目前关于价值体系的理解可谓见仁见智,主要表现为以下几种说法:一是社会意识说。认为价值体系是社会意识的集中反映,体现了特定社会和群体的内在精神气质和价值追求。二是价值观念说。认为人们作为主体对客体价值的评价

---

① 《马克思恩格斯全集》第19卷,人民出版社1963年版,第406页。
② 《马克思恩格斯全集》第19卷,人民出版社1963年版,第409页。
③ 李德顺:《价值论》,中国人民大学出版社2007年版,第39页。

和认识就是人的价值观,价值观的总体理论被称为价值观体系或价值体系。三是精神要素说。认为价值体系是由一定社会崇尚和倡导的精神风尚、思想理论、道德准则以及理想信念等精神因素构成的社会价值认同体系。四是价值世界说。认为存在着以体系形式存在着的价值世界,认为存在着包括所谓“最容易消逝的”价值和“永恒的价值”在内的价值王国。五是上层建筑说。认为狭义的价值体系仅包括政治上层建筑的物质价值体系和思想上层建筑的精神价值体系。

这几种关于价值体系的理解都有可取之处,但也都不失偏颇。社会意识说强调价值体系在种属类分上属于社会意识的事实,无疑是抓住了价值体系的实质,但在定义上过于笼统,常用定义方法是“种加属差”,该定义只强调了“种”,没有区别“属差”,如此定义价值体系意义不大。价值体系要素说认为构成价值体系的要素是包括理想信念、价值观念、指导思想、价值导向、价值标准、价值评价以及价值的物质基础、价值的制度保证等等。要素说看到了价值体系系统是有要素构成的事实,是对价值体系研究的深入和细化,但偏离了价值的定义,其关于价值要素的论述实质上是关于价值承载体系、价值保障体系和价值条件体系的论述。价值体系观念说是目前最为流行和接受的说法,认为价值体系就是有关价值观念的体系,其实详加辨析,此说法是经不起推敲的。价值观念就其内涵而言主要有二:一是主体对价值的观念,表现为主体对价值的看法和观点,是价值的对象化;二是价值本身所表达和传递的理念。由此可见,无论是价值的对象化还是价值传递的理念,价值观念都不直接等于价值。事实上价值观念是与价值意识和价值观相观照的概念,价值意识是凌乱的、不完整的价值观念。价值观念由系统性的价值意识构成,理论性、系统性的价值观念又形成价值观。因此,价值体系观念说是习惯误用而已。价值体系世界说认为存在一个有易逝价值和所谓永恒价值构成的独立的价值王国,从根本上颠倒了物质与意识的辩证关系,唯物史观告诉我们单纯的价值是不可能有独立的演化历史的。价值体系上层建筑说的可取之处是指出了思想上层建筑的精神价值体系是狭义价值体系的一部分,但政治上层建筑的物质价值体系的说法就欠准确。本文认为要弄清什么是价值体系,就必须先弄清什么是价值以及价值是如何表现和存在。正如上文所言价值是价值评价体对价值对象体之间相互作用所产生效应的判断性评价。价值起源于对象体之间的相互作用,取决于对象体之间相互作用的效应,表现为评价体对作用效应的判断性评价,存在于对象体和评价体互动关系中。可以看出价值的表现和存在具有二重性,即价值是物质决定性(决定于价值对象体之间相互作用的效应)和精神表现性(表现为以概念为主要形式的判断性评价)的统一体,这恰恰是很多研究者所没看到的。也就是说当价值起源于对象体之间的相互作用,取决于对象体之间相互作用的效应时,是说明价值的物质决定性;当价值表现为评价体对作用效应的判断性评价时,是说明价值的精神表现性;当价值存在于对象体和评价体互动关系中时,是说明价值具有物质决定性和精神表现性的二重性存在。价值存在的二重性意味着价值的物质决定性和精神表现性是价值同一存在的不可分割的两个方面,只不过在日常表述中略有侧重罢了。当具体说明某事物的价值时,则是强调价值的物质决定性,即决定于对象体相互作用关系中的效应。当笼统谈论某一价值时,则是偏重价值的精神表现性,即表现于评价体的观念中的判断性评价(但这绝不意味着价值可以脱离价值的物质决定性而单独存在)。由此可见,当撇开具体的价值对象关系,抽象谈论价值体系时主要就是谈论作为精神表现性的价值及其构成的体系。因此本文认为所谓价值体系就是指撇开价值的具体物质决定性,若干以精神表现性为形式的价值按相应内在逻辑要求,以一定的结构和层次而构成的具有特定价值指向的有机整体。价值体系具有整体性和层次性、冲突性与兼容性、稳定性和可变性的特点,不仅存在于人的头脑中,同时还与社会生活、社会制度有机地结合在一起,按不同的价值主体,价值体系可分为个人价值体系与社会价值体系等。

(三)社会主义核心价值体系

要弄清社会主义核心价值体系的含义,就要先弄清“社会主义”和“核心”这两个限定语的内涵。关于“社会主义”一词“最为普遍的一种说法认为‘社会主义’一词最初出现于19世纪20至30年代欧文主义的刊物《合作》杂志和圣西门主义的刊物《环球》杂志上。空想社会主义者用这个词来表达他们不满资本主义社会中盛行的个人主义而期望实现的集体主义理想。”“起初,这个词含有为提高劳动群众的福利和保障社会和平而改造社会制度的意思,容许财产不平等存在。”①后来社会主义曾作为一个时髦用语被广泛运用,在科学社会主义诞生以前,无产阶级革命导师用“社会主义”代指空想社会主义和空想共产主义理论。资产阶级也经常利用“社会主义”的名号来反对无产阶级革命和阶级斗争。即便马克思、恩格斯分别在《共产主义和奥格斯堡〈总汇报〉》(1842年)和《大陆上社会改革运动的进展》(1843年)的文章中分别首次使用了“社会主义”一词,实际上是

① 范广军:《当代国外社会主义研究》,河南大学出版社2005年版,第1页。

把社会主义作为共产主义的同义语来使用的,当然此时的“社会主义”被赋予了科学含义。“社会主义”有着丰富的蕴涵:一是指社会主义运动。国际社会主义运动是指国际无产阶级在马克思主义理论的指导下,为推翻资本主义、消灭一切私有制和阶级、实现社会主义、共产主义而进行的社会实践活动。它的发展呈现出由空想到科学(马克思主义诞生)、由理论到实践(第一国际、巴黎公社)、由理想变成现实(十月革命)、由一国胜利到多国胜利(社会主义阵营形成)、由一种模式到多种模式探索(中国、南斯拉夫等改革)的发展规律。具体到中国是指中国共产党人,在马列主义、毛泽东思想、邓小平理论、“三个代表”重要思想和科学发展观的指引下,立足于中国社会主义改革和发展实际,吸取和借鉴国际社会主义运动中的经验和教训基础上,探索中国特色社会主义发展和建设道路的实践活动。需要指出的是在世界社会主义运动中产生了民主社会主义、国家社会主义和科学社会主义三大重要影响的流派,前两者已蜕变为资产阶级性质流派,与科学社会主义渐行渐远。二是指社会主义理论学说。是“关于无产阶级的解放的学说”,①即关于消灭一切阶级实现共产主义的一般规律的科学。三是指社会主义制度。社会主义制度是相对于资本主义制度而言的政治、经济、文化制度。其基本要素是实行公有制、计划经济、实现人民当家做主。四是指社会主义价值取向。是社会主义社会处理人与人、人与社会、人与自然关系时所持的价值立场、价值态度以及所表现出来的价值倾向。在当代现实语境中,“社会主义”的语境定位表现为:一是时态上的“当代”指称。尽管社会主义内涵为一种运动,是一个过程,从《共产党宣言》发表起,走过了160余年的风雨历程,但社会主义不仅要回顾过去,展望未来,更要关注现实,着眼当代。二是空间上的“中国”限定。社会主义不是世界上的任何社会主义国家,而是仅指中国,仅指中国特色的社会主义实践。核心即中心、主要部分。其意思是指事物或事情的最重要,赖以支持其存在的那一部分。核心又主要分为结构的核心和功能的核心,结构的核心是结构系统看成由“硬核”和处于外围的“保护带”组成的具有结构的系统,核心就是其“硬核”部分。一方面相对于社会主义价值体系的其他层次结构而言居于核心,另一方面相对于其他非社会主义性质的价值体系而言居于社会总体价值体系的核心。功能的核心是指在价值体系的诸多功能中,强调处于统领和支配地位的价值功能。在社会主义社会各种社会价值体系交织并存的态势下具于一元主导地位,是支配统领多元价值的核

① 《马克思恩格斯选集》第1卷,人民出版社1995年版,第230页。

心。结合“社会主义”和“核心”的双重限定，我们认为社会主义核心价值体系是指在当代社会主义中国存在的诸多价值体系中，充分体现社会主义价值取向，起着核心作用引导人们建设中国特色社会主义的价值体系。

（四）系统建设

在当代，“建设”是一个使用频率非常高的词汇，已经成为我国学界从事理论研究和理论思维的重要概念和学术交流的常态用语。建设也成为我国政治、经济、文化和社会等领域进行实践的基本方式之一。“系统建设”也是一个经常见诸于学术期刊和报刊的常用字眼，但是，在目前权威的辞书和相关论著中，鲜有对系统建设的内涵做出界说。更缺乏对系统建设进行理论化和系统化分析。本文认为从“系统”和“建设”两个角度来分析、研究系统建设的内涵是打开这一谜题的金钥匙。关于系统的思想，古已有之。但系统真正被广泛关注并被运用到社会管理和军事战略等方面还是近代的事情。自从20世纪40年代美籍奥地利人贝塔朗菲正式提出一般系统论的观点以来，关于系统定义的认识不胜枚举。但林林总总的定义都承认系统是由两个或两个以上相互依赖、相互作用的要素所组成的，具有特定结构和功能的有机整体。系统具有整体性（系统的不可分性和统一性）、结构性（不同要素的组合方式）、层次性（要素或子系统之间的地位、等级和相互关系）和开放性（系统同周围环境的联系和相互作用）的重要特征。系统不是单一的实体、关系或属性，而是一定实体、关系和属性的复合体。关于“建设”的含义，从词义上看，古今意义略有差异不大。《墨子·尚同中》：“古者上帝鬼神之建设国都、立正长也，非高其爵，厚其禄，富贵游佚而错之也。”《魏书·高祖孝文帝纪上》：“昔之哲王，莫不博采下情，勤求箴谏，建设旌鼓，询纳刍荛。”其中建设一词就均含有建立、设置之义。《礼记·祭义》：“建设朝事，燔燎膻芗。”建设的含义是陈设布置。今天的“建”字作为动词有“设立”、“成立”、“提出”和“首倡”之义。[①]“设”字含有“设立”、“布置”、“筹划”和“设想”的含义。作为合二为一的“建设”一词则具有“创立新事物”和“增加新设施”的含义。应该指出现代汉语字典的解释是针对实体建设，对精神建设缺乏规定，有其局限性。时态上看，“建”强调的是“现在时”，指的是人的当下的实践活动；“设”，强调的是“未来时”，指的是人对未来实践活动的规划和设计。从建设的对象来看，建设的对象包括实体和精神两大类。实体建设主要是指以物质建设为内容和实践的建设；精神建设主要包括思

① 《现代汉语词典》，商务印书馆2002年版，第621页。

想、文化、道德等在内的建设。从“建”与“设”的辩证关系来看，建设蕴含理论与实践相互作用、互为促进和彼此转换的过程，具体表现为“以建促设”和“以设引建”的辩证运动。从主客体作用来看，“建设”侧重于从实践主体的视角出发，强调主体作用于客体从而引起客体变化的实践过程。综上所述，所谓系统建设就是把建设看成一种系统性存在，是主体对系统属性、功能认识和把握基础上进行的具有创立性、增加性的实践活动。

四、研究方法

（一）文献分析法

一是广泛涉猎相近学科和交叉学科以及新兴社会学科的理论旨趣和观点内容，以开阔研究视野。二是研究分析马克思主义经典著作以及党的历史文献，挖掘相关论述的本原观点。三是分析社会主义核心价值体系建设研究的最新成果，把握最权威的论据资料和研究方向。四是在技术上把相关文献资料在“文献形态上”区分为纸质类文献、电子类文献和音像类文献三大部类；在“文献性质上”划分为一次文献、二次文献和三次文献三大门类；在“文献内容上”区分为直接内容、间接内容和相关内容三大种类。便于文献研究梳理分析。

（二）过程分析法

事物是过程的集合，过程分析就是用动态和发展的眼光来看待事物，在事物的变化过程中分析事物、了解事物、把握事物和预测事物，其实质也是历史和逻辑相统一的方法。过程分析法有助于整体上、动态上科学分析社会主义核心价值体系系统建设的全过程，使其研究建立在科学的研究基础之上。

（三）系统分析法

现代系统理论认为事物是由要素、结构、层次和功能构成的复杂系统，整体性结构性、层次性和交互性是系统的重要属性。系统分析法切中社会主义核心价值体系系统建设论题的要义和主旨，有助于从社会主义核心价值体系建设的构成要素、要素的层次和结构的相互关系和建设系统整体与外部环境的彼此作用和影响入手全面分析研究社会主义核心价值体系建设。

（四）比较分析法

比较分析法是求证不同事物异同的研究方法，实质是矛盾统一性和斗争性在方法论上的运用和表现。比较分析法包括历时态的纵向比较分析和共时态的横向比较分析、系统比较分析和因果比较分析以及顺向比较分析和逆向比较分析等多种分析方法。比较分析研究有助于在同异对比中强化对社会主义价值体系系统建设过程、规律和机制的认识。

(五)综合分析法

社会主义价值体系系统建设是一项复杂的系统工程,涉及哲学、社会学、历史学、伦理学、心理学、政治学以及自然科学等学科的理论、知识和方法,任何单一的方法难以担负起这一研究重任,必须把历史法、逻辑法、文献法、比较法、观察法和个案法等诸多方法加以综合运用才能胜任,综合分析法有助于增强社会主义价值体系系统建设研究的科学性。

五、本书研究思路与框架

(一)本书的思路

本书分为三个部分:

第一部分:导言。这部分主要阐述统领全书的理论基础。集中阐明本书论证的缘起和依据,本本书研究现状以及全文的基本内容与逻辑结构,本书的研究方法和创新之处。

第二部分:第一、二章是全书的总论分。第一章主要廓清社会主义核心价值体系系统建设的蕴含。从社会主义核心价值体系系统建设的应然旨归、系统建设的总体观照、系统建设的基本质态和系统建设的内在规定几个方面深入挖掘社会主义核心价值体系建设的内涵。第二章从理论化建设、社会化建设和个体化建设三个方面分析了社会主义核心价值体系建设的进路。

第三部分:第三、四、五章是全书的主体内容。主要论述社会主义核心价值体系系统建设的领域、过程和评价。领域划分包括社会主义核心价值体系主体建设、社会主义核心价值体系本体建设、社会主义核心价值体系载体建设;过程包括社会主义核心价值体系系统建设过程中的实质、矛盾、规律和机制;评价包括社会主义核心价值体系系统建设评价的内涵评价、功能评价、效度评价和表征评价。

(二)本书的框架

社会主义核心价值体系建设研究是一个重大的研究课题,具有重要研究价值和研究难度。为了能够清晰地展现构思、阐明观点和充分论证,本书从结构上主要分为五个部分。

“导论”是全书的总纲,为本书奠定了为什么、做什么和怎么做的基调。简要说明了本书的选题缘由、理论依据、研究方法、创新点、国内外研究现状以及行文的大致框架结构。

第一章社会主义核心价值体系系统建设的蕴含。本章从社会主义核心价值体系系统建设的应然旨归、总体关照、基本质态和内在规定展开论析，从价值论、功能论、认识论和方法论诸角度论证了社会主义核心价值体系重在建设。从整体性推进、结构性契合、层次性匹配和互动性关照角度论证了社会主义核心价值体系建设是一个系统工程。

第二章社会主义核心价值体系系统建设的进路。本章从理论建立与普及、价值的承载与保障和价值的内化与外化三个进路入手，系统论述了以学理化建设和通俗化建设为重点的理论化建设。以生活化、制度化和社会心理化为主要方面的社会化建设。以个体内化和外化为着力点的个体化建设。

第三章社会主义核心价值体系系统建设的域分。本章从社会主义核心价值体系的主体、本体、载体几个部分入手，分域论述了社会主义核心价值体系系统建设的宏观方面。主体建设论述了以提高理论创建力、阐释力为重点加强专家学者队伍建设，以加强政策法规执行力、落实力为关键推动干部队伍建设，以培养价值践行力、创造力为目的促进群众价值素养建设的主体建设方法和路径。社会主义核心价值体系本体建设从理论自足、理论自洽和理论彻底角度论述了社会主义核心价值体系本体建设亟待关照方面，指出了社会主义核心价值凝练的原则要求，并从人与人、人与社会、人与自身和人与自然几个关系中提出了“平等”、“公正”、“自由”和“共生”是社会主义社会的最为核心的价值。载体建设方面提出了以发掘民族精神和时代精神为精髓推动精神载体建设，以弘扬先进文化和和谐文化为动力促进文化载体建设，以建设公民社会和法制社会为前提完善制度载体建设，以提高组织效能和组织机制为重心健全组织载体建设。

第四章社会主义核心价值体系系统建设的过程。本章分析了社会主义核心价值体系系统建设过程的实质、矛盾、规律和机制。指出社会主义核心价值体系系统建设过程的实质是主客体互为对象化的过程，是理论具体与实践具体相契合的过程，是核心价值发掘与体现相统一的过程。系统建设过程的基本矛盾是理论可能与现实可行之间的矛盾，应然追求与实然要求之间的矛盾，理性应当与价值正当之间的矛盾。分析了要素协同律、层次递进律和过程充分律是系统建设的基本规律。分析了导向机制、动力机制和调控机制是社会主义核心价值体系系统建设过程的三大机制。

第五章社会主义核心价值体系系统建设的评价。指出了坚持历史合理性与现实合理性的统一,坚持“物的尺度”与“人的尺度”的统一,坚持“利的尺度”与“美”的尺度的统一是社会主义核心价值体系系统建设的三大评价依据。论述了方向性原则、客观性原则和全面性原则是社会主义核心价值体系系统建设的评价原则。从内涵评价、功能评价、效度评价和表征评价方面论述了社会主义核心价值体系系统建设的评价维度。

六、本书研究的重点、难点与创新之处

(一)本书研究的重点

1. 社会主义核心价值体系系统建设的质态分类。从哲学抽象的高度分析社会主义核心价值体系系统建设的三种建设本质规定,即:传承、扬弃和创新。由此尝试论述社会主义核心价值体系系统建设的三种分类。原生性建设(系统建设的不竭动力)、再生性建设(系统建设的重要环节)、融入性建设(系统建设的现实依托)。

2. 社会主义核心价值体系系统建设的内在规定。从系统论的理论制高点出发,通过分析借鉴系统的整体性、结构性、层次性和开放性的属性,论述社会主义核心价值体系建设要着眼于不同建设方面的整体性推进,着力于不同建设部分的结构性契合,着重于不同建设层面的层次性匹配,着手于社会主义核心价值体系建设与环境建设的互动性关照。

3. 社会主义核心价值体系系统建设的域分。重点论述社会主义核心价值体系主体、本体、载体建设。主体建设强调理论主体、执行主体和践行主体三大建设。本体建设着重研究理论要素自足、理论逻辑自洽和实现理论彻底,对社会主义核心价值的谱系进行分析,论述“自由”、“平等”、“公正”和“共生”是社会主义社会最为核心的价值。载体建设重点论述精神载体、文化载体、制度载体的功能及其相互作用。

(二)本书研究的难点

1. 以系统建设为出发点架构社会主义核心价值体系建设。本书不同于一般的系统论套用模式,在借鉴系统论有关原理的基础上大胆创新,在“体”“用”的辩证关系上探讨“体”的建设,本视角研究薄弱,参照不多,尽管有利于开拓研究,但挑战和困难颇多。

2. 以域分作为切入点研究社会主义核心价值体系建设。尽管主体、本体、载体等概念在哲学、政治学、社会学、心理学等学科领域被广泛运用,并取得了丰硕成果,但本文在借鉴这一系列概念时仍需要结合本论题重新界定,其内涵仍需重新拓展,给本研究带来了不菲压力。

3. 多学科交叉综合研究。关于社会主义核心价值体系建设的论述固然丰富,成为当代价值论研究的显学,但往往囿于单一领域之见,其主要不足主要体现在立论根据上,尚需深入挖掘社会主义核心价值体系与马克思主义经典作家的思想和中国传统思想文化之间的关联。在理念提炼上,对社会主义核心价值体系的理念进行更深层次的解读。在实践路径上,尚需从政治价值观、经济价值观、文化价值观、社会价值观、生态价值观等展开,着力集中研究社会主义核心价值体系引领我国“五大建设”的实践路径与操作机制。在建设理路上,尚需从社会主义核心价值体系的主体、本体、载体等宏观视角入手,从根本上解决社会主义核心价值体系理论与实践分离的问题。就需要广泛深入借鉴哲学、政治学、社会学、心理学、经济型等学科的研究成果,增加了本论文的研究难度。

(三)本书的创新之处

1. 转变了研究方法。本书以系统建设为研究切入点,广泛借鉴哲学、系统科学、社会学、政治学和社会工程学等学科的知识和研究方法,综合运用文献法、比较法、历史的方法和逻辑的方法的基础上,着重从系统方法和工程方法入手研究社会主义核心价值体系系统建设,拓展了社会主义核心价值体系建设研究方法的新领域,从宏观系统和微观要素、整体过程和部分阶段、静态分析和动态把握中,探讨了社会主义核心价值体系系统建设的方法和路径。

2. 转换了研究视域。本书以社会主义核心价值体系重在建设作为研究的切入点,从系统建设的思路出发,着重探索社会主义核心价值体系系统建设的进路、系统建设的域分、系统建设的过程和系统建设的评价,形成了较为完整和科学的研究实施方案,避免了当前社会主义核心价值体系研究中存在的就事论事,以偏概全等通病。并在二级层次上深入分析了社会主义核心价值体系建设的理论化建设、社会化建设和个体化建设进路,探讨了主体建设、本体建设、载体建设为代表的系统建设域分,剖析了系统建设过程的矛盾、规律和机制,分析了内涵评价、功能评价、效度评价和表征评价等系统建设的评价方面,拓展了社会主义核心价值体系建设的深度和广度,初步构建起社会主义核心价值体系建设的具体理论框架。

3. 确立了新的研究内容。在社会主义核心价值体系系统建设的定性分类上提出了原生性建设、再生性建设和融入性建设三大分类。在社会主义核心价值体系系统建设的进路上对理论化建设进路、社会化建设进路和个体化建设进路进行具体深入分析。提出并深入研究社会主义核心价值体系主体、本体、载体等域分建设。系统分析社会主义核心价值谱系,并对"公正"、"平等"、"共生"和"自由"作为社会主义最核心的价值进行深入分析。在建设评价方面引入内涵评价维度、功能评价纬度、效度评价纬度和表征评价纬度,增强了评价的全面性和科学性。

党的十六届六中全会通过的决议明确指出"建设社会主义核心价值体系,形成全民族奋发向上的精神力量和团结和睦的精神纽带。"①开宗明义点出社会主义核心价值体系是社会主义中国的立国价值,社会主义核心价值体系建设是当代中国特色社会主义建设的重要课题。党的十七大报告又指出"建设社会主义核心价值体系,增强社会主义意识形态的吸引力和凝聚力。"②为此十七大报告专门高屋建瓴论述了建设社会主义核心价值体系的目的是巩固全党全国各族人民团结奋斗的共同思想基础。建设社会主义核心价值体系的要求是巩固马克思主义指导地位,用中国特色社会主义共同理想凝聚力量,用民族精神和时代精神鼓舞斗志,用社会主义荣辱观引领风尚。建设社会主义核心价值体系的措施表现为:在理论层面大力推进理论创新,不断赋予社会主义核心价值体系鲜明的实践特色、民族特色、时代特色。在实践层面开展社会主义核心价值体系宣传普及活动,推动其大众化。在理论主体层面强调培养造就一批马克思主义理论家特别是中青年理论家。当前建设社会主义核心价值体系的主要任务是把社会主义核心价值体系融入国民教育、精神文明建设和党的建设全过程,贯穿改革开放和社会主义现代化建设各领域,体现到精神文化产品创作生产传播各方面,有效引领多样社会思潮。十七大报告从建设社会主义核心价值体系的目的、要求、措施和任务诸方面为社会主义核心价值体系建设指明了方向,打开了思路:社会主义核心价值体系建设是一项复杂的系统工程,基于系统建设的视角是建设社会主义核心价值体系重要研究路向。

---

① 《中共中央关于构建社会主义和谐社会若干重大问题的决定》,《光明日报》2006 年 10 月 18 日第 1 版。

② 胡锦涛:《高举中国特色社会主义伟大旗帜 为夺取全面建设小康社会新胜利而奋斗——在中国共产党第十七次全国代表大会上的报告》,《人民日报》2007 年 10 月 25 日第 1 版。

1. 社会主义核心价值体系系统建设的蕴含

所谓社会主义核心价值体系系统建设的蕴含，从语义上说，是社会主义核心价值体系系统建设所蕴藏、包含的特定意指性内容。从语用上讲，是对社会主义核心价值体系系统建设理性内涵的深刻表达。挖掘社会主义核心价值体系系统建设的蕴含是拓展社会主义核心价值体系系统建设的理论视野、揭示其理论意蕴、构筑其理论支撑的前提和基础。

1.1 社会主义核心价值体系系统建设的应然旨归

社会主义核心价值体系"重在建设"意味着，社会主义核心价值体系不是自然形成，而是在建设有中国特色社会主义的伟大实践中，我们党引导人民依据社会发展的规律，自觉设定目标和建设的结果。是我们党引导人民自觉认识社会主义价值内涵、探索社会主义价值实现形式、发现社会主义价值建设规律和运用社会主义价值为现代化建设服务的体现。

1.1.1 揭示和阐释理论内涵

社会主义核心价值体系的理论内涵之所以依靠建设来澄清和确立，主要源于社会主义核心价值体系的提出方式的简约性和理论与实践的辩证关系。就提出方式而言，建设社会主义核心价值体系是党的十六届六中全会通过的决议中首次提出的命题，党的十七大报告又对此做出了纲领性倡导，以党的意志彰显了社会主义核心价值体系建设的重要性。但党的决议和报告所用语言从性质上来看是反映意识形态的政治语言，"政治语言作为政治主体在政治活动中用来交流政治信息的语言,是为政治活动服务的。"①作为执政党的决议和报告所用语言首当其冲的是体现政党意志和主张的政治语言。政治语言的最大特点就是用准确、简明的方式表达政党或国家的政治立场、政治观点和政策主张。党的决议和报告所用语言从文体上看是规范的公文语言,因为"公文是党政机关、社会团体和企事业单位处理公务时形成并普遍使用的应用文体。"②"公文的语言应具有准确、简洁、规范的特点。"③由此可见党的十六届六中全会通过的决议和党的十七大报告关于建设社会主义核心价值体系的论断在语言表述上具有准确、平实和规范的特征外,最重要的特点就是语言表述简明,内容体现精要。因此社会主义核心价值体系本体内涵不会在决议和报告中得到充分论述,为后来学界的研究留下了很大的任务和空间。同时党的决议和报告提出和强调建设社会主义核心价值体系,并在一定程度上涉及了社会主义核心价值体系的理论内涵,只是指明了当前建设和研究的重点,不仅没有终结社会主义核心价值体系的理论内涵研究,而是以党和国家意志的形式开启了社会主义核心价值体系的理论内涵研究的大门。正是社会各界在理论建设研究方面不懈努力,把党的十六届六中全会通过的《中共中央关于构建社会主义和谐社会若干重大问题的决定》阐述的"马克思主义指导思想,中国特色社会主义共同理想,以爱国主义为核心的民族精神和以改革创新为核心的时代精神,社会主义荣辱观,构成社会主义核心价值体系的基本内容"。④ 的社会主义核心价值体系的科学内涵,深化成"社会主义核心价值体系是以马克思主义指导思想为灵魂,以中国特色社会主义共同理想为主题,以爱国主义为核心的民族精神和改革创新为核心的时代精神为精髓,以社会主义荣辱观为基础"。⑤ 的科学内涵,并得到广泛认同。

就理论与实践的辩证关系而言,马克思主义认为一方面理论源于实践,理论指导实践,理论与实践是双向互动的关系。正如毛泽东同志所说:"真正的理论在世界上只有一种,就是从客观实际抽出来又在客观实际中得到了证明的理论,没

① 李德昆:《新中国60年来政治语言述评》,《学理论》2010年第1期。

② 吕子静:《浅谈公文语言的特点与要求》,《陕西青年管理干部学院学报》2006年第3期。

③ 赵凤兰:《公文语言的特点——精确性与模糊性语言并存共用》,《中国妇女管理干部学院学报》1995年第01期。

④ 《中共中央关于构建社会主义和谐社会若干重大问题的决定》,《光明日报》2006年10月18日第1版。

⑤ 秋石:《论社会主义核心价值体系》,《求是》2006年第12期。

有任何别的东西可以称得起我们所讲的理论。”①另一方面强调实践的重要性。原因在于“实践高于(理论的)认识,因为它不仅具有普遍性的品格,而且还具有直接现实性的品格。”②实践的普遍性的品格和直接现实性的品格决定了实践是联系主观和客观、理论与实际的桥梁,是检验真理的唯一标准。由于人民群众的实践具有客观现实性、自觉能动性和社会历史性的特点,决定了实践是一个不断发展的过程,实践主体的能力、实践手段达到的程度和水平,以及实践活动的范围、规模和方式等还要受到历史条件的制约。因此在实践基础上产生的社会主义核心价值体系理论首先具有时代性的特点。正如恩格斯指出:“每一时代的理论思维,从而我们时代的理论思维,都是一种历史的产物,在不同的时代具有非常不同的形式,并因而具有非常不同的内容。”③其次具有发展性的特点,“我们的理论是发展着的理论,而不是必须背得烂熟并机械地加以重复的教条。”④再次具有开放性的特点,社会主义核心价值体系不是封闭的体系,也不是即成的规范,更不是理论的终结,而是广泛借鉴古今中外优秀的价值理念和价值理论,古为今用,洋为中用,博采众长,推陈出新。最后具有创新性的特点,实践无止境,创新不停步,实践创新必然要求理论创新,改革开放的伟大实践为社会主义核心价值体系提供了广阔的理论创新空间。正是由于理论具有以上特点,决定社会主义核心价值体系理论内涵不是既成的、凝滞的,而是随着实践的发展不断变化的。事实上一部社会主义的运动史就是社会主义理论不断发展的历史,就是对社会主义价值内涵的认识不断不断深入的历史。正如前文相关概念界定中所述,建设是一种特定的认识活动和实践活动。从“建”与“设”的辩证关系来看,建设蕴含理论与实践相互作用、互为促进和彼此转换的过程,具体表现为“以建促设”和“以设引建”的辩证运动。因此,建设这一特定的实践活动和形式是澄清和确立社会主义核心价值体系的理论内涵的重要前提。

1.1.2 强化和升华认知体验

社会主义核心价值体系自党的十六届六中全会被提出以来,经过各级政府、企事业单位的大力倡导,广播、电视、报纸等大众媒体的广泛宣传,理论学术界的

① 《毛泽东选集》第3卷,人民出版社1991年版,第817页。

② 《列宁全集》第55卷,人民出版社1990年版,第183页。

③ 《马克思恩格斯选集》第3卷,人民出版社1995年版,第465页。

④ 《马克思恩格斯选集》第4卷,人民出版社1995年版,第681页。

充分参与,社会主义核心价值体系不断深入人心,被群众广泛认知。由于社会主义核心价值体系是中央提出的理论,采取的是自上而下的传导宣传方式,群众对社会主义核心价值体系的认知方式也主要是通过思想认知(通过组织学习、举办论坛、开报告会等思想政治教育方式获得的认知)、情感认知(通过展示党的惠民政策和社会主义建设的成就等在情感上引起共鸣式获得的认知)和宣传认知(通过媒体宣传和举办专栏、专题的方式获得的认知)为主要的认知方式,群众对社会主义核心价值体系的认识和知晓程度还比较肤浅和片面,有的甚至把社会主义核心价值体系仅仅认知为一个政治宣传的词语或理论思辨的概念,还远没有认识到社会主义核心价值体系是社会主义国家安邦定国的立国价值,是公民安身立命的立人价值,是多元价值冲突中捍卫我国意识形态安全、抵御西方腐朽价值侵蚀的利器。究其原因是群众还对社会主义核心价值体系缺乏认知体验。所谓体验从根本上说就是“通过实践来认识周围的事物。”①。从实施方式上看具有“亲身经历”的特性。因此体验既是一种实践活动,也是一种心理活动,是一种以亲力亲为为特征,以注重心理感受为特点的实践活动。认知体验之所以在人民群众对社会主义核心价值体系的价值认知、价值认同、价值信仰和价值践行的运演和转化中具有重要地位,主要是由认知体验本身的特性和社会主义核心价值体系自身的属性决定的。就认知体验本身的特性而言,从认识活动上看,体验本身是一种认识方式。对认识主体来说,没有内心的体验就不能形成一种主张,不能得到最大多数人的理解与信奉。体验注重的是体验主体对体验对象由内向外的认识和理解。体验主体不仅仅是独立于体验对象的外在物,满足于从自身出发观察事物,而是在与体验对象的互动中,以客体的立场和观点思考问题,获取体验对象的信息。从心理活动上看,体验是一种积极的内心活动。在体验过程中,外在客体信息和内在已有信息交互作用,形成积极的互动状态,体验主体经历着对客体理解、接受、反思以及建构和生成新的体会的过程。

从社会主义核心价值体系自身理论属性上看,社会主义核心价值体系就是人们在建设有中国特色社会主义的伟大实践中,对社会主义价值属性的感受、体验、认知以及评判基础上了理论化再现。就理论与实践的关系来看,理论源于实践,还要回到实践,指导实践,接受实践的检验。就理论与群众的关系来看,理论从群众中来,还要回到群众中去,要完成理论掌握群众和群众掌握理论的转化,没有群

① 《现代汉语词典》,商务印书馆 2002 年版,第 1241 页。

众体验的理论很难发挥理论的力量。就社会主义核心价值体系自身的属性而言，社会主义核心价值体系自身的价值属性要求强化人民群众的认知体验。因为从价值的产生来看，"'价值'这个普遍的概念是从人们对待满足他们需要的外界物的关系中产生的。"①从价值的属性来看"人在把成为满足他的需要的资料的外界物……进行评价，赋予它们以价值或使它们具有'价值'属性"。② 从价值的功用来看，"价值的本质，是客体属性同人的主体尺度之间的一种统一，是世界对人意义。"③因此，社会主义核心价值体系从其产生来源、价值属性和价值功用诸方面都与人民群众的需要和评价密切联系，必须在人民群众的切身体验中才能充分发挥其价值作用和魅力。可见，认知体验在社会主义核心价值体系建设中意义重大。但体验绝不是空穴来风，决不能停留在语言上的描述、理论上的论证和逻辑上的推演，要满足人民群众的价值利益体验、价值情感体验和价值行为体验就必须创建满足体验的条件，让人民群众感受得着，体验得到。就当下而言，建设满足体验的条件就是把社会主义核心价值体系融入国民教育、精神文明建设和党的建设全过程，贯穿改革开放和社会主义现代化建设各领域，体现到精神文化产品创作生产传播各方面。让人民群众真切感受体验社会主义核心价值体系引领社会思潮，形成广泛共识和凝聚力量的巨大作用。因此，促进和深化对社会主义核心价值体系的认知体验势在必行。

1.1.3 彰显和实现内在价值

社会主义核心价值体系建设的目的和归宿是彰显和实现社会主义核心价值体系的价值，即安邦定国的立国价值和公民安身立命的立人价值。但"'价值'这个普遍的概念是从人们对待满足他们需要的外界物的关系中产生的。"④价值本身又是一个关系的范畴，因此，价值体系自身不会自动呈现价值，其价值实现必然有其独特蕴涵。社会主义核心价值体系的价值实现就其过程而言是价值主体和价值客体相互作用的过程，表现为主体客体化和客体主体化的双向互动过程。主体客体化，是指人通过实践使自己的本质力量转化为对象物，是人的体力和智力的物化；客体主体化是指客体失去对象化的形式，变成主体的一部分。就价值实

① 《马克思恩格斯全集》第 19 卷，人民出版社 1963 年版，第 406 页。

② 《马克思恩格斯全集》第 19 卷，人民出版社 1963 年版，第 409 页。

③ 李德顺：《价值论》第 2 版，中国人民大学出版社 2007 年版，第 39 页。

④ 《马克思恩格斯全集》第 1 版第 19 卷第 406 页 .

现的阶段而言主要包括社会主义核心价值被价值主体接受并转化为个体的价值意识和动机的“内化”阶段和价值主体把价值意识和动机转化为价值行为的“外化”阶段。价值主体的内化是主体客体化,价值主体内化社会主义核心价值体系的价值所形成的稳定的价值意识和价值情感。价值客体的外化是客体主体化,价值主体接受认同了社会主义核心价值体系的价值,把它转化为自己的实践和行动。社会主义核心价值体系的价值实现的外在表现为两个转化:即由潜在价值(潜藏的、一旦条件成熟就可能发挥出来的价值)向现实价值转化和由内在价值向外在价值转化。社会主义核心价值体系的价值实现的实质是价值主体化,“从客体来说,就是由现实的价值客体到作用于主体,转化为价值即对主体的效应的过程——从内在价值到价值的转化;从主体来说,则是客体作用于主体,使主体受到客体的一定的作用和影响。”①从社会主义核心价值体系的价值实现过程、阶段、表现和实质的分析中可以看出价值主体、价值客体和促进主客体转化的介体是完成价值实现的三大要素,要实现社会主义核心价值体系的价值转化,彰显和实现社会主义核心价值体系的价值,就必须加强主体条件建设、客体条件建设和介体条件建设。通过加强主体的价值观念、精神状态和实践能力为重点的条件建设,提高主体对社会主义核心价值体系的价值选择力和价值践行力。通过加强对马克思主义经典著作的研究,加强对中国特色社会主义实践的探索和总结,加强对民族优秀文化的发掘,加强与国外马克思主义理论及其新发展的对话以及吸纳包括西方国家在内的人类共同价值文明成果等方法和方式,加强社会主义核心价值体系的理论条件建设,提高社会主义核心价值体系的理论自觉性和理论理性,发挥社会主义核心价值体系引领多元价值的强大逻辑能量和比较优势。通过强化促进社会主义核心价值体系内化外化机制和保障体制等介体条件建设,促进彰显和实现社会主义核心价值体系的价值。

1.1.4 保障和促进功能发挥

社会主义核心价值体系是社会主义社会的中枢价值系统,是规约人们思想和行为的精神法器与价值坐标。社会主义核心价值体系建设的重要目的之一是充分发挥社会主义核心价值体系的功能,即社会主义核心价值体系对个体发展和社

---

① 张耀灿、郑永廷、吴潜涛、骆郁廷等著:《现代思想政治教育学》,人民出版社 2006 年版,第 188 页。

会发展所产生的各种影响和作用。当前社会主义核心价值体系的功能集中表现为:一是引领社会思潮功能。社会主义核心价值体系依靠自身理论的先进性、实践性和包容性有效引领多样社会思潮。二是凝聚社会共识功能。社会主义核心价值体系能够在最大范围内形成广泛社会共识。三是整合社会资源功能。社会主义核心价值体系利用自身的价值导向性把社会精神性资源和物质性资源进行有效整合,使社会主义社会向着和谐共处、互利双赢的良好局面发展。四是人格塑造功能。社会主义核心价值体系通过提供社会主义的价值理想、价值目标、价值规范,把人塑造成有理想、有道德的社会主义建设者。但功能的发挥是需要一定的条件的,现代系统科学认为系统的结构决定系统的功能,社会主义核心价值体系是社会主义意识形态的本质表现,理所当然具备意识形态的共性内在结构。意识形态的结构具有代表性的是学者何怀远和王永贵提出的观点。前者认为意识形态的结构"是由三个基本层面(要素)构成的'三维结构'的思想或观念体系,这就是认知——解释层面、价值——信仰层面和目标——策略层面。"①后者认为"可将意识形态的内部结构划分为价值理想、理论学说、政策主张三个层次"②以上论断为揭示意识形态的结构提供了宝贵的借鉴,但还有商榷之处。"在阶级社会中,适合一定的经济基础以及竖立在这一基础之上的法律的和政治的上层建筑而形成起来的,代表统治阶级根本利益的情感、表象和观念的总和,其根本的特征是自觉地或不自觉地用幻想的联系来取代并掩蔽现实的联系。"③"意识形态是由各种具体的意识形式——政治思想。法律思想、道德、艺术、宗教、哲学等构成的有机的思想体系。"④通过对不同意识形态的定义分析可以看出,意识形态本质上是与一定社会的经济和政治直接相联系的观念、观点的总和。在形式上表现为一定的思想理论体系,意识形态具体蕴含在"政治法律思想"、"道德"、"文学艺术"、"宗教"、"哲学"和其他社会科学等意识形式中。据上所述,对前者而言,认知——解释层面是意识形态中对其基本理念进行理论说明的内容,价值——信仰层面是意识形态中的价值观及其信仰成分,是人们价值选择的根据,目标——策略层面是意识形态的基本理念实现的目标、途径和艺术,这些并不全是从结构层次方面说明意识形态。后者的"价值理想"一定程度上揭示了意识形态的深层观

---

① 何怀远:《意识形态的内在结构浅论》,《. 江苏行政学院学报》2001 年第 2 期。

② 王永贵:《经济全球化与社会主义意识形态建设研究》,人民出版社 2005 年版,第 18 页。

③ 俞吾金:《意识形态论》,上海人民出版社 1993 年版,第 129 页。

④ 宋惠昌:《当代中国意识形态论》,中共中央党校出版社 1993 年版,第 143 页。

念内涵,“理论学说”只是揭示了意识形态的表现形式,“政策主张”只是构成意识形态要素的多种意识形式中的一种形式。我们认为意识形态的层次结构主要是由内核的观念意识和外层的意识形式构成的体系。作为社会主义意识形态的社会主义核心价值体系其层次结构也主要是由内核的观念意识和外层的意识形式构成。要保障和促进社会主义核心价值体系发挥功能,就必须加强建设,优化和促进其内核的观念意识和外层的意识形式。通过发掘社会主义核心价值体系的价值理念,在观念意识层面树立社会主义核心价值体系的价值理性权威,促进社会主义核心价值体系功能发挥。在意识形式层面加强政治法律思想、道德、文学艺术、哲学等意识形式建设促进促进社会主义核心价值体系功能体现。

1.1.5 探索和完善实践方案

社会主义核心价值体系源于实践,贵在践行,具有鲜明的实践品格。社会主义核心价值体系作为理论而言,是中国特色社会主义实践的产物,“全部社会生活在本质上是实践的。凡是把理论引向神秘主义的神秘东西,都能在人的实践中以及对这个实践的理解中得到合理的解决。”①社会主义核心价值体系作为社会主义价值而言,仍然是实践的产物。“价值是客体属性对主体需要的满足关系,它不仅依赖于主体和客体,而且还受制于主体能动地改造客体的历史性的社会实践活动。”②从社会主义核心价值体系的价值发生上看,中国特色社会主义实践是价值发生的根本原因,正是在中国特色社会主义实践中产生了人与人、人与社会和人与自然之间的价值诉求。从社会主义核心价值体系的价值特性上看,人民群众作为实践的主体决定了社会主义核心价值体系价值特性的本质就是以人为本,实现好、维护好、发展好最广大人民的根本利益。从社会主义核心价值体系的价值活动上看,人民群众在政治、经济、文化、社会和生态等领域的实践活动是社会主义核心价值体系价值活动的推动力量,人民群众在中国特色社会主义实践中不断涌现的价值需求和价值利益促进践行社会主义核心价值体系的价值活动向前发展。但实践作为人的感性的、有目的的物质活动,人民群众在践行社会主义核心价值体系时总是按照一定的实践理性来构建自己的实践方案。表现为四个“尺度”即

---

① 《马克思恩格斯选集》第1卷,人民出版社1995年版,第56页。

② 张耀灿、郑永廷、吴潜涛、骆郁廷等著:《现代思想政治教育学》,人民出版社2006年版,第162页。

外在尺度(被改造客体的尺度)、内在尺度(实践主体的尺度)、实践手段和方法的尺度和社会环境和条件的尺度的认识和掌握,体现为"是什么"的客体尺度、"要什么"的主体尺度、"能什么"的方法尺度和"应什么"的社会尺度的有机统一。① 实践方案也能够很好的兼顾实践的目的理性、工具理性和价值理性等实践理性的统一。但践行社会主义核心价值体系是一个复杂的系统工程,实践活动的整体结构来看,实践活动结构是由实体性要素和非实体性要素按照一定的组合方式建构而成的有机整体。实践活动结构基本上可分为两个层次结构,一是由实体性要素组合而成的实体性要素层次结构,即主体—工具—客体这是实践活动系统中的实体性要素间相互联系、相互作用的组合方式。二是由非实体性组合而成的非实体性要素层次结构。即目的—手段—结果。这是非实体性要索之间相互联系、相互作用的组合方式。以上是实践活动结构的横向分析(静态方面)。从纵向方向(动态方面)分析,实践活动结构包括变换条件、交换机制和变换规律等动态方面。从实践活动的运行看,主体客体化阶段、客体主体化阶段和主体客体一体化阶段相互诊透、相互包含,统一于实践活动运行过程。由此可见践行社会主义核心价值体系的实践方案无论多么符合实践理性都还要在具体的实践条件下接受检验,社会主义核心价值体系实践是实践的合理性、合目的性和有效性的统一。正如上文所述,建设本身就是一种实践活动,从时态上看,"建"强调的是"现在时",指的是人的当下的实践活动;"设",强调的是"未来时",指的是人对未来实践活动的规划和设计。从建设的对象来看,建设的对象包括实体和精神两大类。实体建设主要是指以物质建设为内容和实践的建设;精神建设主要包括思想、文化、道德等在内的建设。从"建"与"设"的辩证关系来看,建设蕴含理论与实践相互作用、互为促进和彼此转换的过程,具体表现为"以建促设"和"以设引建"的辩证运动。从主客体作用来看,"建设"侧重于从实践主体的视角出发,强调主体作用于客体从而引起客体变化的实践过程。由此可见,建设可以检验社会主义价值体系的实践方案,在建设中才能优化社会主义价值体系的实践方案,在建设中才能创新社会主义核心价值体系的实践方案。

① 王永昌:《论实践观念》,《中国社会科学》1993 年第 4 期。

1.2 社会主义核心价值体系系统建设的总体观照

系统工程(SystemsEngineering)作为一种方法 20 世纪 40 年代起源于美国,系统工程最初主要用于寻找各种作战问题的最优策略,同时也用于研究一些与组织和管理大型工程项目有关的技术。第一次提出“系统工程”这一名词的是 1940 年在美国贝尔电话公司实验室工作的 E · C · 莫利纳(E · C · Molina)和在丹麦哥本哈根电话公司工作的 A · K,厄朗(A · K,Erlang)。1969 年美国系统工程学者霍尔利用结构分析法提出著名的霍尔三维结构,即逻辑维、时间维、知识维组成的立体空间结构,使系统工程的工作阶段和步骤更为明晰。20 世纪 70 年代后,系统工程开始广泛应用于解决各类综合性高的复杂战略问题。作为一种全新的组织管理与决策的方法系统工程在世界范围内得到广泛认同,并逐渐从工程系统向社会经济系统扩展,成为工程技术和社会经济等领域研究的常用概念。在钱学森等人的推动下,自 20 世纪 80 年代,国内掀起了全国性的系统工程研究热潮,系统工程已渗透到科学界、经济界及整个科学技术领域的规划和管理之中,系统工程成为衡量行业规划和管理是否科学的普遍原则。但相关系统工程的理解却不尽相同,钱学森认为“‘系统工程’是组织管理‘系统’的规划、研究、设计、制造、试验和使用的科学方法,是一种对所有‘系统’都具有普遍意义的科学方法。”①成思危认为“系统工程的作用就是按照系统科学的原理来设计并构建或改造一个系统,使其具有预期的功能。”②李鸿义教授认为“所谓系统工程是一种从整体把握事物的认识论和方法论,也是一种现代‘组织管理的技术’。”③另有学者认为“系统工程是由一系列有利于分析、设计或理解系统的工具、技巧、方法及技术等所组成的学科。”④还有学者认为“系统工程,就是用系统思想与定量和定性相结合的系统方法处理大量复杂系统问题的实践活动。”⑤《大英百科全书》(1974)把系统工程定

---

① 钱学森、许国志、王寿云:《组织管理的技术——系统工程》,《上海理工大学学报》2011 年第 6 期。

② 成思危:《复杂科学与系统工程》,《管理科学学报》1999 年第 2 期。

③ 李鸿义:《多样化与“网”理论》,《冶金政工研究》2001 年第 1 期。

④ 王慧炯:《系统工程的方法论》,《哲学研究》1980 年第 3 期。

⑤ 于燕华、王晓晖、王宝恒:《高校课堂教学质量及其评价指标体系研究》,《中国成人教育》2008 年第 13 期。

义为一门把已有学科分支中的知识有效地组合起来用以解决综合化的工程技术。美国质量管理学会系统委员会(1969年)认为系统工程是运用科学知识设计和制造系统的一门特殊工程学。①《现代汉语字典》(2002)也把系统工程定义为运用先进的科学方法,进行组织管理,以求最佳效果的技术。可见系统工程从不同的角度看具有科学方法、工程技术、一门学科和实践活动等含义。我们认为要理解系统工程的含义就需要从"系统"与"工程"两个侧面来探究,系统是由相互联系、相互作用的要素组成的具有一定结构和功能的有机整体。整体性、结构性、层次性和开放性是系统的根本特性,因此从系统角度看待问题就是把问题对象作为一个系统,从系统的组成要素、内在结构和外在环境的相互联系和作用中综合考察认识问题对象。从广义上看"工程是人们综合应用科学的理论和技术的手段去改造客观世界的具体实践活动,以及它所取得的实际成果。"②工程意味着综合、实践和创造。结合社会主义核心价值体系建设的实际语境,我们认为所谓系统工程,就是运用现代系统科学和工程科学理论处理大量复杂问题的实践活动。社会主义核心价值体系建设在建设理念上必须用系统思维和工程思维作为逻辑出发点,在实际建设过程中必须以系统工程方法把建设对象有机组织起来,着重从整体上揭示系统内部各要素之间,以及系统与外部环境之间的多种多样的联系和关系,从建设的可能性与可行性的关系中把握和推进社会主义核心价值体系建设。当前,社会主义核心价值体系建设作为一项系统工程主要体现在社会主义核心价值体系本身的"三重蕴含"建设、人与社会主义核心价值体系的"三种关系场"建设和当前社会主义核心价值体系的"三大要求"建设诸方面。

1.2.1 价值体系本身的意蕴指向

社会主义核心价值体系本身具有"三重蕴含":即从理论的角度看,社会主义核心价值体系是关于社会主义主导价值的理论体系;从价值的角度看,社会主义核心价值体系自身体现了社会主义倡导的主导价值(观念);从意识形态角度看,社会主义核心价值体系是社会主义意识形态的本质体现。因此社会主义核心价值体系建设作为一项系统工程,其本身的"三重蕴含"建设是其建设的逻辑起点。

---

① 转引李国纲:《管理系统工程》,中国人民大学出版社1993年版,第48页。

② 朱高峰:《论工程的综合性》,《高等工程教育研究》2011年第2期。

1. 社会主义核心价值体系理论形式建设

社会主义核心价值体系是马克思主义中国化的最新成果和我党现阶段的重大理论创新,一经提出就得到社会各界的广泛认同和积极响应。关于社会主义核心价值体系的内涵研究、特征研究等都取得了重要成果,为深入研究社会主义核心价值体系奠定了基础。笔者认为社会主义核心价值体系是中央提出的纲领性决策,要作为社会主义理论化、系统化的价值理论,尚有一定的理论形式建设空间。要弄清社会主义核心价值体理论形式建设,就必须厘清"理论"的含义。《现代汉语词典》对理论的解释是"人们由实践概括出来的关于自然界和社会的知识的有系统的结论。"《中国大百科全书·哲学卷》对理论的解释是"概括地反映现实的概念和原理的体系,它是系统化了的理性认识的结果。"《辞海·哲学分册》对理论的解释是"指概念、原理的体系,是系统化了的理性认识。"由此可见,这几种辞书关于理论的定义的虽不尽相同,但共性体现在:理论是主体认识的成果;理论是系统化的由概念、观点组成的体系。马克思主义认为理论从产生上看是主体在实践的基础上对客观存在的反映;从认识论角度看理论是在感性认识和经验认识的基础上对事物的深层次把握,是对事物内在本质和规律的理性认识;理论从性质上看表征着人的思维活动及其精神成果。因此理论是主体在实践基础上对事物本质及其规律的认识,是由一系列具有内在联系的概念、原理组成的观点体系。社会主义核心价值体系作为社会主义的主导价值理论就是人民群众在建设中国特色社会主义实践的基础上对社会主义价值本质及其规律的认识,并由一系列具有相应内在联系的概念、原理组成的观点体系表现出来。人民群众是历史的主人和创造者,实践是联系主观和客观的桥梁和检验真理的标准,决定了社会主义核心价值体系是对社会主义价值本质及其规律的正确认识和反映,从而决定了社会主义核心价值体系理论的科学性和真实性,使其与谬误理论和虚假理论划清了界限。但社会主义核心价值体系的真理性还必须通过一系列具有内在联系的概念、原理组成的观点体系表现出来,即社会主义核心价值体系必须具备完善的理论形式。社会主义核心价值体系理论形式建设总体上表现为理论的系统性和严密性两个方面。因此,社会主义核心价值体系理论形式建设总体上表现为系统性建设和理论的严密性建设。所谓社会主义核心价值体系理论的系统性一是指价值理论的概念、范畴、定理、观点、命题、原理等要素完备,一切构成了一个复杂的理论系统;二是指各构成要素和构成部分不是简单的堆砌和机械组合,而是依靠其内在的联系使之成为一个有机网络,共同发挥社会主义核心价值体系理论的功能。

因此,社会主义核心价值体系理论的系统性建设就涉及相关概念、范畴、定理、观点、命题、原理等要素的探讨和研究,以及诸要素相互作用及其功能发挥的研究。所谓社会主义核心价值体系理论的严密性是指价值理论内部各构成要素和构成部分之间具有内在的统一性,在衔接、过度和转换时符合价值体系内在矛盾的发展趋向和必然规律。要求社会主义核心价值体系理论建设一要符合思维发展的逻辑加强概念、范畴、原理、观点、命题、定理等要素过渡和转化的研究,增强其理论建设的严密性。二要立足于事物发展的客观进程,从客观逻辑入手增强理论建设的严密性。

社会主义核心价值体系理论的构成要素建设主要包括范畴、命题和原理三个建设层面。范畴是指概括和反映事物本质属性和普遍联系的基本概念。范畴一方面是理论认识的结果,另一方面是理论构造的基本环节。范畴作为理论的基本要素是理论诸成分中的最小单位,是理论内容的主要承载者,也是理论中一切矛盾的胚芽。尽管社会主义核心价值体系理论的范畴依据性质和状态可分为实体范畴、属性范畴和关系范畴,依据范畴的作用大小可分为基本范畴、重要范畴和具体范畴等划分方法,但限于篇幅和论证需要社会主义核心价值体系理论的基本范畴应包括起点范畴、中心范畴、中介范畴和结果范畴四个方面。起点范畴是社会主义核心价值体系理论范畴体系的逻辑起点,是社会主义核心价值体系理论范畴体系中最基础、最抽象的范畴;中心范畴是社会主义核心价值体系理论范畴体系中最基本的范畴,对范畴体系中其他范畴起着规约和统领作用。中介范畴是社会主义核心价值体系理论范畴体系的逻辑中项,在社会主义核心价值体系理论范畴体系中起着联结和促进作用。结果范畴是社会主义核心价值体系理论范畴体系的逻辑终项,体现范畴演化的最终状态。笔者认为社会主义核心价值体系理论的起点范畴是价值与行为。一方面价值与行为是社会主义核心价值体系理论范畴体系中最基础、最抽象的范畴。社会主义核心价值体系本身就是关于价值理论的学说,价值范畴自然就是其范畴体系的起点。由于价值是一个关系的范畴,价值表现为评价体对作用效应的判断性评价,存在于对象体和评价体互动关系中,价值评价、价值选择和价值创造是价值主体行为的应有之意,因此行为也是社会主义核心价值体系的起点范畴;另一方面价值和行为同社会主义核心价值体系的研究对象相互规定。社会主义核心价值体系是理论与实践的结合,一要研究其独特的价值内涵,二要研究在理论指导下的价值实践。社会主义核心价值体系的研究对象规定了价值和行为是其研究的起点,价值和行为也强化和聚焦了社会主义核心价值体系的研究对象。再一方面价值和行为是社会主义核心价值体系研究领域一切矛盾的胚芽。价值体系领域的矛盾及其演化都是围绕价值与行为的转化和促进展开的。社会主义核心价值体系理论的中心范畴是主体与客体。"'价值'这个普遍的概念是从人们对待满足他们需要的外界物质的关系中产生"①一语道明主客二分的认识论方法仍然是当前研究价值论的最佳方法。价值作为一种关系范畴,主客体的生成是价值生成的前提条件。主体与客体作为社会主义核心价值体系理论的中心范畴能有效统领范畴体系的其他范畴,促进社会主义核心价值体系研究。社会主义核心价值体系的中介范畴是承载与传导。社会主义核心价值不会自身体现,必须有法律、道德、哲学和艺术等载体来呈现,社会主义核心价值体系反映的是价值主体和客体之间的关系,必须有媒介导体、活动导体和管理导体等积极参与才能促进主客体之间的作用和转换。社会主义核心价值体系理论的结果范畴是内化与外化。社会主义核心价值体系研究的目的和结果是把社会主义价值内化为主体的价值观念,外化为主体的行为实践。通过加强社会主义核心价值体系理论的范畴建设,尤其是强化价值与行为、主体与客体、承载与传导和内化与外化等基本范畴的研究,发挥范畴在社会主义核心价值体系理论建设中的认识功能、方法功能和构建功能,促进社会主义核心价值体系理论形式建设。

命题从逻辑学的角度看是表达判断的一种语言形式,其表达方式是由系词把主词和宾词联结而成。命题从其内容上看主要表现为一是对事物状态和性质等信息的陈述,二是对人如何看待和理解事物以及人所主张愿望的表达。相对于范畴而言,命题展示的是理论体系内部的种种关系。命题按其在理论构建中的地位和作用可分为核心命题、基础命题和例证命题三大类。核心命题集中反映理论的中心思想,代表着理论的基本性质和思想倾向。基础命题环绕在核心命题的外围,对核心命题起着奠基和辅助作用。例证命题是事例等形式来佐证核心命题和基础命题。正是由于不同命题的存在,才使理论有血有肉,富于说服力。社会主义核心价值体系建设必须重视命题建设,才能使其趋向丰富、深刻和系统。本文认为当前学界普遍认同的社会主义核心价值体系内涵的四个方面内容概括:即"马克思主义指导思想是社会主义核心价值体系的灵魂";"中国特色社会主义共同理想是社会主义核心价值体系的主题";"以爱国主义为核心的民族精神和以改革创新为核心的时代精神是社会主义核心价值体系的精髓";"社会主义荣辱观是

① 《马克思恩格斯全集》第19卷,人民出版社1963年版,第406页。

社会主义核心价值体系的基础"。就是社会主义核心价值体系理论很好的命题。其中"马克思主义指导思想是社会主义核心价值体系的灵魂"是价值体系理论的核心命题。"中国特色社会主义共同理想是社会主义核心价值体系的主题"和"以爱国主义为核心的民族精神和以改革创新为核心的时代精神是社会主义核心价值体系的精髓"是价值体系理论的基础命题。"社会主义荣辱观是社会主义核心价值体系的基础"是价值体系理论的例证命题。当前社会主义核心价值体系理论的四大命题研究还主要停留在价值判断、意义界说和功能解读的层面,还缺乏深入的构建和研究。笔者认为社会主义核心价值体系理论的核心命题——"马克思主义指导思想是社会主义核心价值体系的灵魂"不能停留在宏观叙事的角度,笼统描述马克思主义是关于自然、社会和思维发展普遍规律的科学,是工人阶级和劳动人民解放的科学,是关于建设社会主义和实现共产主义的科学,从而证明"马克思主义指导思想是社会主义核心价值体系的灵魂"这一核心命题。而是具体问题具体分析,从马克思主义博大精深的体系中抽取具体的立场、观点和方法来证明和论述"马克思主义指导思想是社会主义核心价值体系的灵魂"。不仅要解决"是什么",还要深入解决"为什么"和"怎么办"。社会主义核心价值体系理论的基础命题——"中国特色社会主义共同理想是社会主义核心价值体系的主题"的论述也不能停留在中国特色社会主义共同理想是建设中国特色社会主义的奋斗目标和实现中华民族伟大复兴的灿烂前景的描绘上。还要研究中国特色社会主义共同理想中的价值蕴含,深入发掘中国特色社会主义价值在扬弃中国传统价值和西方资本主义价值比较后的价值优势,探讨中国特色社会主义价值的历史必然性以及作为迄今人类最优秀价值形式的具体性和普适性。才能使"中国特色社会主义共同理想是社会主义核心价值体系的主题"的命题研究不陷入空泛。"以爱国主义为核心的民族精神和以改革创新为核心的时代精神是社会主义核心价值体系的精髓"命题的论述也同样不能仅停留在团结统一、爱好和平、勤劳勇敢、自强不息的伟大民族精神和解放思想、求真务实、锐意改革、开拓创新的时代精神的意义和作用的描述上,而应深入研究和发掘民族精神和时代精神背后所隐含的价值,精神背后的价值才是社会主义核心价值体系的精髓。社会主义核心价值体系理论的例证命题——"社会主义荣辱观是社会主义核心价值体系的基础"也不能仅是论述以"八荣八耻"为主要内容的社会主义荣辱观是是非、善恶、美丑、荣辱的界限,是坚持什么、反对什么、倡导什么、抵制什么的依据。这样就是把社会主义核心价值体系的基础与社会主义道德的内容混为一谈,而是应该发掘社会主义荣辱观中“八荣”所蕴含的先进价值和“八耻”所含有的落后腐朽价值,进而说明“社会主义荣辱观是社会主义核心价值体系的基础”这一例证命题。唯其如此,才能使社会主义核心价值体系理论丰富深刻。

原理通常是指理论体系中具有普遍意义的论断或规律。是对客观事物某一层次、某一范围的系统把握。不同原理相互作用,服务于理论体系的目的性和结构性要求,共同形成一个理论体系。社会主义核心价值体系理论建设要加强原理建设,从而彰显社会主义核心价值体系的理论深度。社会主义核心价值体系原理建设主要包括以下几个原理建设:一是加强价值的主客二重性研究。价值是物质决定性(决定于价值对象体之间相互作用的效应)和精神表现性(表现为以概念为主要形式的判断性评价)的统一体。二是加强“三化”研究。即主体客体化、客体主体化和主客体互为一体化的研究。三是“两个尺度”的统一研究。即价值尺度和真理尺度是具体的历史的统一的研究。四是社会主义核心价值普遍性与特殊性的辩证关系研究。通过加强价值的主客二重性研究,从本体论的角度阐明社会主义价值是主体在实践的基础上与客体相互作用的产物,社会主义价值既离不开客体自身功能、属性等客观条件的限定,也离不开主体在实践中的体悟、判断和选择等能动作用,社会主义价值的主客二重性研究有利于增强人民群众践行社会主义核心价值体系和创造社会主义核心价值体系的针对性和积极性。加强社会主义核心价值体系“三化”研究,探索人民群众对客体规律的接受和服从(主体客体化)的机制和方式,探讨人民群众按照自己的目的、需要和能力改造客体为自己服务(客体主体化)的方法和条件,探究人民群众和实践对象之间自身力量彼此对象化的(主客体互为一体化)的前提和基础,提高社会主义核心价值体系理论是说服力。“两个尺度”的统一研究为社会主义核心价值体系理论建设及人民群众的价值实践活动提供了基本范式与理性框架,在社会主义核心价值体系的理论建设实践中既不能因真理尺度而减弱或消解价值尺度,从而使人成为物及其规律的奴隶;也不能以价值尺度尺度凌驾于真理尺度之上,背离社会主义核心价值体系建设物质基础,导致社会主义价值虚无。加强对社会主义核心价值普遍性与特殊性的辩证关系研究,弄清社会主义价值体系价值普遍性与特殊性的内在指定,既从特殊性入手坚持中国特色社会主义价值理论建设,增强自身理论的独特魅力,又要从普遍性着眼提高中国特色社会主义价值理论的普适性和开放性,增强中国特色社会主义价值理论的张力。

2. 社会主义主导价值(观念)建设。

社会主义主导价值(观念)建设主要体现在价值(观念)的层次结构建设上。“层次是指系统要素有机结合的等级秩序。特定事物的联系和发展总是在一定时空范围内进行的,表现出相对的层次性。结构的层次性包含两方面的含义:一是横向结构的多侧面性,二是纵向结构的等级性。”①社会主义核心价值体系是一个由横向要素(主要包括范畴、命题和原理)和纵向逻辑(主要包括概念、判断和推理)构成的复杂理论系统,其主导价值(观念)具有明确的级差和层次,构成了一个复杂的结构体系。自觉的十六届六中全会通过的决定把马克思主义指导思想,中国特色社会主义共同理想,以爱国主义为核心的民族精神和以改革创新为核心的时代精神,社会主义荣辱观,共同构成社会主义核心价值体系的基本内容后。学者秋石把社会主义核心价值体系内涵的四个方面内容概括为“灵魂”、“主题”、“精髓”、“基础”。笔者认为这四个词语不仅简明概括了社会主义核心价值体系的内容,在很大程度上也指出了社会主义核心价值体系在内涵方面的四个层次,为社会主义核心价值体系研究打下了基础。但社会主义核心价值体系四个方面内容严格讲并不是社会主义价值(价值观念),马克思主义指导思想是社会主义核心价值体系建设的方法原则,中国特色社会主义共同理想是当前社会主义核心价值体系的价值追求目标,以爱国主义为核心的民族精神和以改革创新为核心的时代精神是社会主义核心价值的精神载体,社会主义荣辱观更多体现了社会主义核心价值的外显规范。社会主义核心价值体系的系统建设还必须回归价值基点的层次结构建设,才能增强社会主义核心价值体系作为理论的解释力。本文认为社会主义核心价值体系所蕴含的主导价值(观念)的层次结构建设可从以下思路展开。

一是借鉴“科学研究纲领方法论”来研究社会主义主导价值(观念)的层次结构建设。匈牙利出生的英国哲学家拉卡托斯(ImreLakatos,1922 - 1974)的“科学研究纲领方法论”认为科学体系是由“硬核”和“保护带”两部分构成,硬核是一个科学体系得以确立的核心理论或核心部分,具有“少而精”的特点,是坚韧的、不许改变和不容反驳的。保护带处于硬核的外围,是由从属地位的观点、概念构成,其特点是“多而杂”,其任务是保护硬核,把经验反驳的矛头从硬核引向自身。以此为鉴,社会主义核心价值体系是一个科学的理论体系,其主导价值(观念)自然具

① 熊建生:《论思想政治教育内容形态的层次结构》,《思想理论教育导刊》2006年第9期。

有“硬核”和“保护带”的层次结构。作为“硬核”的社会主义核心价值(观念)必须具备深刻、稳定和隐蔽的条件。所谓深刻是指社会主义核心价值(观念)符合人类社会的发展要求,代表人类价值追求的最高水平和前进方向。所谓稳定是指社会主义核心价值(观念)不易改变,具有超越性内涵。所谓隐蔽是指社会主义核心价值(观念)表达的是价值精神或价值理念,隐藏于保护带的背后。依据以上条件,本文认为社会主义核心价值(观念)的“硬核”是自由和平等。自由体现了马克思主义关于人的自由全面发展的思想,平等体现了社会主义运动的价值追求,一部社会主义运动的历史就是追求人的平等的历史。社会主义核心价值(观念)的“保护带”应该是由自由和平等——社会主义核心价值体系的“硬核”衍生出来的价值观念,本文认为社会主义核心价值(观念)体系的“保护带”应主要包括政治领域的核心价值(观念)——民主,经济领域的核心价值(观念)——公平,文化领域的核心价值(观念)——包容,社会领域的核心价值(观念)——公正。当然社会主义核心价值(观念)体系的“保护带”不应该只有一层,民主、公平、包容和公正只是最贴近“硬核”的保护层,社会主义核心价值体系的“保护带”还应包括由民主、公平、包容和公正派生出来的各个分领域和行业的价值诸如互助、奉献、共享和忠诚等价值(观念)。

二是依据不同价值(观念)的地位和作用来建设社会主义主导价值(观念)的层次结构。人是一种思想的动物,决定了人是一种两极性存在:一极是他的生理的有限性或现实性;另一极是他思想的无限性或理想性。有限的生命和无限的思想决定了人们对“意义”的追求在时间维度上又可分为现实意义、长远意义和终极意义。一般认为“价值的本质,是客体属性同人的主体尺度之间的一种统一,是‘世界对人意义’”。[①] 因此,社会主义主导价值(观念)体系可划分为终极价值(观念)、核心价值(观念)和基础价值(观念)的层次结构。所谓社会主义核心价值体系的终极价值(观念)是指社会主义所追求的最高价值(观念)和最终价值(观念)。终极价值(观念)处于社会主义核心价值体系的最高层面的价值(观念),是社会主义主导价值(观念)体系的灵魂,对整个价值(观念)体系的取向具有统摄和导引作用。需要说明的是,一方面,社会主义核心价值体系的终极价值不是企图建立一种超越有限状态、绝对完美的、没有矛盾的、至善的绝对价值,其仍是一种理想状态的有限价值,是人在“人的生存境遇的历史性、人的理性的有限性

① 李德顺:《价值论》,中国人民大学出版社 2007 年版,第 39 页。

和生存价值的矛盾性。”①限定下的价值。另一方面，社会主义主导价值（观念）体系的终极价值不是虚妄价值，而是建立在唯物史观的科学基础之上。中国传统儒学通过董仲舒的“天人感应”说把其价值说成是来源于神秘的“天”，“天不变，道亦不变。”奠定了儒学核心价值的终极性和至高无上性。在西方宗教神学价值观念体系中，上帝是一切价值的源泉，也是最终最高的价值。二者共性都是唯心主义终极价值观，尽管在过去、现在乃至将来很长一段时间内这些唯心主义终极价值观还将在人们的头脑中存在和发挥作用，但最终要退出人类思想观念史的舞台。与唯心主义虚妄终极价值观念不同，社会主义主导价值（观念）体系的终极价值是建立在唯物史观的基础之上，以马克思主义人学观——人的自由和全面发展为指导来研讨社会主义主导价值（观念）体系的终极价值。“代替那存在着阶级和阶级对立的资产阶级旧社会的，将是这样一个联合体，在那里，每个人的自由发展是一切人的自由发展的条件。”②“建立在个人全面发展和他们共同的社会生产能力成为他们的社会财富这一基础的自由个性”，共产主义是“以每个人的全面而自由的发展为基本原则的社会形式。”可以看出，一部马克思主义学说就是一部关于人的解放的学说，“人的自由而全面的发展”是社会主义社会的本质要求和人类社会发展的终极追求。笔者认为“人的自由而全面的发展”揭示的是人发展的理想状态，这一状态的背后价值诉求是自由。自由表现为：适应自然和改造自然的能力（人与自然的关系）、规则框架内应享有的权利（人与他人的关系）和个人全面发展（人与自身的关系）因此社会主义主导价值（观念）体系的终极价值（观念）是自由。所谓社会主义主导价值（观念）体系的核心价值（观念）是指在价值（观念）体系中发挥主导作用，占据核心地位的价值（观念），是社会主义主导价值（观念）体系的中心，为基础价值（观念）提供方向和依据。本文认为社会主义主导价值（观念）体系的核心价值（观念）应主要包括五大层面的核心价值（观念）：民主（政治领域的核心价值（观念）、公平（经济领域的核心价值（观念）、包容（文化领域的核心价值（观念）、公正（社会领域的核心价值（观念）和共生（生态领域的核心价值（观念）。所谓社会主义主导价值（观念）体系的基础价值（观念），是指处于社会主义主导价值（观念）外围、边缘的价值（观念），为核心价值（观念）提供解释和说明。社会主义主导价值（观念）体系的基础内容“八荣八耻”中蕴含的诸如勤

① 贺来：《边界意识与人的解放》，上海人民出版社 2007 年版，第 97 页。

② 《马克思恩格斯选集》第 4 卷，人民出版社 1995 年版，第 730－731 页。

俭、敬业，诚实等价值（观念）就是社会主义主导价值体系的基础价值（观念）。通过进行社会主义主导价值（观念）体系可划分为终极价值（观念）、核心价值（观念）和基础价值（观念）的层次结构建设研究，建立一套顺应人的发展、具有终极价值关怀又符合现实价值要求的社会主义主导价值体系，既体现了社会主义核心价值体系的使命化和崇高化，有增强社会主义核心价值体系的现实性和规范性

三是依据价值（观念）的性质和功能来建设社会主义主导价值（观念）体系的层次结构。“价值观（念）是一个复杂的系统，可以划分为四个子系统，这就是目的系统、手段系统、规则系统和制约系统，它们共同起作用，形成人们判断、选择、追求价值的范型和定势。”①社会主义核心价值体系是社会主义价值观（念）的理论化、系统化的表达，社会主义核心价值体系必然是目的价值、手段价值和规范价值的统一。因此，社会主义核心价值体系的价值（观念）按性质和功能可划分为目的价值、手段价值和规范价值三大层次和部分。目的价值是社会主义核心价值体系中具有目标指向性的价值，体现了社会主义价值在意义层面的价值追求。手段价值是社会主义核心价值体系中相对于目的而言的有助于实现目的的工具性价值，体现了社会主义价值在方法层面的价值追求。规范价值是社会主义核心价值体系中具有规约指向性的价值，体现了社会主义价值在规则层面的价值追求。目的价值、手段价值和规范价值构成了社会主义核心价值体系的有机系统。本文认为社会主义核心价值体系目的价值建设研究从长远看自由是最高目的价值，从现实看目的价值又具体表现为民主（政治领域的目的价值）、公平（经济领域的目的价值）、共享（文化领域的目的价值）、公正（社会领域的目的价值）。社会主义核心价值体系手段价值建设研究主要体现在尚劳、崇法、美德、奉公几个方面。尚劳体现了以劳为美的马克思主义劳动观，劳动创造人本身，劳动创造物质财富和精神财富，劳动创造人类历史。以尚劳为手段价值从根本上揭示了社会主义的方法价值。崇法体现了以法为基的法治思想，社会主义是建立在市场经济基础上的法治社会，以法律为准绳是社会主义公民必须具有的价值观念。美德体现了以德为善的价值理念，依法治国和以德治国如车之双轮、鸟之两翼，共同维护了社会秩序。奉公体现了以公为本的价值诉求，社会主义是以集体主义为本位的社会，新的社会主义集体观认为在充分保证个人利益的基础上优先发展集体利益，奉公体现了

① 马俊峰、李德顺：《当代中国人的文化觉醒——国内价值哲学研究三十年述评》《社会科学战线》，2009 年第 3 期。

社会主义的价值取向。社会主义核心价值体系的范价值是隐蔽在典章制度的背后,体现在具体法律条文、政治制度、行业规章以及乡规民约、风俗习惯中。主要体现在敬业、团结、诚实、奉献、友爱、互助等方面。通过加强社会主义核心价值体系目的价值、手段价值和规范价值层次结构建设,增强理论体系的可运作性。

3. 社会主义意识形态建设。

社会主义核心价值体系是社会主义意识形态的本质体现。社会主义核心价值体系的外在表现主要通过社会主义意识形态表现出来。因此,加强社会主义意识形态建设是社会主义核心价值体系建设的应有之义。但意识形态又是一个多歧义的名词,在其内涵上往往见仁见智。如俞吾金认为马克思的意识形态概念可以定义为:"在阶级社会中,适合一定的经济基础以及竖立在这一基础之上的法律的和政治的上层建筑而形成起来的,代表统治阶级根本利益的情感、表象和观念的总和,其根本的特征是自觉地或不自觉地用幻想的联系来取代并掩蔽现实的联系。"①宋惠昌认为"意识形态是一定社会或阶级基于自身根本利益而系统地、自觉池、理性地反映社会经济制度和政治制度的社会意识形式,它包括政治思想、法律思想、道德、艺术、宗教、哲学等。"②也有研究者认为意识形态一般是指在一定的社会经济基础上形成的系统的思想观念,代表了某一阶级或社会集团(包括国家和国家集团)的利益,又反过来指导这一阶级或集团的行动。

尽管在意识形态的定义上因研究视角不同而有所分歧,但在意识形态的认识方面还存在如下共性:一是意识形态首先是作为人头脑中的观念而存在。无论是柏拉图的"理念的世界"、特拉西的"观念的科学"、培根的"四幻象说"(种族幻象、洞穴幻象、市场幻象和剧场幻象)、还是马克思的"虚假意识"的意识形态——"迄今为止人们总是为自己造出关于自己本身、关于自己是何物或应当成为何物的种种虚假观念"③"观念的上层建筑","在不同的所有制形式上,在社会生存条件之上,耸立着由各种不同的、表现独特的情感、幻想、思想方式和人生观构成的整个上层建筑。"④再到列宁的肯定的、科学的、无产阶级的意识形态学说,意识形态首先是作为人头脑中的观念而存在,意识形态的表现形式之一就是观念化的意识形态。二是意识形态作为思想体系而存在。意识形态是由各种具体的意识形

① 俞吾金:《意识形态论》,上海人民出版社 1993 年版,第 129 页。

② 宋惠昌:《当代中国意识形态论》,中共中央党校出版社 1993 年版,第 23 页。

③ 马克思、恩格斯:《德意志意识形态节选本》,人民大学出版社 2003 年版,第 3 页。

④ 倪跃达:《马克思主义意识形态探析》,《文史艺术》2010 第 2 期。

式——政治思想、法律思想、道德、艺术、宗教、哲学等构成的有机的思想体系。而这些思想体系总是通过政治制度、法律制度、道德规范等形式表现出来,因此意识形态的另一表现形式就是制度化的意识形态。三是意识形态作为社会心理而存在。统治地位的意识形态总是通过一定渠道如家庭、学校、社团等将其所蕴含的价值、理想、信念内化到社会成员的心理层面,从而实现其稳定的表现形式。意识形态的再一表现形式就是社会心理化的意识形态。“意识形态从观念形式扩展为制度形式进而社会心理形式,同时具有观念、制度与社会心理的三重身份,这才完成了意识形态在表现形式上的一个运动周期,意识形态才取得稳定有效的成熟形态。”①因此,社会主义意识形态建设就包括意识形态观念化建设、意识形态制度化建设和意识形态社会心理化建设三个方面。

意识形态观念化建设在此不是指对人民群众在社会实践中的心理反映进行理性加工进而形成系统化的观念和理论的过程,而是指理论化、系统化的社会主义意识形态化为人民群众头脑中的观念,从而取得稳定的观念形态。人的观念形成的基本机理是:需要是观念形成的动因,利益是观念形成的基础,目标是观念形成的标志。因此意识形态观念化建设主要是围绕建立激发需要的体制,创设满足利益的条件和建立目标形成的舆论引导环境。由于需要从一般意义上看是个体对内外环境的客观需求在头脑中的反映。它既是一种主观状态,也是一种客观需求的反应。它常以一种“缺乏感”体验着,以意向、愿望的形式表现出来。从根本上讲需要取决于社会赖以存在的客观基础,需要受时代、历史条件的影响,又受阶级性的制约。因此建立激发需要的体制就集中表现在完善和促进人民当家作主的社会主义政治体制,以公有制为主体多种所有制并存的社会主义市场经济体制以及社会主义文化体制等方面,通过富于活力和竞争力的体制建设,激发人民群众对社会主义意识形态的观念化需求,打牢社会主义意识形态的观念化的原动力。马克思主义认为,人们奋斗所争取的一切,都同他们的利益有关。人民群众作为利益的主体,对物质利益和精神利益的追求形成推动人们活动的动机,也是形成意识形态观念的基础。创设满足利益的条件就是创设满足人民群众物质利益和精神利益的条件。物质利益条件的创设,即从外在形式上看是创设以衣、食、住、行等物质生活资料为主要对象,以对这些对象的占有为基本内容的物质需要条件;从内在基础上看物质利益实质上是经济利益,经济利益主要体现在对劳动

① 韩源:《政治中国主导意识形态建设的知识社会学考察》,《江汉论坛》2006 年第 1 期。

的分配和占有上,因此创设满足物质利益的条件从根本上看是健全和完善社会主义的分配制度。一方面在坚持按劳分配为主体多种分配方式并存的分配体制中处理好劳动收入与非劳动收入的关系,突出劳动所得的地位,体现劳动的价值;另一方面,处理好国家、集体和个人之间的分配关系,兼顾好国家、集体和个人三大利益主体之间的物质利益关系。通过制定正确的路线、方针、政策和法律法规,保障人民群众正当的物质利益。精神利益条件的创设是创建以求知、尊重、荣誉、社会归属、精神文化成果的享受以及信仰和理想的实现等为对象,以这些对象的占有和实现为基本内容的精神需要的条件。精神利益条件的创设宏观上看表现为坚持以经济建设为中心,优化经济体制,创建满足精神利益的物质条件。加强以建立健全民主政治为主要内容的政治文明建设,创建满足精神利益的政治条件。不断提高人民群众思想道德素质和科学文化素质,创建满足精神利益的人文条件。精神利益条件的创设从微观上看表现为不同行业和部门制定保障精神利益的规章制度和建立促进精神利益的机制。建立目标形成的舆论引导环境。所谓意识形态观念目标形成的舆论引导环境是指社会主导者(政府、政党以及各种社会组织)通过传播社会主义意识形态的评价信息影响社会公众对意识形态的关注和评价,使社会舆论朝着符合社会主义意识形态要求的方向发展的意见环境。意识形态观念目标形成的舆论引导环境建设体现在通过强化政策导向建设舆论引导的政治环境,通过优化传媒文化建设舆论引导的传媒环境,通过意识形态大众化建设舆论引导的人文环境。

社会主义意识形态制度化建设。意识形态作为思想的上层建筑,从形式上看,“意识形态是由各种具体的意识形式——政治思想。法律思想、道德、艺术、宗教、哲学等构成的有机的思想体系。”①因此意识形态按分类又分可分为“政治意识形态”、“经济意识形态”、“法律意识形态”、“艺术意识形态”、“道德意识形态”、“宗教意识形态”和“哲学意识形态”等,需要说明的是意识形态作为一种思想和观念,是以内隐的方式存在于政治、法律、道德、艺术和哲学等体系中,作为政治、法律、道德、艺术和哲学的灵魂和内核被政治制度、法律条文、道德规范艺术审美和哲学体系等包裹和屏蔽。而政治制度、经济制度、法律制度、道德规范等社会政治上层建筑是以制度化的方式存在,因此政治意识形态、经济意识形态、法律意识形态、道德意识形态等社会思想观念上层建筑均为制度化的存在。社会主义核

① 俞吾金:《意识形态论》,人民出版社 2009 年版,第 132 页。

心价值蕴含的社会主义主导意识形态只有内化在社会主义的政治制度、经济制度、法律制度、道德规范等社会政治上层建筑中自身才能被巩固并有效发挥作用。所谓意识形态制度化,不是仅指一般意义上的制度化即意识形态从特殊的、不固定的方式向被普遍认可的固定化模式的转化过程,而是特指以社会主义主导意识形态以制度为载体,内化在制度化存在的政治制度、经济制度、法律制度、道德规范中,并以这些制度规范表现出来。意识形态制度化建设就是社会主体以社会的政治制度、经济制度、法律制度、道德规范等制度体系为依托,以倡导的意识形态为价值内核,建立健全各种制度体系。依据各种意识形式和经济基础关系的远近,社会主义核心价值体系意识形态制度化建设可分为三个层次:第一层次,政治意识形态、经济意识形态、法律意识形态制度化建设。由于政治思想、经济思想、法律思想这三种意识形式以最直接的方式反映经济基础,故政治意识形态、经济意识形态、法律意识形态制度化建设是意识形态制度化建设的基础化建设,加强制度化建设就是把社会主义的意识形态融化在政治、经济和法律制度中,通过健全完善的政治、经济和法律制度呈现出来。第二层次,艺术意识形态和道德意识形态制度化建设。道德和意识这两种意识形式离经济基础较远,故艺术意识形态和道德意识形态是意识形态总体的中间部分。加强艺术意识形态和道德意识形态制度化建设就是把意识形态隐含在艺术审美取向中和道德规范中,以体系化和规范化的艺术形式和道德规范体现出来。第三层次,宗教意识形态和哲学意识形态制度化建设。哲学和宗教是两种离经济基础最远的意识形式,加强宗教意识形态制度化建设就是用意识形态指导宗教建设,用马克思主义宗教观引领群众,体现在教规教义中。哲学意识形态制度化建设就是把意识形态贯穿在主导哲学体系中,以哲学体系再现社会主义意识形态。通过意识形态制度化建设,依托制度化的秩序功能(使意识形态以政治制度、法律制度、经济制度等各种制度呈现)、控制功能(以制度规范协调和控制作用)和强化功能发挥意识形态的作用。

意识形态社会心理化建设。“所谓社会心理,是人们在生产方式、生活方式、思维方式、行为方式中起指导作用的日常意识,指特定时代、民族、阶级、职业阶层、广大群众中间普遍流行的没有经过职业思想家加工整理的精神状况。即他们的感觉、感情、情绪、需要、动机、理想、愿望、要求、风俗习惯(包括道德风尚)、社会思潮、审美情趣等社会心理要素的总和。"①社会心理从本质上看是一种低水平的社会意识,通常以感情、情绪、习惯、风俗,传统的形式存在,具有直接感受性、广泛社会性、整体层次性和动态开放性等特征。由于社会心理与群众的日常生活联系密切,常把社会心理称为日常意识。由于意形态是理论化、系统化的高层次的社会意识,识意识形态社会心理化是指把意识形态的观念融汇在社会心理中,并以社会个体或群体的感情、动机、意志、愿望、风俗、习惯和传统等表现出来。社会心理要素是一个复杂的立体结构。从纵向层次结构上看,社会心理由社会知觉、社会动机、社会态度、社会情趣、社会习俗等要素构成;从横向层次结构看,社会心理有民族心理、阶级心理、职业心理和时代心理等分类层次。意识形态社会心理化建设就是创造条件把意识形态观念融入社会心理的要素中,体现在社会心理的分类层次中,发挥意识形态的作用。

1.2.2 人与价值体系的关系场域

关系是指事物之间普遍存在的相互作用、相互影响的联系或状态。社会主义核心价值体系建设是一项系统工程就必须关注社会主义核心价值体系的关系性存在,从关系入手拓展建设系统。从主客二分的角度看人与社会主义核心价值体系存在三种关系:首先是认知关系。社会主义核心价值体系作为一种理论化、系统化的高势能价值体系,采取的是自上而下的宣导方式,即中央提出理论——人民践行理论的方式。这就使社会主义核心价值体系首先要被人民群众所感知和认识,因此人与社会主义核心价值体系的关系先要表现为认知关系。其次是实践关系。理论最终要用来指导实践,为实践服务,并在实践中得到检验和发展。人与社会主义核心价值体系的关系从根本上要表现为实践关系。再次是价值关系。价值反映的是客体对主体的意义和利益,人们所做的一切都与自身的利益有关,人与社会主义核心价值体系的关系在最终目的上表现为价值关系。认知关系、实践关系和价值关系很好说明了人民群众与社会主义核心价值体系相互作用、相互影响的联系和状态。但关系不会凭空产生,关系的产生和发展需要相应的条件,只有创造建立相应的关系条件,人与社会主义核心价值体系的认知关系、实践关系和价值关系才能够体现并发生作用。现代"场"理论为我们提供了理论借鉴。

① 顾春明:《论社会心理的结构、特征及其实践作用》,《辽宁大学学报(哲学社会科学版)》1986 年第 5 期。

"场"理论最初源于物理学,由19世纪 JameS Clerk Maxwen 最先提出来描述电磁现象的物理学概念。认为"场"虽然看不见摸不着,但它确实是一种物质存在,并在电磁科学中得到证实。随着社会发展,社会学领域的学者也愈发注意到尽管社会科学中场的构成与物理学中的场完全不同,但其表现出的效应和作用与物理学中的各种场却非常相似。于是"场"的概念和理论被广泛借用、移植到心理学、教育学、管理学等社会科学领域,并取得了开拓性的进展和成果。现代"场"理论普遍认为:"场"是一个相对独立的具有特定性质的关系空间;不同的"场"有着不同的内在规则和逻辑机制;"场"是一个动力系统,具有动力性质,能对物质、能量和信息的聚集、扩散和传递进行驱动;社会空间中各种各样的"场"都是社会分化的结果。"场"的性能体现为:一是化合性,在"场"力量作用下,场内不同事物之间相互作用组合成一种新的作用力量。二是规约性。场内事物在"场"的规则和机制的规范和约束下彼此相互作用。三是惯习性。即任何场都有属于自己的"性情倾向系统"的特性。特定惯习只能在特定场中存在,与产生它的场相对应。本文认为借鉴"场"的理论和概念能更好说明人与社会主义核心价值体系的认知关系、实践关系和价值关系的产生条件和存在作用。因此人与社会主义核心价值体系的三种关系建设就更科学的体现在认知关系场建设、实践关系场建设和价值关系场建三大建设上。

1. 认知关系场建设

认知是指人们认识活动的过程,即个体对感觉信号接收、检测、转换、简约、合成、编码、储存、提取、重建以及形成概念、判断和解决问题的信息加工处理过程。在这个复杂的矛盾运动过程中,认知主体和认知对象以及认知的动因、方式、方法和手段诸因素相互作用的关系状态构成了认知关系场。由于不同认识主体在社会经历和文化水平上的差异导致认识方式大为不同:表现为认识方式上存在是主要依靠感性直观还是主要借助抽象思维的分野,因此认知又可分为感性认知和理性认知两大类。人与社会主义核心价值体系的认知关系场就可分为感性认知关系场和理性认知关系场。现代场理论认为场是行动者的关系存在和行动空间,因此场的人的要素是行动者;场形塑着行动者的惯习,而与此同时其又是具有惯习的场,因此场的规约要素是规则和机制;资本(不仅是经济意义上的资本,还包括社会资本和文化资本等不同形式的资本)的分配决定着场的结构关系,场中活动因子的位置取决于其拥有的资本的数量和结构,因此场的动力要素是资本。人与社会主义核心价值体系的认知关系场建设主要体现在人的要素、规约要素和动力要素的建设上。本文认为理性认知关系场的行动者主要是由专家、学者和学生等文化程度较高的人及其群体,其建设主要是围绕提高行动者的理性判断和理性选择的能力上,其建设表现为理论研讨、进修培训等知识性的建设上。理性认知关系场的规则建设根据理性认知的特点体现在制定和完善书面形式规定的成文条例,以体现规则理性。其机制建设主要以制约机制建设为主,体现理性认知关系场机制活动的有序化和规范化。理性认知关系场的资本建设以文化资本建设为主,体现在以学衔、文凭和作品等为符号,以学位和教育资历等制度化形式建设上。感性认知关系场的行动者主要是人民群众中文化素质较低的群体,其建设主要是围绕提高行动者的感性判断和感性选择的能力上,其建设表现为文艺欣赏等直观感知素养建设上。感性认知关系场的规则建设根据感性认知的特点体现在培养和完善约定俗成的不成文的规定,以体现感性规则。其机制建设主要以保障机制建设为主,为感性认知关系场的活动提供物质和精神条件。感性认知关系场的资本建设以艺术资本建设为主,体现在以文艺表演、政策宣讲和参观展览等形式建设上。

实践是主体改造社会和自然的有意识的活动。实践关系是主体在现实地把握和改造客体中的一种对象性关系,是在实践活动中主体与客体的联结方式。这只是对实践及其关系的哲学规定。事实上由于不同主体在实践活动中的地位和作用不同,有必要对实践及其关系进行进一步划分,从"实践——理论——实践"的辩证关系和运动中可以看出,由实践上升为理论和用理论来指导实践是两种不同的实践活动,我们不妨把由实践上升为理论的实践称为第一实践,用理论来指导实践称为第二实践。第一实践主体是专家学者为代表的理论工作者和党的领导者,主要任务是把人民群众实践中的感性经验上升为抽象的理论。第二实践主体是工人、农民为代表的劳动者,其主要任务是把理论与实践相结合,用理论来指导实践。由此我们可以把实践关系划分为第一实践关系和第二实践关系,同样实践关系场建设也可划分为第一实践关系场建设和第二实践关系场建设。本文认为第一实践关系场的行动者主要是理论工作者,其主要任务是完成理论的抽象,最终达到理论具体,因此第一实践关系场针对行动者的建设主要体现在以理论的抽象力和建构力上为重点的理论素养建设上。第一实践关系场根据理论创建的要求,其规则应以不成文的规则为主,机制应以提供物质和精神条件的保障机制是为主。资本应是建立文化资本和权力资本为主。第二实践关系场的行动者主要是以工农为代表的人民群众,其主要任务是完成理论与实践的结合,用理论来指导具体的生产劳动实践。因此,第二实践关系场针对行动者的建设主要体现在理论与实践相结合的能力上,第二实践关系场的规则建设应以各自行业的成文规则为主,机制应以调动主体积极性的激励机制建设为主,资本建设以经济资本(以金钱为符号,以产权为制度化形式)建设为主。

价值体现的是客体对主体的意义或效用,根据人在物质和精神需求差异和载体类型可分为物质价值和精神价值两大类。据此,人与社会主义核心价值体系的价值关系场建设可分为物质价值关系场建设和精神价值关系场建设。物质价值关系场的行动者更倾向物质价值追求,其自身建设主要体现在对物质合理需求、合理占有的理性素养建设上。物质价值关系场的规则建设以市场经济规则和法则规则建设为主,机制建设以有序化、规范化的一种制约机制建设为主,资本建设以经济资本建设为主。精神价值关系场的行动者更倾向精神价值追求,其自身建设主要体现在对精神合理需求、合理占有的理性素养建设上。精神价值关系场的规则建设以内在约束为代表的不成文规则建设为主,机制建设以促进精神境界的激励机制建设为主,资本建设以文化资本建设为主。

1.2.3 价值体系践行的现实要求

党的十六届六中全会通过的决定中首次提出"坚持以社会主义核心价值体系引领社会思潮,尊重差异、包容多样,最大限度地形成社会思想共识。"①十七大报告又明确指出"切实把社会主义核心价值体系融入国民教育和精神文明建设全过程,转化为人民的自觉追求。积极探索用社会主义核心价值体系引领社会思潮的有效途径,主动做好意识形态工作,既尊重差异、包容多样,又有力抵制各种错误和腐朽思想的影响。"②党的十七届六中全会通过的决议再次指出"把社会主义核心价值体系融入国民教育、精神文明建设和党的建设全过程,贯穿改革开放和社会主义现代化建设各领域,体现到精神文化产品创作生产传播各方面。"③由此可见"引领社会思潮"、"融入国民教育和精神文明建设和党的建设全过程"和"贯穿

---

① 《中共中央关于构建社会主义和谐社会若干重大问题的决定》,《光明日报》2006 年 10 月 18 日第 1 版。

② 胡锦涛:《高举中国特色社会主义伟大旗帜 为夺取全面建设小康社会新胜利而奋斗——在中国共产党第十七次全国代表大会上的报告》,《人民日报》2007 年 10 月 25 日第 1 版。

③ 《中共中央关于深化文化体制改革推动社会主义文化大发展大繁荣若干重大问题的决定》,《人民日报》2011 年 10 月 26 日第 1 版。

改革开放和社会主义现代化建设各领域”是当前社会主义核心价值体系建设的三大任务和要求，其中“引领社会思潮”是社会主义核心价值体系建设的目的要求，“融入国民教育和精神文明建设和党的建设全过程”是社会主义核心价值体系建设的形式要求，“贯穿改革开放和社会主义现代化建设各领域”是社会主义核心价值体系建设的状态要求。社会主义核心价值体系建设的“三大要求”建设就体现为引领建设、融入建设和贯穿建设。

1. 引领建设

所谓引领，“从总体上、根本上说，就是用社会主义核心价值体系，即马克思主义指导思想、中国特色社会主义共同理想、以爱国主义为核心的民族精神和改革创新为核心的时代精神、社会主义荣辱观给整个社会思潮以正确的导向，按照主流意识形态的要求，最大限度地整合社会意识，在全社会形成统一的指导思想、共同的理想信念、强大的精神支柱和基本的道德规范，从而团结不同阶层、不同认识水平的人们共同前进，不断巩固全党全国人民团结奋斗的共同思想基础。”①因此，引领是社会主义核心价值体系与社会思潮产生作用、发挥功能和实现目的的过程。但引领作用的产生、功能的发挥和目的的实现必须要一定的条件，条件是“影响事物发生、存在或发展的因素。”②社会主义核心价值体系引领建设条件就是从工程的角度出发创建和营造有利于价值体系发挥引领功能、实现引领目的因素。从“用什么来引领”和“怎样才能引领”的逻辑追问中可以看出社会主义核心价值体系引领建设主要包括本体建设和条件建设两大部分。本体建设是指社会主义核心价值体系理论自身建设，条件建设主要包括队伍建设、阵地建设、制度建设和机制建设。理论建设其实质是解决理论的彻底性问题。所谓彻底就是抓住事物的根本。即从人类社会发展的规律和社会主义发展的规律入手探究社会主义核心价值体系的内在蕴含，使价值研究站在人类价值发展的制高点上，增强理论自身的感召力和说服力，从而增强其引领力。队伍建设是社会主义核心价值体系引领建设的动因条件建设。理论要发挥作用还要依赖人的推动作用。一是领导队伍建设。党的十七届四中全会强调：“党员、干部模范学习践行社会主义核心

① 张晓红：《用社会主义核心价值体系引领社会思潮的基本要求》，《学校党建与思想教育》2010 年第 5 期。

② 《现代汉语词典》，商务印书馆 2002 年版，第 1251 页。

价值体系,是建设马克思主义学习型政党的重要任务。"①加强党员干部学习践行社会主义核心价值体系的力度,增强其推进践行社会主义核心价值体系的科学性和主动性。二是宣传队伍建设。造就一批学识渊博、勇于创新、了解基层、善于理论与实践相结合的理论宣讲者,深入开展社会主义核心价值体系的宣传和推介工作,促进价值体系理论与人民群众的密切联系。三是榜样队伍建设。通过树立先进典型和榜样群体,以亲切直观的形式使社会主义核心价值体系走向普通群众,强社会主义核心价值体系的吸引力和感染力。阵地建设是社会主义核心价值体系引领建设的依托条件建设。引领阵地建设包括:一是思想理论阵地建设。就是坚持以马克思主义为指导,贯彻"为人民服务,为社会主义服务"和"百花齐发,百家争鸣"的方针,促进哲学社会科学的繁荣和发展,发挥哲学社会科学的思想库作用。二是教育培养阵地建设。主要加强以学校和企事业单位的培养机构为主阵地的软硬件建设,发挥宣传社会主义核心价值体系的主渠道作用。三是宣传舆论阵地建设。除加强报纸、杂志、广播、电视等传统媒体建设外,同时重视互联网和移动网络等新兴媒体的引导与建设,扩大社会主义核心价值体系宣传的影响力。制度建设是社会主义核心价值体系引领建设的保障条件建设,社会主义核心价值体系引领制度建设包括正式制度建设、非正式制度建设和实施机制建设。正式制度建设在国家层面上表现为党的政治纪律制度和意识形态建设制度等制度建设。在社会层面上进一步建立健全行业、协会、学会、专业团体等社会组织的规则章程,完善市民公约、乡规民约、学生守则等行为准则,把引领社会思潮的工作纳入规范化和经常化的轨道提供制度保证。依靠法律规章等"硬约束"促进对多样社会思潮的旗帜鲜明的引领。非正式制度建设主要是培育和营造引领社会思潮的伦理规范、道德观念、风俗习惯和惯例等不成文规定,依靠社会舆论、社会心理和社会成员的情操和观念等"软约束"促进对多样社会思潮的潜移默化的引领。引领实施机制建设主要建立分析预测机制、利益协调机制和反馈反应机制。分析预测机制是对引领社会思潮的条件、效能及其结果所进行的全面深入的分析与预测。利益协调机制是整合协调引领过程中不同阶层和群体的利益诉求,由于社会思潮是社会不同群体利益诉求的表达,通过建立利益协调机制扩大引领的群众基础。反馈反应机制是通过制度化的反馈对引领社会思潮的效果进行跟踪调查和

① 《中共中央关于加强和改进新形势下党的建设若干重大问题的决定》,《人民日报》2009年9月28日第1版。

数据分析，为全面、科学引领社会思潮提供信息。

2. 融入建设

融入作为一个现代词汇，有两层含义：作为一种动作有融汇和进入之意；作为一种状态意味着有机结合和相互渗透。从作用体角度看，融入是作用体在自身或外在力量的作用下融汇进入作用对象的过程。从作用对象的角度看融入是在作用对象原有质料基础上引入新元素，形成有机结合和彼此渗透的融合状态，从而引起作用对象形状、机制和功能的改变。因此“把社会主义核心价值体系融入国民教育、精神文明建设和党的建设全过程”就需要从融入的动作层面和状态层面来考虑。从动作层面看把社会主义核心价值体系融入国民教育、精神文明建设和党的建设全过程需要协调管理、合力驱动和检查督导等促进融入机制。从状态层面看由于任何事物都是由内容和形式构成的，故作用体融入作用对象就表现为融入内容和融入形式。因此社会主义核心价值体系融入建设就包括起促进作用的融入机制建设和表征状态的融入内容建设和融入形式建设。社会主义核心价值体系融入机制建设包括融入国民教育机制建设、融入精神文明机制建设和融入党建机制建设。从广义范围来说，社会主义核心价值体系融入国民教育机制建设、融入精神文明机制建设和融入党建机制建设都是讲相关融入的外部条件的组合方式，具有很强的通约性，因此从共性上看都包括协调管理机制建设、合力驱动机制建设和条件保障机制建设。协调管理机制建设就是建立健全各级党委领导、党政齐抓共管、职责明确、统筹协调的管理机制。使融入成主旋律（由新闻媒体等舆论喉舌的支持），使融入有主渠道（加强思想政治理论课建设等），使融入有主力军（加强宣传队伍和政治思想工作队伍建设等），使融入有主阵地（加强大众传媒建设等）。合力驱动机制建设就是建立健全物质与精神相结合的双动力驱动机制，为融入工作提供物质激励和精神激励。条件保障机制建设就是为融入提供必要的政策保障、经费保障和人员队伍保障并使这些保障彼此联动促进社会主义核心价值体系有效充分融入。社会主义核心价值体系融入内容建设包括融入国民教育内容建设、融入精神文明内容建设和融入党建内容建设。融入内容建设主要是三种建设方式：一种建设方式是移植性融入，就是把社会主义核心价值体系的理论内容移植到国民教育内容、精神文明建设内容和党建内容中去，直接作为各自内容体系的一部分。另一种建设方式是嫁接性融入，就是把社会主义核心价值体系的理论内容嫁接在国民教育内容、精神文明建设内容和党建内容中去上，扬弃原有内容，赋予内容新的含义。再一种建设方式是指导性融入，就是把社会主义核心价值体系蕴含的社会主义的价值取向和意识形态导向作为国民教育内容、精神文明建设内容和党建内容建设的指导依据,依此依据建设各自的内容。社会主义核心价值体系融入形式建设也同样包括融入国民教育形式建设、融入精神文明形式建设和融入党建形式建设,尽管国民教育形式、精神文明建设形式和党建形式不尽相同,但形式的背后总体现着特定的设计理念和价值追求,国民教育、精神文明建设和党建的具体形式和形式建设中只有融入社会主义核心价值体系的价值理念和价值诉求,才能更好地让形式服务内容,也从而让社会主义核心价值体系充分融入国民教育、精神文明建设和党的建设全过程。

3. 贯穿建设

所谓贯穿即贯通、穿入之意,体现了一事物在总体和全局上融入另一事物的态势。把社会主义核心价值体系贯穿改革开放和社会主义现代化建设各领域就意味着把社会主义核心价值体系的灵魂(马克思主义指导思想)、主题(中国特色社会主义理想)、精髓(民族精神和时代精神)、基础(社会主义荣辱观)所体现的精神旨趣贯通、穿入改革开放和社会主义现代化建设各领域。社会主义核心价值体系贯穿建设就是在社会主义改革开放和现代化建设各领域中增添有利于社会主义核心价值体系贯通、穿入条件和因素的实践活动。依据社会主义核心价值体系的灵魂、主题、精髓和基础的结构层次划分我们可以把社会主义核心价值体系贯穿建设划分为灵魂贯穿建设、主题贯穿建设、精髓贯穿建设和基础贯穿建设四个层面的贯穿建设。灵魂贯穿建设即创造条件把马克思主义指导思想贯通、穿入改革开放和社会主义现代化建设各领域,为改革开放和社会主义现代化建设各领域提供理论指南。由于马克思主义指导思想体现了马克思主义认识、改造客观世界和主观世界的立场、观点、方法,因此灵魂贯穿建设就集中表现为人民群众尤其是党的各级领导干部的马克思主义立场、观点、方法等理论素养建设上,通过加强宣传学习坚定马克思主义的根本立场:人民立场——一切为了人民、一切相信人民、一切依靠人民,诚心诚意为人民谋利益;牢固树立马克思主义的基本观点:关于辩证唯物主义和历史唯物主义的基本观点;掌握和运用马克思主义的根本思想方法和工作方法:唯物辩证的思想方法、实事求是的思想方法和群众路线的工作方法。把马克思主义的立场、观点和方法自觉运用到改革开放和社会主义现代化建设各具体领域。主题贯穿建设就是创造条件把中国特色社会主义理想贯通、穿入改革开放和社会主义现代化建设各领域,为改革开放和社会主义现代化建设各领域提供目标追求。由于理想的要素系统分为价值理念系统(主体理想确立的内在依据)、目标追求系统(主体理想的外在表现内容)和操作建构系统(主体理想实现的保障条件),社会主义核心价值体系主题贯穿建设就相应分化为三个层面的建设与操作:价值理念系统的贯穿建设关键是实现价值理念的迁移,即把中国特色社会主义理想在国家层面和社会制度层面上所蕴含的"民主"、"平等"、和"公正"等价值理念迁移到改革开放和社会主义现代化建设的具体行业和领域,并结合实际形成次生形态和再生形态的行业部门的价值理念。目标系统的贯穿建设就是把中国特色社会主义共同理想的宏观和较长期的目标系统(建设富强、民主、文明、和谐的社会主义现代化国家)分解为适合不同行业和领域的微观的近期的目标,从过程和发展的角度实现目标追求系统的贯穿。操作建构系统的贯穿建设是把"一个中心、两个基本点"的基本路线和实现现代化建设目标的"三步走"战略规划等中国特色社会主义理想中的宏大操作建构系统细化为行业、企业和部门的具体的发展目标和建设步骤,实现宏大操作建构系统的精细化,从而达到贯穿建设的目的。精髓贯穿建设就是创造条件把以爱国主义为核心的民族精神和以改革创新为核心的时代精神贯通穿入改革开放和社会主义现代化建设各领域,并进一步内化为企业精神和行业精神,为改革开放和社会主义现代化建设各领域提供精神动力。以爱国主义为核心的民族精神和以改革创新为核心的时代精神是中华民族优秀精神气质的集中体现,必须从世界观层面(世界观是民族精神和时代精神的灵魂)、价值观层面(价值观是民族精神和时代精神的核心)、内容层面(思维方式和情感是民族精神和时代精神的基本内容)和表现层面(行为方式和处世风格是民族精神和时代精神的外在表现)四个层面才能把握其深刻内涵。因此社会主义核心价值体系的精髓贯穿建设就体现为人民群众世界观建设(以辩证唯物主义为主导)、价值观建设(以集体主义价值观为核心)、思维方式和情感建设以及行为方式和处事风格建设。从内涵层次实现民族精神和时代精神的贯通和穿入。基础贯穿建设就是创造条件把以"八荣八耻"为代表的社会主义荣辱观贯通穿入改革开放和社会主义现代化建设各领域,成为改革开放和社会主义现代化建设各领域的道德标杆。从社会、职业、家庭和个人的层次分野中,基础贯穿建设表现为把社会主义核心价值贯穿融入社会公德、职业道德、家庭美德和个人品德四个层次和方面的建设中,成为"四德"价值精神内核。

1.3 社会主义核心价值体系系统建设的基本质态

社会主义核心价值体系建设不仅要从理论自身建设、价值体系与人的关系建设和支撑条件建设等层面和关系入手,对其建设进行系统的层次分析和研究,而且还要对不同的层面和关系的建设定性分析,研究其建设的质态分类,为深入把握社会主义核心价值体系的建设蕴含提供方法论指导。在社会主义核心价值体系"建"与"设"的实践过程中,体系自身的内在逻辑要求和外在条件始终是影响制约其建设的关键因素。社会主义核心价值体系与其外在条件的借助关系分为无条件借助、扬弃借助和直接借助三种情况,据此社会主义核心价值体系建设的质态分类可分为原生性建设、再生性建设和融入性建设三种建设形态。

1.3.1 原生性建设

原生性建设是指社会主义核心价值体系建设过程中依据理论体系自身逻辑规定和内在要求进行的原创性建设。该形态建设不以外部现成条件为依托,而是创造条件重新建设,是社会主义核心价值体系建设与时俱进的源泉和动力。社会主义核心价值体系原生性建设的客观前提是"四新":即新理论、新实践、新变化和新要求。新理论是指社会主义核心价值体系是马克思主义中国化的最新理论成果,是党在社会主义意识形态建设和精神文化建设上的重大理论创新。具体表现为:第一次以理论形式提出社会主义核心价值体系的概念;第一次科学概括社会主义核心价值体系的基本内容;第一次做出社会主义核心价值体系是社会主义意识形态本质体现的科学论断;第一次提出用社会主义核心价值体系引领社会思潮,把建设社会主义核心价值体系融入国民教育和精神文明建设全过程并贯穿于现代化建设各方面。面对新理论社会主义核心价值体系建设需要在自身理论建设、价值体系与人的关系建设和支撑条件建设等层面要有新举措和新突破。新实践主要指创新实践,"谓创新实践,是指那些通过对事物规律、属性、关系的新发现或新运用,能够更有效地认识世界和改造世界的实践。"尽管常规实践和创新实践在共性上是主体能动地认识世界和改造世界的社会性的客观物质活动,但二者仍存在较大差异:常规实践通常是一种重复性实践,即运用事物已被发现了的规律、属性和关系,按照先前的规则重复进行;创新实践通常是一种非重复性实践,通过对事物规律、属性、关系的新发现或新运用来认识世界和改造世界。常规实践通常是一种同质性实践，在实践的目的、手段、方式、方法和对象等方面与先前的实践相比并不具有明显质上的差异；创新实践通常是一种非同质性实践，在实践的目的、手段、方式、对象等方面能够创造出与先前实践不同的新的实践成果。创新实践是当前社会的主导实践方式，社会主义核心价值体系建设又是一项涉及理论体系、价值观念和意识形态建设在内的复杂实践活动，只有创新实践才能满足其建设要求。新变化是指社会主义核心价值体系建设的外部条件和环境发生了根本改变。就大环境而言，"当今世界正在发生广泛而深刻的变化，当代中国正在发生广泛而深刻的变革。"①国际上经济全球化浪潮来势汹涌，在经济要素的世界性流动中，沉淀在经济背后的东西方价值观念在发生激烈的碰撞和冲突；世界政治多极化格局日趋明朗，在政治多极趋势推动下，"要和平、促发展、谋合作是时代的主旋律。"②但是霸权主义和强权政治仍然存在，西方对我"和平演变"的图谋没有丝毫放松，东西方意识形态领域的斗争变得更加复杂和隐蔽；文化多元化图景愈发明晰，"世界上将不会出现一个单一的普世文化，而是将有许多不同的文化和文明相互并存"。③ 世界多元文化交流、交融对我国主导文化和传统文化带来深刻影响。全球范围内科学技术发展日新月异，以现代数字网络技术为代表的现代信息技术使互联网、网络电视和移动通讯成为人们获取信息的平台，全球性的网络空间和开放性的虚拟社会系统成为价值观念和意识形态传播的新舞台，正如托夫勒指出的"谁掌控了信息和网络谁就拥有整个世界。"就意识形态领域而言也正在发生新的变化趋势：一是意识形态的感性化趋势。意识形态的凝聚力和吸引力逐步由主要通过政治方式向以文化为主要表现力的综合方式转变。意识形态更多地借助文化和道德力量获得更加广泛的传播。二是意识形态的学术化趋势。就是意识形态作为政治标签的刚性特征逐渐被学术研究的理性话语所替代，意识形态日益渗透到学术研究之中，并通过学术思潮、学术话语等加以表达。三是意识形态的日常生活化趋势。即各种意识形态以其特殊的文化理念和价值符号以潜

① 胡锦涛：《高举中国特色社会主义伟大旗帜为夺取全面建设小康社会新胜利而奋斗》，人民出版社 2007 年版，第 1 页。

② 胡锦涛：《努力建设持久和平、共同繁荣的和谐世界——在联合国成立 60 周年首脑会议上的讲话》，《人民日报》，2005 年 9 月 16 日第 1 版。

③ 周琪等译，塞缪尔·亨廷顿著：《文明的冲突与世界秩序的重建》，新华出版社 1998 年版，中文版序言第 2 页。

移默化的功能作用于人们的日常生活中。人们的日常生活中越来越多地体现着意识形态的价值追求。① 外界条件和环境的新变化要求社会主义核心价值体系建设不能墨守成规,要勇于变化和创新。新要求就是对社会主义核心价值体系在理论建设、功能建设和主导方式建设中要体现新的时代诉求。社会主义核心价值体系在理论建设方面的新要求就是大力推动理论创新,党的十七大报告明确指出,“大力推进理论创新,不断赋予当代中国马克思主义鲜明的实践特色、民族特色、时代特色。”②

社会主义核心价值体系在自身功能建设上的新要求就是增强理论的吸引力和凝聚力。党的十七大报告指出要“建设社会主义核心价值体系,增强社会主义意识形态的吸引力和凝聚力。”③所谓社会主义核心价值体系的吸引力和凝聚力,就是依靠价值体系自身“抓住事物根本”的真理魅力和宣传价值体系所采用方式的艺术魅力使人民群众对社会主义核心价值体系所倡导的价值理念和思想观点发自内心地认可、赞同、支持和拥护,充分发挥社会主义核心价值体系凝聚力量、鼓舞斗志、引领风尚和巩固思想基础的作用。抛弃在意识形态建设上“左”的错误的认识逻辑:社会主义意识形态是科学意识形态理所当然代表人民群众的根本利益,因此社会主义意识形态理所当然具有吸引力和凝聚力。事实上,代表人民群众根本利益的意识形态不仅仅是理论性质和理论立场问题,还是一个实践问题。社会主义意识形态的应然属性和实然状态还不能完全等同,尤其是多元价值共存,主导意识形态与非主导意识形态同在的情况下,和谐社会的理念要求摈弃程式化的说教和填鸭式灌输,必须用人民群众喜闻乐见的方式增强社会主义核心价值体系的吸引力和凝聚力。

1. 实践的创造性本质是原生性建设的根本动因

从传统定义上看实践是人类能动地改造客观世界的物质活动。创造之所以成为实践的本质从根本上看是由实践的内在矛盾决定的,即实践本身就包含了主体与客体、主观与客观以及精神与物质的对立和统一。“世界不会满足人,人决心

① 侯惠勤:《我国意识形态建设的第二次战略性飞跃》,《马克思主义研究》2008 年第 7 期。

② 胡锦涛:《高举中国特色社会主义伟大旗帜 为夺取全面建设小康社会新胜利而奋斗》,人民出版社 2007 年版,第 34 页。

③ 胡锦涛:《高举中国特色社会主义伟大旗帜 为夺取全面建设小康社会新胜利而奋斗》,人民出版社 2007 年版,第 34 页。

以自己的行动来改变世界”。① 在实践的矛盾统一体中,首要的是主客体之间的矛盾关系,主体以其作为实践矛盾体主要矛盾方面的地位和特质在自身需求驱动下,通过意识这一中介选择、构建起对立面的客体,形成了主客体之间的矛盾关系。实践的过程就是主体解决主客体矛盾的过程,表现为主体从精神与物质、主观与客观的辩证作用转化中创造客体、改造自身以及创造主体与客体新关系的过程。因此实践作为一种现实的感性的物质活动,不是现成地占有客体,而是对客体和自身的创造和改造。从因素上看,一是作为实践主体的人具有创造的需要和能力。需要是主体创造的原初动因,“世界不会满足人,人决心以自己的行动来改变世界。”②人只有通过实践才能创造出更多满足自身需要的对象。同时作为实践内在驱动力的需要对主体来说也不是恒常不变的,“已经得到满足的第一个需要本身、满足需要的活动和已经获得的为满足需要用的工具又引起新的需要。”③主体总是在满足已有需要后进而能动地开拓和发展新的需要,要求突破原有的实践界限进行创造性实践。能力即主体从事创造活动的能力,人的智力和体力构成了实践主体能力的基本要素。智力是主体能力的主导因素,体力是主体能力的基础因素,通过创造和使用工具进行现实的动态的创造活动,人的能力在实践中得到不断加强。实践不仅改造着客体,同时也改造、塑造和提升着主体。首先表现为主体智力水平不断提高。通过实践主体在改造客观世界的同时也在改造自身主观世界,不断提高认识、把握和运用规律进而更好驾驭客体的能力。二是实践要素及其结构形成创造活动的内在机制。实践作为人类能动地改造现实世界的客观物质活动,从较为宽泛意义上看是一个由实践目的、实践主体、实践手段、实践客体、实践结果五要素构成的具有相应功能的系统。实践目的是主体的某种预设要求或需要,是实践结果的超前反映和观念形态,对实践起着定向和控制作用,是实践的逻辑起点。实践主体是处于一定条件下和社会关系中的从事着实践活动的人(人也可以是一个复数概念,因此实践主体是包括个体主体、集团主体、社会主体和人类主体的多层次体系)。实践主体是实践的发动者和承担者,自觉的能动性是实践主体的重要特性。实践手段是指主体作用于客体的一切中介条件,实践包括实现目的的工具及相应活动方式、方法等,是由物质手段和精神手段、自

① 《列宁全集》第8卷,人民出版社1963年版,第229页。

② 《列宁全集》第55卷,人民出版社1963年版,第183页。

③ 《马克思恩格斯选集》第1卷,人民出版社1972年版,第32页。

然手段和人工手段等组成的手段系统,是主体和客体这两个要素之间发生作用的中介。实践客体是纳入主体实践活动范围并与主体发生作用的对象,客体包括自然客体、社会课题、精神课题和自我客体四类。实践结果是经过实践而实现的主体和客体、主观和客观相统一的表现,是预定实践目的的现实化,是实践主体的本质力量和活动的对象化,是一个具体实践过程的终结环节。实践五种要素的组织、结构、运行决定了实践活动的创造成果。在实践过程中,从实践主体自觉地设定实践目的、理性的选择实践手段和实践客体到科学反馈实践结果,无不体现了实践具有自觉性、能动性和创造性的特性,因此创造性是实践的本质属性。三是实践的创造本质还以“因子”的形式存在和渗透于实践诸要素中。在实践目的要素中,包含了实践创造的“理性因子”或“否定因子”。目的是实践主体对客体施行的以观念形式存在的超前理性创造,与理论对应性反映外部对象情况不同,目的具有一定的否定性反映。主体在目的预设中既肯定了客体某些属性及其对主体的意义,又包含了主体对客体的不满和对其实施创造的意向。在实践主体要素中,存在着创造的“动力因子”和“诱发因子”。“动力因子”表现为实践主体自身的内在需求,是实践创造本质的内在驱动力;“诱发因子”是主体能动性选择中介手段从而成为诱发创造性的源泉。在实践的手段要素中存在着创造的“过渡因子”或“转换因子”。实践手段是主体创造自身和创造客体的中介,在一定程度上可以说实践就是使用手段和创造手段的中介活动,手段要素中包含着创造的过渡或转换因子。在实践客体中,存在着创造的“材料因子”和“可塑因子”,“材料因子”是指未被纳入实践的自在客体,“可塑因子”是指已进入实践的现实客体,都有可以被创造的属性。实践结果要素中存在着实践创造的“整合因子”或“显化因子”。“整合因子”是指实践结果作为实践活动的产物,融合着实践过程中物质的和精神的、客观的和主观的、理性的和非理性的各种因素;“显化因子”是指实践结果作为具体实践过程的终结,经历了实践主体根据实践目的,运用实践手段,作用于实践客体,引出实践结果的一系列转变,凝聚着实践其他要素相互作用的效能,汇聚着实践过程全部成果.①

2. 社会主义核心价值体系理论的超越性是原生性建设的应然要求

超越性是指事物能够超出越过自身的局限性及时空限制的特性,超越性从本质上说体现了事物自身的突破性、创新性和发展性。社会主义核心价值体系理论

---

① 罗川山、同满宏:《论实践的内在本质》,《东岳论丛》1989 年第 5 期。

的超越性体现在理论共性的超越性和理论个性的超越性两个方面。理论共性的超越性是指任何理论都是对事实的超越,在理论和事实的辩证关系中,不仅要看到事实对理论产生的决定性,理论对事实的依赖性,还要看到理论对事实的超越性,即理论对事实的相对独立性和能动反作用。尤其是成熟形态的理论对事实的超越性表现得更为明显。成熟形态的理论对事实的超越性集中表现为"理论在其出发点上的自我规定性;理论在其形成过程中的自组织性;理论在其发展过程中的自主性。"①理论在其出发点上的自我规定性是指在成熟阶段上事实对理论的基础地位已经下降,理论的研究对象主要是理论自身范畴概念问题,而不是事实和经验问题,理论的出发点不是由事实直接给定而是由理论发展的逻辑和需求所间接规定,即表现为理论在其出发点上的自我规定性。理论在其形成过程中的自组织性是指在理论成熟阶段上理性认识是比经验认识更为优先的认识,理论认识也具有不同于事实经验认识的新质,理论在一定程度上脱离经验事实,观念化的抽象客体充分形成,理论在理论理性的指导下构筑自身的演化道路,显示出成熟理论在其发展过程中的自组织性。理论在其发展过程中的自主性是指成熟理论具有相对的逻辑充分性、不矛盾性和封闭自洽性的本质特征。理论的发展不完全决定于外在的经验事实,它发展了自身的内部组织,能够摆脱经验事实的制约获得发展的自主性。社会主义核心价值体系作为马克思主义中国化的最新理论成果,是一个包含指导思想、共同理想、精神动力和基础规范的科学理论体系,作为一个成熟的理论体系自然具有对事实超越的共性。社会主义核心价值体系理论个性的超越性是指社会主义核心价值体系作为价值体系理论和意识形态理论所特有的超越性。从理论涵养来看,社会主义核心价值体系具有超越性的理论视域。在"古为今用"、"洋为中用"、"百花齐放"、"推陈出新"方针指导下,社会主义核心价值体系不仅秉承马列主义、毛泽东思想、邓小平理论、"三个代表"重要思想和科学发展观这一条主流社会主义理论和实践红线,科学梳理、整合马克思主义经典作家和经典文本论述的价值理念和自身建设的价值实践,还借鉴世界范围内其他社会主义流派和社会思潮及其社会实践的得失经验;不仅继承、吸收、发扬中华民族传统优秀价值传统理念,还认真借鉴其他国家包括发达资本主义国家在内的一切人类优秀价值文明成果。使社会主义核心价值理念具有科学性、包容性、现代性和前瞻性,始终站在人类价值文明的制高点上,具有价值超越性。

---

① 陈建涛:《论理论对事实的超越性》,《陕西师大学报(行学社会科学版)》1990年第2期。

从社会主义核心价值体系建设的眼光来看,社会主义核心价值体系具有"世界历史"的战略眼光。从横向看社会主义核心价值体系建设立足于经济全球化、政治多极化和价值多元化的时代背景,突破狭隘眼界和封闭心理,积极参与异域价值文化的交锋、交流和交融,不断增强消化、吸收其他价值文明的意识和能力。从纵向来看社会主义核心价值体系建设基于人类文明历史发展的进程,立足当代,着眼未来,以马克思主义唯物史观为发展参照和"人的自由全面发展"为终极价值追求目标,进行战略性、系统性的研究,具有历史超越性。从价值构建层面看,社会主义核心价值体系建构具有理想性构建和信仰性构建的层面。社会主义核心价值体系是包含"灵魂"、"主体"、"精髓"和"基础"在内的四位一体的富于真理性和逻辑性的结构体系。从价值角度看社会主义核心价值体系包括价值信仰、价值理想、价值观念和价值规范四个层面。价值信仰和价值理想表达了社会主义价值追求的应然诉求,价值观念和价值规范体现了社会主义价值的实然要求。马克思主义是社会主义社会的价值坐标,马克思主义信仰是指以工人阶级为主体的广大劳动人民对马克思主义理论及其所蕴含的价值的由衷相信与信奉,并以其作为行为准则和奋斗目标。马克思主义信仰是社会主义价值意识的灵魂和统帅,是价值主体的精神根基,决定社会主义价值体系的性质和方向。马克思主义信仰在根本上是一种政治信仰,它是马克思在对"反动的社会主义"、"保守的或资产阶级的社会主义"以及"批判的空想的社会主义和共产主义"的考察与批判继承的基础上,结合人类社会的发展规律而建构的一种崭新信仰体系。① 但信仰是人们对世界和人生终极发展状况的总体性把握,是人们对世界的一种整体立义,是精神和情感的寄托和归宿。社会主义核心价值体系信仰性构建体现在对科学社会主义初级阶段及其高级阶段共产主义主导价值的探索和发展中,表现在以社会主义基础价值、核心价值和终极价值为层次的价值体系中,从而具有超越性。价值理想是价值主体的精神支柱,它是源于现实又高于现实的价值奋斗目标。中国特色社会主义共同理想是社会主义核心价值体系的价值理想。其要求是在共产党的领导下,坚持社会主义道路,把我国建设成"富强"、"民主"、"文明"、"和谐"的社会主义国家,实现中华民族的伟大复兴。从价值理想看,价值理想是源于现实又高于现实的价值奋斗目标,体现了价值追求的超越性。由此可见,社会主义核心价值体系理论共性的超越性和理论个性的超越性为原生性建设提出了应然要求。

---

① 《马克思恩格斯全集》第4卷,人民出版社1958年版,第491—499页。

3. 社会主义核心价值体系原生性建设的方面

社会主义核心价值体系建设是一个复杂的系统工程,从理论自身角度看,社会主义核心价值体系建设涉及理论创建、理论传播和理论功能发挥;从价值主体角度看,社会主义核心价值体系建设涉及主体对价值体系的认知、认同、内化和践行;从保障促进角度看,社会主义核心价值体系建设涉及保障条件建设和促进机制建设。社会主义核心价值体系原生性建设从本质上看是创新建设,因此社会主义核心价值体系原生性建设从理论方面看主要体现在理论创新和理论传播路径创新;从主体方面看主要体现在主体获得认知的条件创新和主体践行条件创新;从保障促进角度看主要体现在保障条件创新和促进机制创新。本文认为社会主义核心价值体系原生性建设的理论创新建设主要包括价值层次通约建设和理论内容衍生建设。价值层次通约建设是由于社会主义价值体系是一个融汇了最高价值(终极价值)、核心价值、基本价值与具体价值的多层次体系。社会主义核心价值如何与最高价值(终极价值)、基本价值和具体价值衔接通约,来体现最高价值(终极价值)对核心价值的规约和核心价值对基本价值、具体价值的统领和支配作用,并通过基本价值、具体价值表现出来。理论内容创新体现在社会主义核心价值体系由其基本内容建设向具体内容和关联内容建设转化。即由"马克思主义指导思想,中国特色社会主义共同理想,以爱国主义为核心的民族精神和以改革创新为核心的时代精神,社会主义荣辱观,构成社会主义核心价值体系的基本内容。"①向贴近实际、贴近生活、贴近群众的具体内容转变,把理论化的抽象内容转化为群众日常的感性内容。同时社会主义核心价值体系的基本内容还要向关联内容转化,关联内容是社会主义核心价值体系的延伸,包括高尚的审美观、积极的奋斗观、合理的财富观等。理论传播路径创新体现在巩固拓宽报纸、杂志、广播、电视等传统媒体途径的基础上,借助基于现代信息技术为基础的互联网、无线通信网等平台,创建新的媒体传播途径。主体认知条件创新和主体践行条件创新主要体现在以主体活动和体验为中心的认知关系场建设和践行关系场建设。保障条件创新体现在创立实现从理论形态向实践形态转化的法律法规保障制度和培育适合社会主义核心价值传播和践行的和谐社会氛围。促进机制创新表现为建立以褒奖与规约为特征的社会激励约束机制,建立以"党委领导、政府负责、社会

① 中共中央文献研究室编辑:《十六大以来重要文献选编下册》,中央文献出版社,2008年版,第661页。

协同、公众参与”的社会联动机制,建立以“利益共享”为目标,现实利益和预期利益相关照的利益协调机制。

1.3.2 再生性建设

所谓再生性建设是指社会主义核心价值体系建设过程中依据理论体系自身逻辑规定和内在要求进行的扬弃性建设。本形态建设以现有条件为依托,是对现有条件的消极因素进行克服,对现有条件的积极因素进行保留,并对积极因素进行发扬的建设,是社会主义核心价值体系建设的重要形式和环节。从根本上看,再生性建设是由价值及价值体系的本身属性决定的。如上文所言,价值是客观性、主体性、实践性和历史性的内在统一,价值体系具有整体性和层次性、冲突性与兼容性、稳定性和可变性的特点。价值体系自身的可变性和发展性决定了再生性建设是社会主义核心价值体系建设的应有之意。社会主义核心价值体系再生性建设主要体现在价值理念再生性建设、价值概念内涵再生性建设、价值载体再生性建几个方面。

1. 价值理念再生性建设

“所谓核心价值理念,是一个文化价值观体系中,居于基础性地位或支配性地位的观念,是标志一个文化价值观体系性质的观念。”①社会主义核心价值理念是指人们对社会主义核心价值的理性认识、理想追求及其所持的价值哲学观点,是社会主义核心价值体系的内在精髓的根本体现。从性质定位上看,社会主义核心价值理念处于国家制度层面,“社会主义核心价值理念就是对国家的一种制度要求、价值规范和文化取向,也可以说,就是我们党和国家的意识形态的核心价值追求。”②社会主义核心价值理念不是策略性目标或追求而是定位在战略层面上的价值理念,具有理想性和超越性,是国家民族价值追求的精神支柱。从过程上看,核心价值理念是贯穿社会主义全过程的终极性目标,不是其追求的阶段性目标。社会主义核心价值体系价值理念再生性建设就是对古今中外人类价值文明中富于生命力的价值理念的科学合理扬弃。本文认为社会主义核心价值体系价值理念再生性建设主要扬弃中国传统社会儒家的核心价值理念和西方资本主义的核

---

① 孙伟平:《论中国特色社会主义核心价值理念》,《湖北大学学报(哲学社会科学版)》2011年第3期。

② 韩震:《民主、公平、和谐——论社会主义核心价值理念》,《中国特色社会主义研究》2011年第2期。

心价值理念。比如儒家的核心价值理念之一是“仁爱”,一方面要看到以社会和宇宙为视域的儒家仁爱观将仁爱自身、仁爱他人和仁爱万物相统一,是对个人主义核心价值观的超越,是社会主义核心价值理念要借鉴和吸收的价值资源。但另一方面也要看到儒家仁爱价值理念产生于注重血缘关系的宗法社会,是对亲尊、长幼、近疏的传统宗法伦理的升华与概括,不可避免具有十分明显的历史局限性,社会主义核心价值理念建设时就要甄别和抛弃。又如资本主义的核心价值理念之一是“民主”,既要看到西方国家以民主作为其核心价值理念是对封建主义的君主价值理念的超越,逐渐适应了世界潮流和历史变发展的趋势,为人类价值文明做出了贡献,在世界范围内赢得了较大的话语权和影响力,其内在普适性的价值理念内涵应为社会主义核心价值理念建设所借鉴,又要看到资本主义民主在其所谓普世华丽外衣下实质是资产阶级少数人的民主的局限性。社会主义核心价值体系价值理念再生性建设一方面吸取西方民主价值理念的精华,高扬民主理念大旗;另一方面要剔出其糟粕,赋予社会主义民主价值理念的新含义。

2. 价值概念内涵再生性建设

社会主义核心价值体系价值概念内涵再生性建设是指表达社会主义核心价值的概念词语名称不变的情况下赋予概念词语新的价值内涵。从认识论上看,概念是反映对象的本质属性的思维形式,是人类在认识过程中把所感知的事物的共同本质特点抽象出来并加以概括就成为概念,概念是人类理性认识的产物。表达概念的语言形式是词或词组,概念都有内涵和外延,其内涵和外延随着社会历史和人类认识的发展而变化。通常情况下,表达概念的语言形式——词或词组的名称具有很强的稳定性,而名称的内涵和外延变化比较大。因此社会主义核心价值体系价值概念内涵再生性建设的重点是在相同的价值概念名词下,发掘其新的价值内涵,从而实现对价值概念的扬弃。比如作为现代资本主义核心价值三驾马车的“民主”、“自由”和“人权”,自西方文艺复兴开始一直到现在经历了诸如“文艺复兴“、“宗教改革”、“启蒙运动”、“政治革命”和“科技革命”等社会变革风雨,形成了今天西方世界普遍公认的基本价值理念内涵。“我们不能不承认,当代人类普遍得到公认的这些价值理念源头在西方。没有近现代西方价值理念的‘源’,也许至今还不会有当代人类公认价值理念的‘流’。”①不可否认,“民主”、“自由”和“人权”等西方核心价值理念内涵的基本价值原则和一般规定性具有普遍适用的

① 江畅:《论人类公认的价值理念》,《天津社会科学》2001 年第 1 期。

价值,这些基本价值原则构成了当今全球一体化的规则和基础。“我们必须有历史意识、世界意识和全球意识,不能摆脱人类历史发展的阶段从零开始,摧毁一切,另起炉灶。”①社会主义核心价值体系价值概念内涵再生性建设就要求我们毫不避讳“民主”、“自由”和“人权”等西方社会率先使用的价值概念名称。作为语言名词其本身是中性的,并没有贴上姓“社’与姓“资”的标签,但对“民主”、“自由”和“人权”等价值名词的赋义和解读上,由于阶级属性使然,就存在巨大的差异。因此社会主义核心价值体系价值概念内涵再生性建设是对人类美好价值词语和理念的扬弃而不是完全抛弃,是进步与发展而不是断裂与回避。不能因为西方世界讲“民主”、“自由”和“人权”,我们就不提甚至是回避“民主”、“自由”和“人权”,我们要在对人类历史发展规律和趋势的基础上,站在人类价值道义的制高点上,赋予“民主”、“自由”和“人权”更进步的含义。

3. 价值载体再生性建设

社会主义核心价值体系往简单上说是关于社会主义价值的体系,价值作为一种精神理念,其本身不会自动呈现,往往体现在一定社会的精神文化和制度组织中。因此,社会主义核心价值体系建设绝不仅是理论家在书斋里的抽象与思辨,完成一个推理科学、逻辑严谨的理论体系,更重要的是要把社会主义核心价值体系所蕴含的价值理念体现在社会的精神文化和制度组织中,通过社会运动表现出来。因此承载社会主义核心价值体系价值的载体建设就显得尤为重要。社会主义核心价值体系的价值载体主要有精神载体、文化载体、制度载体和组织载体四大类,社会主义核心价值体系价值载体再生性建设就是在四大类载体原有基础上增设、添加新的价值承载因素和条件。从宏观上看,社会主义核心价值体系价值载体再生性建设主要表现为:精神载体再生性建设以发掘民族精神和时代精神为重点,赋予其新的价值承载因素和条件。由于“民族精神是一个民族在长期的共同生活和社会实践基础上形成的,为民族大多数成员所认同的价值取向、思维方式、道德规范、精神气质的总和。”②民族精神集中体现在以爱国主义为核心的“团结统一”、“爱好和平”、“勤劳勇敢”、“自强不息”的几个方面,因此民族精神承载社会主义核心价值的承载因素和条件就要深入挖掘新时代的团结观、和平观、劳

① 韩震:《民主、公平、和谐——论社会主义核心价值理念》,《中国特色社会主义研究》2011 年第 2 期。

② 本书编写组:《思想道德修养与法律基础》,高等教育出版社 2008 年版,第 43 页。

动观和自强观,更好承载社会主义核心价值的要求。时代精神是在一定历史时期最新的实践中形成的,充分体现民族特质和顺应时代潮流的思想观念、行为方式、价值取向、精神风貌和社会风尚的总和。以改革创新为核心的时代精神要求在大力推进理论创新、制度创新、科技创新和文化创新过程中,在思想、行为和价值取向方面体现社会主义核心价值的理念要求。文化载体再生性建设以弘扬先进文化和和谐文化为重点,赋予其新的价值承载因素和条件。在一定程度上,文化和价值的关系是形式和内容的关系,文化的生命力和灵魂在于其内在蕴含的价值。当前先进文化和和谐文化载体再生性建设主要是在社会主义核心价值观念指导下实现文化价值观念创新,以先进的文化价值观念来体现社会主义核心价值,并以文化事业和文化产业等多种形式实现着人们在社会主义核心价值观指导下追求的价值理念和价值理想。制度载体再生性建设以我国政治制度、经济制度建设的价值选择为重点,赋予其新的价值承载因素和条件。政治制度指“社会政治领域中要求各类政治实体加以遵循的相对稳定的行为准则。”①本质上是为统治阶级服务的。政治制度建设要受到人们的价值观特别统治阶级的价值观的影响而显示强烈计划性、目的性和价值取向性,价值选择是政治制度建设中不可回避的选项。政治制度载体再生性建设就要在统治、管理、服务这三项政治制度基本功能中体现“人民统治”、“民主管理”和“为人民服务”的社会主义核心价值的新内涵。经济制度是指国家的统治阶级为了反映在社会中占统治地位的生产关系的发展要求,建立、维护和发展有利于其政治统治的经济秩序而确认或创设的各种有关经济问题的规则和措施的总称。一定社会的经济制度构成这个社会的经济基础,并决定着这一社会的政治制度、法律制度和人们的社会意识等上层建筑。社会主义核心价值体系是社会意识的本质体现,是社会主义社会的上层建筑,社会主义核心价值体系与社会主义社会经济制度的互为体现关系表现为经济制度的确立及其变迁的目标定位决定社会主义核心价值体系的构成要件和内在逻辑,社会主义核心价值体系为经济制度的确立及其变迁提供价值解释,为其提供思想基础和精神力量。经济制度载体再生性建设就是在原有价值体系和经济制度理念耦合的基础上创新制度设计,更充分发挥社会主义核心价值体系与经济制度之间的共生互动效应,发挥经济制度对社会主义核心价值体系的价值承载性。

组织从狭义上说是人们按照一定的目的、任务和形式编制起来的社会集团。

① 浦兴祖:《当代中国政治制度》,复旦大学出版社 2004 年版,第 1 页。

组织自身的运作机制、规章制度和作用方式无不体现着组织成员的基本利益需要和既有的价值理念,组织成员“对组织的认同依赖于两方面条件:一是个体在组织中的资源获取方式及其程度;二是个体与组织的价值契合程度。”①组织载体再生性建设就是在原有党团组织、工会组织、企业组织、社区组织等组织的规章体系和运作机制上大力推进创新建设,增强组织运作理念与社会主义核心价值体系的价值契合,使组织载体更好体现社会主义核心价值体系的价值要求。

1.3.3 融入性建设

《中共中央关于构建社会主义和谐社会若干重大问题的决定》明确指出要坚持把社会主义核心价值体系融入国民教育和精神文明建设全过程。这就为社会主义核心价值体系建设提供了一个思路和指导方向。所谓融入有融合、进入之意,意味着对原有条件的有机结合和渗透。因此社会主义核心价值体系融入性建设是指社会主义核心价值体系建设过程中依据理论体系自身逻辑规定和内在要求进行的承继性建设。本形态建设以现有积极条件为母体和基础,以融合、渗透为方式向其输入社会主义核心价值体系的积极因素,以实现社会主义核心价值体系建设。由于社会主义核心价值体系是包括“马克思主义指导思想”、“中国特色社会主义共同理想”、“以爱国主义为核心的民族精神和以改革创新为核心的时代精神”和“社会主义荣辱观”在内层次分明而又博大精深的体系,因此社会主义核心价值体系融入性建设主要包括指导思想融入建设、价值理想融入建设、价值精神融入建设和道德规范融入建设四个层面。由于“坚持马克思主义指导思想包括三个不同层次的内容:坚持马克思主义在意识形态领域的指导地位,坚持用马克思主义指导实践,坚持用马克思主义理论武装广大干部群众的头脑。”②因此社会主义核心价值体系指导思想融入建设是指把马克思主义融入意识形态、融入实践、融入干部群众的头脑。广而言之,把马克思主义提供的认识世界和改造世界的立场、观点、方法融入经济建设、政治建设、文化建设、社会建设、生态文明建设的各个方面,为社会主义“五位一体”的现代化建设提供正确立场和科学方法。社会主义核心价值体系价值理想融入建设是指把“解放生产力、发展生产力、消灭剥削、消除两极分化、最终达到共同富裕”的社会主义的价值理想和“民主法治、公平

① 王彦斌:《资源控制、组织认同与价值契合》,《社会科学》2011 年第 4 期。
② 许志功:《大力加强社会主义核心价值体系建设》,《思想理论教育导刊》2007 年第 10 期。

正义、诚信友爱、充满活力、安定有序、人与自然和谐相处”的社会主义和谐社会的价值追求融入社会主义现有意识形态中,成为当前社会主导意识形态。社会主义核心价值体系价值精神融入建设是指把“以爱国主义为核心的团结统一、爱好和平、勤劳勇敢、自强不息的伟大民族精神和以改革创新为核心的时代精神”融入民族意识、民族心理、民族品格、民族气质中,成为民族生生不息、薪火相传的精神气血。社会主义核心价值体系道德规范融入建设是指把以“以热爱祖国为荣、以危害祖国为耻,以服务人民为荣、以背离人民为耻,以崇尚科学为荣、以愚昧无知为耻,以辛勤劳动为荣、以好逸恶劳为耻,以团结互助为荣、以损人利己为耻,以诚实守信为荣、以见利忘义为耻,以遵纪守法为荣、以违法乱纪为耻,以艰苦奋斗为荣、以骄奢淫逸为耻”为代表的社会主义荣辱观融入社会舆论、教育感化、自身修养、传统习惯中,使之成为调整社会关系、维护公共秩序、保证社会生活安定有序的精神力量。

1.4 社会主义核心价值体系系统建设的内在规定

社会主义核心价值体系系统建设要增强建设的科学性和实效性,就不能仅停留在价值体系系统建设的目的、意义和要求等与主体预设期望密切相关的方面,还应从社会主义核心价值体系系统建设的内部矛盾运动入手,发掘其系统建设的内在规定。从“社会主义核心价值体系建设”的语义分析来看,很容易得出“社会主义核心价值体系建设”就是“建设社会主义核心价值体系”的结论,事实上这种结论非常片面,因为党的十六届六中全会通过《中共中央关于构建社会主义和谐社会若干重大问题的决定》提出建设社会主义核心价值体系的目的是“形成全民族奋发向上的精神力量和团结和睦的精神纽带。”①社会主义核心价值体系的基本内容是“马克思主义指导思想,中国特色社会主义共同理想,以爱国主义为核心的民族精神和以改革创新为核心的时代精神,社会主义荣辱观,构成社会主义核心价值体系的基本内容。”②当前社会主义核心价值体系建设的要求是“坚持把社

① 《中共中央关于构建社会主义和谐社会若干重大问题的决定》,《光明日报》2006 年 10 月 18 日第 1 版。

② 《中共中央关于构建社会主义和谐社会若干重大问题的决定》,《光明日报》2006 年 10 月 18 日第 1 版。

会主义核心价值体系融入国民教育和精神文明建设全过程、贯穿现代化建设各方面。"①社会主义核心价值体系建设要发挥的功能是"坚持以社会主义核心价值体系引领社会思潮,尊重差异,包容多样,最大限度地形成社会思想共识。"②党的十七大报告进一步指出建设社会主义核心价值体系的目的是"增强社会主义意识形态的吸引力和凝聚力。"③社会主义核心价值体系建设的功能是"坚持不懈地用马克思主义中国化最新成果武装全党、教育人民,用中国特色社会主义共同理想凝聚力量,用以爱国主义为核心的民族精神和以改革创新为核心的时代精神鼓舞斗志,用社会主义荣辱观引领风尚,巩固全党全国各族人民团结奋斗的共同思想基础。"④社会主义核心价值体系建设的要求是"切实把社会主义核心价值体系融入国民教育和精神文明建设全过程,转化为人民的自觉追求。"和"积极探索用社会主义核心价值体系引领社会思潮的有效途径"。⑤ 党的第十七届六中全会《中共中央关于深化文化体制改革推动社会主义文化大发展大繁荣若干重大问题的决定》再次指出推进社会主义核心价值体系建设的目的是"巩固全党全国各族人民团结奋斗的共同思想道德基础",⑥具体表现为"在全党全社会形成统一指导思想、共同理想信念、强大精神力量、基本道德规范。"⑦推进社会主义核心价值体系建设的要求是"必须强化教育引导,增进社会共识,创新方式方法,健全制度保障,把社会主义核心价值体系融入国民教育、精神文明建设和党的建设全过程,贯穿

① 《中共中央关于构建社会主义和谐社会若干重大问题的决定》,《光明日报》2006年10月18日第1版。

② 《中共中央关于构建社会主义和谐社会若干重大问题的决定》,《光明日报》2006年10月18日第1版。

③ 胡锦涛:《高举中国特色社会主义伟大旗帜　为夺取全面建设小康社会新胜利而奋斗——在中国共产党第十七次全国代表大会上的报告》,《人民日报》2007年10月25日第1版。

④ 胡锦涛:《高举中国特色社会主义伟大旗帜　为夺取全面建设小康社会新胜利而奋斗——在中国共产党第十七次全国代表大会上的报告》,《人民日报》2007年10月25日第1版。

⑤ 胡锦涛:《高举中国特色社会主义伟大旗帜　为夺取全面建设小康社会新胜利而奋斗——在中国共产党第十七次全国代表大会上的报告》,《人民日报》2007年10月25日第1版。

⑥ 《中共中央关于深化文化体制改革推动社会主义文化大发展大繁荣若干重大问题的决定》,《人民日报》2011年10月26日第1版。

⑦ 《中共中央关于深化文化体制改革推动社会主义文化大发展大繁荣若干重大问题的决定》,《人民日报》2011年10月26日第1版。

改革开放和社会主义现代化建设各领域,体现到精神文化产品创作生产传播各方面。"①纵览党的重要报告和决议可以看出,社会主义核心价值体系建设具有丰富的语义涵容,涉及社会主义核心价值体系的内容、任务、目的和要求等诸多方面。现代系统论认为事物都是一种系统性存在,鉴于此,社会主义核心价值体系系统建设应从大的系统视野出发,探讨其建设的内在规定。尽管目前学界对系统定义、内涵、功能和作用的看法不尽相同,但关于系统的共性看法是系统是由要素组成的,构成系统的要素之间存在着相互联系,相互联系的要素及其相互作用使系统构成一个整体,整体性、结构性、层次性和与环境之间的互动性是系统显著的共同特征。因此,社会主义核心价值体系系统建设的内在规定就充分体现在建设系统的整体性推进、结构性契合、层次性匹配和互动性观照几个方面。

1.4.1 整体性推进

1. 社会主义核心价值体现系统建设整体性推进的依据

现代系统论认为系统是由相互联系和相互作用的部分和要素依照一定的层次结构组成的,具有特定功能的有机整体。从本体论意义上看整体是指事物成为自身的一种限度或界限的规定性,事物的存在即是以自身的整体性的存在为前提,超出了整体限度,事物就会解体或变成其他事物。任何部分的变化总是以整体的联系为前提,而整体的变化,又直接受制于变化着的诸部分。整体性原则是系统方法论的首要原则,这是因为在系统整体与要素、整体与层次、整体与部分、整体与结构、整体与功能、整体与环境、整体与运动的辩证关系中整体起着主导、规约和统领作用。在系统整体与要素的互为存在关系中,"系统整体的各个要素并非各自为政、各行其是,而是按照系统整体的统一要求和一定次序,互相作用、协调一致,共同形成系统整体的性能的。"②系统整体具有一种单个要素分别存在时所没有的、甚至全部要素机械加和所形成不了新质。在系统整体与层次的关系中,由于任何系统都具有层次性,都是由若干不同层次的子系统组成的复合体,因此系统整体是系统层次的复合表现,二者之间的相互作用呈现正比关系,即系统的层次越高,系统整体对它的支配或影响作用越大,它对于系统整体性能的反作

① 《中共中央关于深化文化体制改革推动社会主义文化大发展大繁荣若干重大问题的决定》,《人民日报》2011 年 10 月 26 日第 1 版。

② 马清健:《系统和辩证法》,求实出版社 1989 年版,第 48 页。

用也越大。系统的层次越低,系统整体对它的支配或影响作用越小,它对于系统整体性能的反作用也越小。在系统整体与部分的关系中,部分在一定程度上表现出整体的性质,但整体并不等于其构成部分的简单相加,而是“整体大于部分的总和”。在系统整体与结构的关系中,系统整体是有结构的整体,系统结构是系统的整体结构,系统整体从系统的不可分性和统一性方面对系统的结构(系统要素的组织、结合形式)做出规定。从系统整体与功能的关系看,系统整体对要素功能的发挥起着强化和弱化的作用。系统各要素和部分之间合作、协同则促使系统各要素和部分的功能得以强化,使系统整体功能发挥正向效应,表现为系统整体功能大于各部分之和;若系统各要素和部分之间相互摩擦、抑制、甚至彼此冲突,则弱化系统各要素和部分的功能,使系统整体功能呈现负向效应,导致系统整体功能小于各部分之和。在系统整体与环境的关系中,系统以整体的形式存在于一定的环境之中,并以整体的形式与之发生物质、能量和信息的交换,以维持自身的存在。在系统整体与运动的关系中,整体是运动的整体,运动是整体的运动,整体规定着系统运动的趋势和方向。一方面整体的发展变化是由构成整体不可缺少的层次、部分、结构、环境、功能等方面协同作用的结果,离开了任何一方面,整体也不能发展变化。另一方面运动也促使整体的各个部分和方面发生协同作用进而成为整体存在的必要条件,整体在运动中维持了自身的存在。

2. 社会主义核心价值体现系统建设整体性推进的要求

把整体性原则作为系统研究方法论原则,要求我们在认识事物的思维视角发生以下转变:即思维视角实现“由一到多,一多结合”、“由实到虚,虚实结合”和“由静到动,动静结合”的转变。“由一到多,一多结合”是指从整体性出发观察事物要求研究由注重单一方面向注重杂多方面的转变,不仅关注事物的某一方面而且还要统筹兼顾事物作为系统性存在的其他方面,用联系的眼光看待事物及其不同方面,避免以偏概全,挂一漏万。当然“由一到多,一多结合”不是“把观察到的现象分解为孤立的诸因素。然后再把这些因素(在实践中或理论上)综合起来,表现观察到的现象。”①而是在“一”与“多”的辩证关系中把它作为更大整体的一部分来考察,同时把它作为许多相互作用着的部分的总体来考察。“由实到虚,虚实结合”指从整体性出发观察事物要求由注重实体向注重各种联系和作用的转变。

① [美]贝塔朗菲:《开放系统的模型:超出分子生物学》,《自然科学哲学问题丛刊》1981年第3期。

不仅研究事物的要素及其结构,还要研究其因果联系、功能联系、部分与整体的联系以及整体与环境之间的联系,在虚实结合中全面认识和把握事物。"由静到动,动静结合"指从整体性出发观察事物要求由注重相对静止向动态的发生发展转变。系统总是以整体的形式与环境进行物质、能量和信息的交换,系统内部各部分之间通过结构而发生的相互作用,系统总是以过程而存在,要求在动静结合中看待事物,在发展变化中把握事物。

3. 社会主义核心价值体现系统建设整体性推进的体现

社会主义核心价值体系统建设整体性推进意味着体系建设要统筹安排、整体部署,目的是实现社会主义核心价值体系建设系统要素和部分之间的联系、协调与整合,实现系统建设的最优化。社会主义核心价值体系系统建设整体性推进具体表现为:"一多兼顾"、"虚实并重"和"动静结合"。"一多兼顾"是指社会主义核心价值体系系统建设不仅要关注体系建设的某一方面而且还要统筹兼顾体系建设作为系统性存在的其他方面。由于社会主义核心价值体系建设系统既是一个实体的范畴又是一个关系的范畴,因此社会主义核心价值体系系统建设从宏观上看就要兼顾实体建设和关系建设。系统实体建设主要包括系统要素建设和系统外部保障条件建设,系统关系建设主要包括促进要素之间联系和作用的促进机制建设。社会主义核心价值体系系统建设的"一多兼顾"就进一步表现为要素建设(主体建设、客体建设和手段建设)、外部保障条件建设(公民社会的建立)和促进机制建设(导向机制、动力机制和调控机制)的统筹兼顾。"虚实并重"是指社会主义核心价值体系系统建设不仅要关注实体建设还有关注虚体建设,在虚实结合中全面建设社会主义核心价值体系。表现为重视社会主义核心价值体系建设系统的制度建设、规章建设和机制建设。"动静结合"是把社会主义核心价值体系建设看成一个动态的发展过程,在全局与局部、过程与阶段的统一把握中建设社会主义核心价值体系。

1.4.2 结构性契合

1. 社会主义核心价值体系系统建设结构性契合的依据

系统是指相互联系、相互作用的若干要素或部分结合在一起并具有特定功能的有机整体。结构性是系统的一个主要特征。任何系统都是质和量的统一,结构体现了系统质的规定和量的要求。在系统要素一定的情况下,系统的结构决定系统的性能。系统结构具有相对稳定性,系统结构的作用具有二重性:即对系统的发展及其功能的发挥具有促进和阻碍作用。系统的结构合理、适合系统需要,就促进系统发展和其功能的发挥;系统的结构不合理、不适合系统需要,就阻碍系统发展和其功能的发挥。把握和控制系统的整体性能的重要方法之一就是正确认识和调整系统的结构,通过设计出合理的结构来发挥系统整体的最佳性能。目前关于系统的研究中,学界对于系统结构的功能和作用的认识比较一致,但对于结构的界定不尽相同,甚至大相径庭。代表性研究如下:"所谓结构是指系统的存在方式以及系统内部各要素相互联系、相互作用的性质,表现为系统内部的组织、机制、各个序列和层次等各部分之间的一定秩序。"①"结构是指系统内部各个组成要素之间的相对稳定的联系方式、组织秩序及其时空关系的内在表现形式。"②"所谓结构就是指系统内部各要素之间的耦合关系或联结方式。"③以上三种关于结构定义的界定分别从系统要素的排列秩序、联系方式和耦合关系诸方面来界定,显示了对结构定义的差异性。在实际研究中,结构也常常被误用。有的说是论述结构,其实是在论述系统的要素。比如对人的能力系统的结构进行分析经常出现的误析是指出能力系统包括观察力、记忆力、思维力、想象力和操作力五个方面,就得出已考察分析了能力系统的结构。事实上若不考察五者之间的逻辑排列和关联关系,研究的就是能力系统的五个要素,研究的通病是把结构分析归结为要素分析;有的说在论述结构,其实在论述系统。如在社会学中研究中,有的研究者所言的社会结构其实就是社会系统。究其原因,无外两个方面:一是对系统的理解有误,二是对相关概念的理解存在偏差。在系统与结构的概念关系中,系统是一个总体的概念,着重说明的是系统要素、结构和功能的不可分性和统一性。结构是一个层次的概念,说明的是构成系统的要素的排列、组合形式。系统是一个"三体"范畴,即系统是一个由要素构成的实体的范畴,是一个由结构体现的关系的范畴,是体现一定性能的属性的范畴。结构是一个关系的概念,着重说明系统的不可分性和统一性是采取什么联结方式来实现。系统是与环境相对应的同一级层的概念,结构是与要素相对应的同一级层的概念。在概念的从属关系上,系统与结构是包含与背被包含的关系。在要素与结构的概念关系中,要素是一个单元的概念,是一个实体的范畴。结构是一个关系的概念,是一个关系的范畴。

---

① 徐志远:《思想政治教育学基本范畴的逻辑结构试探》,《探索》2006 年第 3 期。

② 魏宏森、曾国屏:《系统论——系统科学哲学》,清华大学出版社 1995 年版,第 288 页。

③ 杨耕:《关于社会主义社会基本矛盾的几个问题》,《安徽大学学报》1986 年第 2 期。

要素与结构互为规定,要素总是以一定结构方式存在的要素,结构总是一定要素的结构,要素与结构二者不能分离。在概念的从属关系上,要素与结构是互不隶属的并列关系。但同时也要考虑到"结构"这一词语内涵的复杂性,在不同的语境中其含义不尽相同。结构一词从字面上看具有联结和架构之意,若是单独说结构,显然是包含联结和架构的实体及其关系,因为缺少实体则关系无处附体,关系不能凭空建立。同样缺少关系则实体是孤立、零散的实体,则无所谓联结和架构。如单一一句话"结构决定功能",显然是指要素的属性及其联结架构的方式共同作用才产生了功能,此"结构"就含有要素及其联结的双重含义。与此不同,在涉及系统、要素和结构的特定语境中,正如前文所思辨的那样,结构不包括要素,没有实体(要素)的意涵,仅指要素的组合、排列和连接方式。结合"结构性契合是社会主义核心价值体系系统建设的内在规定"的特定语境,本文在涉及"结构"时是关涉社会主义核心价值体系建设系统的实体(要素)及其联结和架构的关系。

2. 社会主义核心价值体系系统建设结构性契合的要求

系统是一个结构性存在,整体性、转换性和自我调适性是系统结构的存在特性,结构性契合是优化系统结构、发挥系统性能的前提和途径。所谓系统结构性契合就是作为结构性存在的系统,其构成要素以最优化的结合方式达成彼此之间默契配合,从而使系统整体发挥最大的功能。社会主义核心价值体系建设是一个复杂的系统,结构性契合是其建设的应有之意,因此社会主义核心价值体系系统建设的内在规定之一就是依据社会主义核心价值体系建设系统的内在结构要求,关注社会主义核心价值体系建设系统的结构,促进社会主义核心价值体系建设系统要素及其联结方式的默契与配合。系统是由要素或部分结合在一起并具有特定功能的有机整体,变化运动是系统的应有属性,因此,从静态分析和动态把握是研究系统结构性契合的切入维度,系统的结构性契合就集中体现在静态的框架结构契合和动态的运行结构契合。系统的静态框架结构契合是从系统横向构成要素(部分)及其联结方式出发,考察其默契配合程度。系统的动态运行结构契合是从系统纵向变化过程来研究系统全局与局部、过程与阶段的默契配合程度。社会主义核心价值体系系统建设结构性契合的要求就是在系统建设中从系统动静结合中着眼,从系统纵向和横向结构入手,促进社会主义核心价值体系建设系统要素及其联结方式的默契与配合。

3. 社会主义核心价值体系系统建设结构性契合的体现

社会主义核心价值体系系统建设结构性契合就是在系统建设过程中,依据社会主义核心价值体系建设系统的内在结构要求,促进强化社会主义核心价值体系建设系统的要素建设及其联结方式建设,并使其达成默契配合。由于社会主义核心价值体系建设系统具有一般系统的共性和自身的个性,因此社会主义核心价值体系系统建设结构性契合就体现在共性契合着眼和个性契合入手上,其结构性契合的体现为横向构成上的静态框架结构契合和纵向过程上的动态运行结构契合。由于建设从本质上看是一种实践活动,所以社会主义核心价值体系建设系统横向构成上的静态框架结构契合就要从实践哲学的高度对其构成要素及其联结方式进行准确概括。目前在实践要素的研究中主要存在“三要素说”和“五要素说”两大分歧,实践“三要素说”认为构成实践的要素是主体、手段和客体;实践“五要素说”认为除了实践的主体、手段和客体外还应加上实践的目的和结果,实践的目的、主体、手段、客体和结果是构成实践必不可少的要素。同样是实践其要素存在差异的根本原因可以通过对实践和要素的分析找出答案:实践是改造外部世界的客观物质活动,直接现实性是其根本特征;要素是规定一个事物和确立一个事物的特殊性的最基本单元。因此,尽管实践包含目的预设和结果期待,但实践是一种物质活动,着重强调一个进行的动作,再加上要素这一限定,本文认为实践的要素用实践的主体、手段和客体就能够精炼的概括。不妨用科学抽象法加以说明:因为实践可以简化抽象为一种活动,完成一个活动的基本要件是动作发出者(主体),动作的接受者(客体)和动作的借助和实现方式。实践主体是人,是具体实践活动的执行者和实践动作的发出者;实践客体是实践活动作用的对象,是实践活动动作的接受者;实践手段是实践活动的借助和实现方式。因此用主体、手段和客体就能够简明概括一个具体的实践活动,故这三者是构成实践活动的最基本要素。至于实践目的和实践结果本文认为更在于说明实践是一个过程,即实践是一个目的设立、活动进行和结果涌现的过程。实际上若细加分析,人本身是能动性存在,具有目的性、选择性和创造性,实践主体就蕴含了实践的目的和结果预期。实践手段是主体作用于客体的工具、方法和程序等作用中介,是促进保障完成实践目的的条件,实践手段的选择和利用也含有强烈的目的和结果指向性。实践客体自身的属性就在很大程度上规定了实践的目的和结果。实践目的和结果是由实践主体、手段和客体共同作用实现和呈现的,因此实践“三要素说”是本文赞成的,很好地解决了“谁实践”、“怎样实践”和“实践什么”的实践要素逻辑。据此,社会主义核心价值体系建设系统横向构成上的静态框架结构契合就体现在建设系统中建设主体、建设手段和建设客体三大要素及其联结方式的默契配合。

社会主义核心价值体系建设系统纵向过程上的动态运行结构契合表现为建设系统的局部与全局、阶段与过程的默契配合。社会主义核心价值体系系统建设的要素契合建设表现为主体建设、手段建设和客体建设。一方面契合表现为主体建设、手段建设和客体建设三位一体缺一不可;另一方面契合表现为主体建设、手段建设和客体建设彼此兼顾、相互配合。社会主义核心价值体系系统建设主体建设契合表现为理论主体、执行主体和践行主体三大主体建设的契合,理论主体是包括专家学者在内的社会主义核心价值体系理论的创建者和宣讲者。执行主体是包括各级领导干部在内的贯彻、落实社会主义核心价值体系理论相关政策法规的贯彻者和落实者。践行主体是人民群众为主体的社会主义核心价值体系理念的实践者和创造者。理论主体、执行主体和践行主体为代表的三大主体建设分别从理论、实践和践行层面对社会主义核心价值体系建设系统的主体要素进行分类梳理,很好契合了社会主义核心价值体系建设系统主体要素的分类和实际需要。社会主义核心价值体系系统建设手段契合建设体现在社会主义核心价值体系理论本体建设、社会主义核心价值体系载体建设、社会主义核心价值体系导体建设和社会主义核心价值体系环体建设几个方面,实现了理论自身、理论承载、理论传导和环境保障方面的契合。社会主义核心价值体系系统建设客体契合建设体现在理论建设的契合和人的价值精神建设的契合两大方面。社会主义核心价值体系建设的客体之一之所以是社会主义核心价值理论体系是因为"社会主义核心价值体系建设"含有"建设社会主义核心价值理论体系"之意,这从党的十六届六中全会通过《中共中央关于构建社会主义和谐社会若干重大问题的决定》中提出"马克思主义指导思想,中国特色社会主义共同理想,以爱国主义为核心的民族精神和以改革创新为核心的时代精神,社会主义荣辱观,构成社会主义核心价值体系的基本内容。"①就可以看出价值体系理论建设是当前社会主义核心价值体系建设的重要对象,因此理论建设主要表现为灵魂建设、主体建设、精髓建设和基础建设诸方面。但纵观党的十六届六中全会通过决定、党的十七大报告和党的十七届六中全会的决定其主旨是以社会主义核心价值体系引领社会思潮,形成思想共识;用共同理想凝聚力量,用族精神和时代精神鼓舞斗志,用荣辱观引领风尚,巩固人民奋斗的思想基础。因此,本文认为从根本和目的来看,社会主义核心价值

① 《中共中央关于构建社会主义和谐社会若干重大问题的决定》,《光明日报》2006 年 10 月 18 日第 1 版。

体系建设的旨意是借助社会主义核心价值体系理论建设及其所蕴含价值精神在社会各个方面的融入、贯穿和体现，目的是提高人的价值精神。因此，社会主义核心价值体系建设的对象是人的精神，社会主义核心价值体系理论建设及其融入、贯穿建设只是实现人的精神建设的手段。社会主义核心价值体系系统建设的价值精神建设契合具体表现为价值情感建设、价值观念建设、价值理性建设几个方面的契合。社会主义核心价值体系系统建设的纵向动态运行结构契合建设就是依照社会主义核心价值体系建设过程中局部建设与全局建设、阶段建设与过程建设内在要求，实现建设中局部与全局、阶段与过程诸建设的默契配合。

1.4.3 层次性匹配

所谓层次，是指系统和要素（子系统）之间的地位、等级和相互关系。任何系统都是由若干不同层次的子系统组成的复合体，结构的层次性包含两方面的含义：一是横向结构的多侧面性，二是纵向结构的等级性。系统的每一层次都具有相对独立性，都自成系统，都具有其特殊的结构和性能。从横向联系上看，系统同一层次的各个子系统之间，存在着复杂的相互作用；从纵向联系上看，系统是一个多层次的垂直系统，层次之间存在着相互作用。层次性是系统的一个主要特征。社会主义核心价值体系系统建设的内在要求之一就是依据社会主义核心价值体系建设系统的层次性要求进行层次匹配建设，满足其整体功能发挥的层次匹配规定。正如前文所言，社会主义核心价值体系本身具有"三重蕴含"：即社会主义核心价值体系是关于社会主义主导价值的理论体系，具有理论的属性要求；社会主义核心价值体系自身体现了社会主义倡导的主导价值（观念），具有价值潜在规定；社会主义核心价值体系是社会主义意识形态的本质体现，具有意识形态内涵特征。因此社会主义核心价值体系的"三重蕴含"是层次匹配建设的逻辑起点。从社会主义核心价值体系建设的横向侧面上看，社会主义核心价值体系系统建设的层次匹配表现为理论建设、价值建设和意识形态建设"三建"并举，合理配合。理论建设为价值建设和意识形态建设提供表现形式和传播条件，价值建设为理论建设提供内涵、为意识形态建设提供导向，意识形态建设为理论建设和价值建设提供保障和服务。从社会主义核心价值体系建设的纵向层次上看，社会主义核心价值体系系统建设的层次匹配表现为理论建设侧面的内在等级匹配、价值建设侧面的内在等级匹配和意识形态建设侧面的内在等级匹配。

社会主义核心价值体系理论建设侧面的内在等级匹配体现在理论形式的层

次匹配和理论内容的层次匹配两大方面。理论形式主要通过表达理论的语言形式来体现,对社会主义核心价值体系理论而言其语言表达形式主要有生活语言、大众语言、学术语言和政治语言四个层次的语言表达形式。生活语言是群众日常话语,贴近群众生活,为群众所深知、熟知;大众语言是传播话语,为群众喜闻乐见;学术语言是范式语言,为专家学者学术探讨所用;政治语言是意识形态话语,代表国家意志,用于自上而下灌输和宣传。社会主义核心价值体系系统建设的理论形式的层次匹配建设就表现为生活语言的社会主义核心价值体系建设、大众语言的社会主义核心价值体系建设、学术语言的社会主义核心价值体系建设和政治语言的社会主义核心价值体系建设四个层次的理论形式建设的配合。《中共中央关于构建社会主义和谐社会若干重大问题的决定》明确指出"马克思主义指导思想,中国特色社会主义共同理想,以爱国主义为核心的民族精神和以改革创新为核心的时代精神和社会主义荣辱观构成社会主义核心价值体系的基本内容"。① 若细加分析可以看出:"马克思主义指导思想","中国特色社会主义共同理想","爱国主义为核心的民族精神和改革创新为核心的时代精神"分别从"思想导向"、"目标追求"和"精神支撑"三个方面和层次明确了社会主义核心价值体系的具体内容和内涵,从"思想"、"信念"和"精神"构成了社会主义核心价值体系的观念层面。以"八荣八耻"为基本内容的社会主义荣辱观,以简明扼要的对比句式,从行为层面旗帜鲜明地划清了是非、善恶和美丑的界限,为社会主义道德建设提供了纲领性的指导。因此,社会主义社会主义核心价值体系理论内容建设的层次匹配主要表现为观念层面和行为层面的层次匹配建设。

社会主义核心价值体系价值建设侧面的内在等级匹配表现为上文所言的三个方面,即社会主义核心价值体系若以"硬核"和"保护带"为层次划分依据,社会主义社会主义核心价值体系价值建设的层次匹配主要表现为深刻、稳定、隐蔽的社会主义核心价值(观念)(处于价值体系的"硬核"地位)和外围的、从属的社会主义核心价值(观念)(处于价值体系的"保护带"地位)的配合,具体表现为以自由和平等为"硬核"的社会主义核心价值(观念)建设和以民主、公平、包容和公正以及互助、奉献、共享和忠诚等为"保护带"的社会主义核心价值(观念)建设。社会主义核心价值体系若以不同价值(观念)的地位和作用为层次划分依据,社会主

① 《中共中央关于构建社会主义和谐社会若干重大问题的决定》,《光明日报》2006 年 10 月 18 日第 1 版。

义社会主义核心价值体系价值建设的层次匹配主要表现为终极价值(观念)、核心价值(观念)和基础价值(观念)的配合,具体表现为以自由为代表的终极价值(观念)、以民主、公平、包容、公正和共生为代表的核心价值(观念)和以勤俭、敬业,诚实等为代表的基础价值(观念)建设的配合。社会主义核心价值体系若以不同价值(观念)的性质和功能为层次划分依据,社会主义社会主义核心价值体系价值建设的层次匹配主要表现为目的价值、手段价值和规范价值三大层次和部分建设的配合。具体表现为以自由、民主、公平、共享和公正为代表的目的价值,以尚劳、崇法、美德、奉公为代表的手段价值,以敬业、诚实、友爱、互助、奉献为代表的规范价值三个层次的建设配合。社会主义核心价值体系意识形态建设侧面的内在等级匹配体现在意识形态观念化建设、意识形态制度化建设和意识形态社会心理化建设三个方面。由于人的观念形成的基本机理是:需要是观念形成的动因,利益是观念形成的基础,目标是观念形成的标志。因此社会主义核心价值体系意识形态观念化层面建设的层次匹配具体是围绕建立激发需要的体制、创设满足利益的条件和建立目标形成的舆论引导环境三个方面的匹配建设。根据各种意识形式和经济基础关系的远近社会主义核心价值体系意识形态制度化层面建设的层次匹配可分为三个层次匹配建设:基础层次的政治意识形态制度化建设、经济意识形态制度化建设和法律意识形态制度化建设;中间层次的艺术意识形态制度化建设和道德意识形态制度化建设;最疏远层次的哲学意识形态制度化建设。

1.4.4 互动性关联

现代系统论认为系统是由相互作用、相互依赖的若干组成部分结合成的具有特定功能的有机整体。系统自身具有自调节能力,表现为自适应与自稳定的特性。系统的自适应体现为系统能够通过不断调整自身条件及其与外部条件之间的关系,使自身能够在一定程度上适应外界环境的变化并做出相应反应。系统的自稳定是指系统能够通过调整自身内部条件及其与外部条件间的关系,使自身的演化与发展始终能保持一定的稳定性,以便在整体的演化过程以及演化方式、演化途径等方面具有相对独立性。有活力的系统是动态、开放的系统,系统的动态性表现为系统总是处于平衡和演化的运动变化状态之中;系统的开放性是指系统与环境之间不断进行着物质、能量和信息交换。正是系统动态性和开放性的存在,保证了系统的演化和发展,也从而促进了系统功能的发挥。现代环境论认为环境是指系统边界以外的各种事物或各种条件的集合体,是系统外部条件整体构成的系统。环境作为外部条件系统同样具有系统所有的基本特征、属性和系统演化的一般规律。环境作为一定的有组织整体,往往其中包含着相对平衡态、近平衡态与远离平衡态这三类子系统。远离平衡态的环境子系统相对于其他子系统具有非均匀性、非对称性等特征,具有较大的开放性,较多地对其外部的系统发生作用与影响,是影响其外部系统演化发展的主要条件。在系统的内涨落作用下,远离平衡态环境子系统最终会占据支配地位,相对平衡态环境子系统和近平衡态环境子系统其相对孤立或封闭状态最终会被打破,表现出环境作为有组织整体的自我更新能力。在系统与环境的辩证关系中,“环境作为具有内部相互作用和协调、发展过程的一定有组织的整体,会对相应的系统产生禁锢与开化、阻碍与促进等整体制约作用。而系统作为环境中的一定组成部分的自反馈与自调节过程,也会对相应环境整体的演化、发展过程产生一定的竞争与合作、协调与干扰作用。”①因此,社会主义核心价值体系系统建设就要着眼于系统与环境两个方面,社会主义核心价值体系系统建设的互动性关照就是指社会主义核心价值体系建设在把握价值体系建设系统运动、变化和发展的规律和系统矛盾演化的基本趋势基础上,与外在环境建设相互关联、照应,为社会主义核心价值体系建设系统创造进行物质、能量和信息交换的环境条件,从而发挥社会主义核心价值体系的整体功能。社会主义核心价值体系建设与外在环境建设的互动性关照在宏观上表现为与社会的政治环境建设、经济环境建设、文化环境建设、社会环境建设和生态环境建设的关联与照应上。政治环境是指社会的政治境况,主要有政权的性质、政治制度、政治体制和政治思想和政治纲领等构成。在政治环境的各个因素中,政权的性质、政治制度集中体现社会的政治价值理念;政治意识、政治理论、政治纲领则规范着人的价值追求;政治路线、方针和政策是影响人的价值观念最直接、最经常的因素,直接影响人们的价值行为。因此社会主义核心价值体系系统建设就必须与政治环境建设相关照,通过营建良好的政治环境来促进社会主义核心价值体系建设。

经济环境是社会的经济境况,主要有经济制度、经济体制和经济政策等构成。

经济制度构成社会的经济基础,并体现经济基础的性质,决定着相应社会的政治制度和社会意识等上层建筑,经济制度在本质上体现社会的价值利益。经济体制是指在一个国家制定并执行经济决策的各种机制的总和,是经济的具体管理

① 湛垦华、张强:《论系统与环境》,《哲学研究》1989 年第 1 期。

制度及运行方式,也是资源配置的具体方式,调节着人们的价值追求。经济政策是国家或政府为了达到一定的经济目标而制定的解决经济问题的指导原则和措施。在阶级社会中经济政策由经济上占统治地位的阶级制定,反映统治阶级的经济利益,也势必是其价值利益的集中反映。社会主义核心价值体系系统建设就必须与经济环境建设相关照,即通过与以公有制为主体多种所有制经济共同发展的经济制度、中国特色的社会主义市场经济体制和灵活高效的经济政策的建设相互照应,以建设良好的经济环境来促进社会主义核心价值体系建设。文化环境是指社会的文化境况,主要包括思想观念、思维方式、行为准则以及风俗习惯、语言、文字等文化因素,文化环境是国民审美情趣和精神气质的主要塑造力量,文化环境中行为准则和风俗习惯等文化因素直接规范着人的价值行为。社会主义核心价值体系系统建设就必须与文化环境建设相关照,以文化环境的特殊塑造作用促进社会主义核心价值体系建设。社会环境是指人类生存及活动范围内的社会物质、精神条件的总和,社会意识、社会关系和社会风尚等构成了社会环境的主要因素。从反映社会存在的程度和特点来看,社会意识包括社会心理和思想体系两个层次,而社会心理和思想体系是社会价值的重要载体。社会关系是社会中人与人之间关系的总称,从关系的领域来看,社会关系主要包括经济关系、政治关系和法律关系等,社会关系是社会价值的关系体现。社会风尚是指社会所推崇倡导的一种道德风尚,代表一定社会或阶级本身所固有的、惯常的行为内容,是社会价值审美的体现。社会主义核心价值体系系统建设与社会环境建设相关照,使社会意识、社会关系和社会风尚体现社会主义核心价值,促进社会主义核心价值体系建设。生态环境是指影响人类生存与发展的水资源、土地资源、生物资源以及气候资源数量与质量的总称,优良的生态环境是社会和谐发展和可持续发展的重要条件,人对待生态环境的态度体现了人与自然的价值关系。社会主义核心价值体系系统建设与生态环境建设相关照,以和谐和可持续的价值理念促进生态环境建设,反过来又促进社会主义核心价值体系建设。

2. 社会主义核心价值体系系统建设的进路

社会主义核心价值体系系统建设是一项复杂的系统工程,“系统工程研究问题一般采用先决定整体框架,后进入详细设计的程序,一般是先进行系统的逻辑思维过程总体设计,然后进行各子系统或具体问题的研究。”①因此,社会主义核心价值体系系统建设的首要问题是从宏观和整体上廓清其建设的进路。所谓社会主义核心价值体系系统建设的进路就是站在理论的高度,以实践理性的视角审视社会主义核心价值体系系统建设的前进理路,其旨趣是从学理上把握社会主义核心价值体系系统建设的切入路径,为社会主义核心价值体系系统建设提供方向导引和逻辑支撑。由于社会主义核心价值体系本身具有理论体系、意识形态和价值观念的“三重蕴含”属性,因此社会主义核心价值体系系统建设的进路的逻辑起点必然围绕其蕴含属性展开:社会主义核心价值体系作为理论体系的属性要求系统建设的一个进路是完成其理论化建设;社会主义核心价值体系作为意识形态的属性要求系统建设的另一进路是实现其社会化建设;社会主义核心价值体系作为价值观念的属性要求系统建设的再一进路是达到其个体化建设。

2.1 理论化建设

“理论是人们在实践中,借助一系列概念、判断、推理表达出来的关于事物的本质及其规律性的知识体系,是系统化的理性认识。”②先进科学的理论是人们对事物本质及其规律的正确揭示。从理论与实践的关系看,理论就是规范人们的思

① 邹青:《系统工程视角下的农村金融机构流程银行建设》,《时代金融》2012 年第 10 期。

② 冯契:《哲学大辞典·马克思主义哲学卷》,上海辞书出版社 1990 年版,第 849 页。

想和行为的各种概念系统。人们的所思所想和所作所为,都与人们自己所占有的理论密不可分。理论包括三重内涵:第一,理论是世界图景,也就是以概念体系的形式规范人们对世界的理解;第二,理论是思维方式,也就是以概念框架规范人们如何理解和描述世界;第三,理论是价值规范,也就是以积淀人类文明的价值观念规范人们的思想和行为。理论之所以能够起到规范人们思想和行为的作用,是因为理论具有向上的兼容性,时代的容涵性,逻辑的系统性和思想的开放性。① 正因为理论具有这样丰厚的内涵和特性,所以理论自身具有解释功能、规范功能、批判功能和引导功能。社会主义核心价值体系要具备强大的吸引力和凝聚力,发挥其"社会水泥"的作用,成为社会主义制度的内在精神和生命之魂,就必须加强社会主义核心价值体系自身理论化建设。这是因为:一方面理论化建设是马克思主义认识论的必然要求。马克思主义认识论认为人的认识是一个不断深化发展的过程,感性认识反映的是事物的具体特性、表面性和外部联系,理性认识反映的是事物的本质、内在联系和规律。从感性认识上升到理性认识,是认识过程中的必然要经历一次飞跃,认识的目的在于用获得的理性认识去指导实践。因此,必须使感性认识发展到理性认识,使其以概念、判断、推理以及假说和理论等形式反映事物的本质和规律并反过来指导实践。另一方面理论化建设是马克思主义理论观的内在规定。马克思主义理论观认为理论只要彻底(就是抓住事物的根本)就能说服人,"理论只要说服人,就能掌握群众";②列宁也曾指出:"只有以先进理论为指南的党,才能实现先进战士的作用。"③"没有革命理论,就不会有坚强的社会党,因为革命理论能使一切社会党人团结起来,他们从革命理论中能取得一切信念,他们能运用革命理论确定斗争方法和活动方式"。④ 斯大林也讲过一段很深刻的话:"理论如果是在和革命实践密切联系中形成的,那么它就能成为工人运动的极伟大的力量;因为理论,而且只有理论,才能使运动具有信心,使它有确立方针的能力,使它能了解周围事变的内部联系;因为理论,而且只有理论,才能使实践不仅了解各阶级在目前如何行进和向哪里行进,而且了解这些阶级在最近的将

① 孙正聿:《理论及其与实践的辩证关系》,《光明日报》2009 年 11 月 24 日第 11 版。

② 《马克思恩格斯选集》第 1 卷,人民出版社 1995 年版,第 9 页。

③ 中共中央马克思恩格斯列宁斯大林著作编译局:《列宁专题文集 – 论无产阶级政党》,人民出版社 2009 年版,第 71 页。

④ 《列宁选集》第 1 卷,人民出版社 1995 年版,第 312 页。

来会如何行进和向哪里行进。”①毛泽东也曾强调，“指导一个伟大的革命运动的政党，如果没有革命的理论”，“要取得胜利是不可能的”。② 革命导师在不同时期都强调理论建设对政党、革命和建设的重要性。中国共产党理论建设的第一条经验，就是理论建设始终是中国共产党的根本，关系到党的成败兴亡，任何轻视理论的观点和行为都将极大地损害党的事业。胡锦涛同志在庆祝中国共产党成立90周年大会上的讲话中也指出：“理论上的成熟是政治上坚定的基础，理论上的与时俱进是行动上锐意进取的前提。”③

再一方面理论化建设可以彰显社会主义核心价值体系的真理魅力、价值魅力和艺术魅力。所谓真理魅力即真理性品格，是指社会主义核心价值体系以马克思主义科学的世界观和方法论为指导，具有鲜明的科学性、合理性，为人民群众提供认识世界、改造世界的强大思想武器。社会主义核心价值体系只有以抽象化和系统化的理论面貌出现，才能摆脱对社会主义价值的感性和经验认识，实现对价值认识的“彻底”和抓住其“根本”。所谓价值魅力即人民性品格，是指社会主义核心价值体系只有以理论化的形式才能对中国最广大人民群众的根本利益、全局利益和长远利益做出深刻、系统的说明，才能在意识形态多元化的现实境遇中展现其代表人民利益的价值自觉和价值自信。所谓艺术魅力即形式美品格，是指社会主义核心价值体系理论是主体在实践基础上对事物本质及其规律的认识，是由一系列具有内在联系的概念、原理组成的观点体系，以中华民族特有的语言形式、思维方式和精神气质来表达，形成了中国作风、中国气派和中国风格，以理论形式体现了社会主义核心价值体系的形式美。

最后，理论是主体从理性上对事物进行认识和把握，超越对事物认识的感性和经验形式，以理论的形态认识和把握事物的内在本质和联系可以提高主体解释、预测和指导实践的能力和水平。理论建设要有两个面向：一是面向学理化，目的是增强研究的理论性；二是面向通俗化，目的是增强研究的应用性。理论性和应用性相得益彰、彼此呼应是理论建设必须关注的方面。因此，社会主义核心价值体系理论化建设主要表现为学理化建设和通俗化建设两个方面。

---

① 《斯大林选集》上卷，人民出版社1979年版，第199—200页。

② 《毛泽东选集》第2卷，人民出版社1991年版，第533页。.

③ 胡锦涛：《在庆祝中国共产党成立90周年大会上的讲话》，《求是》2011年第13期。

2.1.1 学理化建设

社会主义核心价值体系是中国共产党领导人民在革命、建设和改革中关于社会主义价值取向和价值追求经验的总结,是马克思主义中国化的最新理论成果,是科学的理论体系,就需要我们以科学的方法、理论化的话语来研究它、表述它。因此,学理化建设是社会主义核心价值体系理论化建设必然路向。

1. 社会主义核心价值体系学理化建设的动因

社会主义核心价值体系学理化建设的内在动因源于先进理论自身的属性和要求。大凡先进的理论,其本身就是客观事物和规律的正确反映或对事物未来发展做出的科学预见,本身能够经得起也必须接受学理化的推演与思辨,学理化是先进理论的重要体现。先进理论"道不远人",是唤起民众、为民众谋取利益的理论,理论掌握群众是先进理论的优良品性。马克思主义理论的旨向不仅仅是"解释世界"(抓住事物的根本,揭示其蕴含真理),更重要在于理论掌握群众,变成群众手中改造世界的武器,进而"改变世界"。社会主义核心价值体系是迄今为止人类最为先进的价值理论体系,它以马克思主义方法论为指导,以历史唯物主义为基石,在世界社会主义运动和中国特色社会主义实践基础上总结出来的价值理论体系,理论掌握群众是其内在属性和根本要求。学理化建设是社会主义核心价值体系完善形成科学理论的必由路径。学理化建设在逻辑上有两个途径:一是归纳推理途径;二是演绎推理途径。归纳推理是指从具体到抽象的积累和总结过程,演绎推理刚好相反,从抽象到具体完成对事实、现象的预测。通过归纳推理与演绎推理的互动完成社会主义核心价值体系学理化建设,以抽象、完备、科学的理论来掌握群众,成为群众改造社会和自然的有力武器。

2. 社会主义核心价值体系学理化建设的要求

社会主义核心价值体系学理化建设意味着用专业、科学、准确的学术语言和抽象、概括的表达方式表述社会主义核心价值体系的概念、观点、逻辑和原理,以提高社会主义核心价值体系理论的理论性和学术性,以此来引领社会思潮、凝聚社会共识,发挥批判武器的作用。社会主义核心价值体系学理化建设的要求就是要增强理论体系自身的学理性,社会主义核心价值体系学理性集中体现在以下三种属性上:一是科学性,二是继承性,三是超越性。所谓科学性一方面是指社会主义核心价值体系的概念、范畴、观点、原理、和论证等完备合理;二是指社会主义核心价值体系在逻辑要求上看要体现现实逻辑、理论逻辑与科学逻辑的辩证统一。

社会主义核心价值体系要增加学术体系的科学性，就要既立足于现实，从现实的人价值需求出发研究社会主义核心价值体系；也要立足于学理，从价值体系自身的概念、命题和原理的运演中研究社会主义核心价值体系；更要立足于自然科学，利用自然科学所取得的成果为借鉴来研究社会主义核心价值体系。所谓继承性是指社会主义核心价值体系作为社会主义意识形态的本质体现具有意识形态继往传承的特性。因为从社会意识的层次来看社会意识包括高层次的社会意识形式和低层次的社会心理。社会意识形式既包括政治、法律、艺术、道德、宗教、哲学等属于思想上层建筑的社会意识形态，也包括自然科学、语言学、心理学等不属于思想上层建筑的社会意识形式；社会心理是人们在日常生活中形成的不系统的、不稳定的社会意识，常见的社会心理包括民族心理、时代心理、职业心理、阶级心理等。"人们自己创造自己的历史，但是他们并不是随心所欲地创造，并不是在他们自己选定的条件下创造，而是在直接碰到的、既定的、从过去继承下来的条件下创造。一切已死的先辈们的传统，像梦魇一样纠缠着活人的头脑。"①意识形态不可能凭空而生，总是继承以往意识形态的逻辑体系和言说方式。当然，社会意识的历史继承性不是历史的复制，而是既克服又保留，是批判的继承，是继承中的发展和创造。社会主义核心价值体系的继承性体现了意识形态发展的规律。所谓超越性是指社会主义核心价值体系作为社会主义意识形态的本质体现具有超出、越过以往意识形态的特性。体现社会主义核心价值体系来源于现实又高于现实的抽象性、穿越过去与未来的跨越性和超越一定特定时空的恒常性。② 因此，社会主义核心价值体系的超越性要求我们反对教条主义，扩大研究视域，不仅从马列经典文本中汲取价值资源，而且从各种不同的社会主义流派和其他社会思潮甚至资本主义价值文明中寻找出解决现实问题的资源，体现社会主义核心价值体系构建的包容性、时代性和前瞻性；同时还要将社会主义核心价值体系的建设置于世界历史的广阔背景中去考量，积极吸收和借鉴人类的文明成果，使社会主义核心价值体系建设放眼世界，立足现实，着眼未来，显示出强大的涵容性。

3. 社会主义核心价值体系学理化建设的体现

社会主义核心价值体系作为科学的理论体系，其学理化建设体现为理论的构

---

① 《马克思恩格斯选集》第1卷，人民出版社1995年版，第585页。

② 杨生平：《理论创新应关注现实性与学理性》，《中国社会科学报》2012年5月27日第A07版。

成要素完备、理论的逻辑结构合理和理论的学理性特征明显三个方面。社会主义核心价值体系的理论构成要素主要包括范畴、规则、观点、命题和原理等,其中最主要的构成要素是范畴、命题和原理。恩格斯曾经指出:“一门科学提出的每一种新见解,都包含着这门科学的术语的革命。”①李长春也指出要“着力在增强马克思主义学术创造力上下功夫,创造当代中国马克思主义的学术概念、学术语言”。② 社会主义核心价值体系学理化建设表现为加强诸如价值与行为、主体与客体、承载与传导和内化与外化等基本范畴的研究,强化诸如核心命题(马克思主义指导思想是社会主义核心价值体系的灵魂)、基础命题(中国特色社会主义共同理想是社会主义核心价值体系的主题和以爱国主义为核心的民族精神和以改革创新为核心的时代精神是社会主义核心价值体系的精髓)、例证命题(社会主义荣辱观是社会主义核心价值体系的基础)建设,加强主体客体化、客体主体化和主客体互为一体化以及价值尺度和真理尺度是具体的历史的统一等社会主义核心价值体系原理的研究。通过以上范畴、命题和原理建设,社会主义核心价值体系就形成了完备的要素构成体系。

理论的逻辑结构主要体现为概念、判断和推理及其构成的网络,社会主义核心价值体系逻辑结构合理体现在理论体系概念全面、判断明确和推理科学三个方面。概念是人在实践基础上对感性材料加以抽象的结果,意味着理论逻辑过程的开始。“概念这种东西已经不是事物的现象,不是事物的各个片面,不是它们的外部联系,而是抓着了事物的本质,事物的全体,事物的内部联系了。”③当诸如“社会主义”、“价值”、“价值体系”、“引领”、“融入”和“贯穿”等概念明确建立起来后,就为理论体系向高一级的逻辑形式——判断打下了基础。判断是人们对思维对象有所断定的一种逻辑形式,是由概念组成的,判断通过概念对事物及其属性做出肯定或否定的回答。当诸如“社会主义核心价值体系是社会主义意识形态的本质体现”、“社会主义核心价值体系是兴国之魂”、“民主、文明、自由、平等、公正、法治、敬业、诚信、友善是社会主义核心价值观”等科学判断构建起来,为理论体系向更高一级的逻辑形式——推理打下了基础。推理是由一个或几个判断过渡到新的判断的思维形式,揭示的是判断之间的必然联系。理论的推理形式主要

---

① 恩格斯.:《资本论》英文版序言,《资本论》第1卷,人民出版社1975年版,第34页。

② 李长春:《扎实推进马克思主义理论研究和建设工程　为丰富和发展马克思主义作出新的贡献》,《十六大以来重要文献选编》下册,中央文献出版社2007年版,第888页。

③ 毛泽东:《毛泽东著作选读》上册,人民出版社1986年版,第123页。

是归纳推理和演绎推理两种形式,通过这两种思维形式就能把理论对象的个别与一般、特殊与普遍的内在关系揭示出来。通过逻辑推理厘清社会主义核心价值体现的终极价值(观念)、核心价值(观念)和基础价值(观念)的层次递进关系,明晰其目的价值、手段价值和规范价值的性质规范关系,体现社会主义核心价值体系的逻辑结构合理。社会主义核心价值体系理论的学理性特征明显表现为:价值体系的内容具有客观性和深刻性;价值体系蕴含的思维具有抽象性和逻辑学;价值体系自身具有严密性和系统性。价值体系的内容具有客观性是指社会主义核心价值体系的理论创建必须以中国特色社会主义的建设过程和关系为基础,遵循价值规律和价值的本来面目去说明和阐释,不能主观臆断和无根据的发挥。价值体系的内容具有深刻性是指社会主义核心价值体系的理论创建要透过现象抓住本质,揭示社会主义价值发展变化规律,实现理论彻底。价值体系蕴含的思维具有抽象性是指社会主义核心价值体系理论创建的思维无论是感性具体到思维抽象阶段,还是思维抽象到思维具体阶段都体现抽象思维的特征。价值体系蕴含的思维具有逻辑性是指社会主义核心价值体系的理论创建思维必须遵循一定的规则和程序,社会主义核心价值体系的理论创建思维的逻辑性主要体现为形式逻辑和辩证逻辑的统一,思维的形式逻辑要求社会主义核心价值体系理论构建思维撇开思维的内容,按照理论体系形式的结构把各种判断和推理给予排列,揭示的是理论体系形式上的联系。思维的辩证逻辑要求社会主义核心价值体系理论构建思维从内容和形式的统一中研究思维,揭示思维的内容和形式之间的辩证关系。价值体系自身体系的严密性是指社会主义核心价值体系理论内部各个构成部分和各个构成要素在衔接、过度和转换时符合内在矛盾的发展趋向和必然规律。价值体系自身体系的系统性是指社会主义核心价值体系理论内容和理论思维都体现系统性特征,具体表现为社会主义核心价值体系理论是范畴体系、观点体系和原理体系的统一体,体现出整体性、结构性和层次性的特征。

2.1.2 通俗化建设

社会主义核心价值体系是马克思主义中国化的最新理论成果,从理论形式上看是包括灵魂、主题、精髓和基础在内的逻辑严谨、层次分明、内涵丰富的宏大理论体系;从理论内容上看是社会主义国家人民共同利益和根本价值追求的浓缩和概括;从理论表述语言上看是以抽象、凝练、学术化的语言形式反映的科学理论体系。体现了社会主义核心价值体系作为科学理论应有的广度、深度和表述特色。

但社会主义核心价值体系不是书斋里的学问，而是指导人民群众改变、改造世界的理论；社会主义核心价值体系不全是理论逻辑的推演，更是人民群众实践经验的科学总结。正如列宁所言，反对把马克思主义写成厚厚的书，只向学术界吐露，而应该把深奥的哲学道理变成易懂的知识，做到既准确，又通俗。"我国社会主义者……应该更详细地探讨对俄国历史和现实的马克思主义观点，……进而把这个理论通俗化，把它灌输给工人。"①社会主义核心价值体系源于实践、来自于群众，必须回归实践、回到群众中去，被人民群众所感知、理解、接受、认同，转变为人民群众的自觉追求，才能成为人民群众改造自然和创造美好生活的强大精神武器。"最高限度的马克思主义＝最高限度的通俗化。"②通俗化的含义就是实现理论浅显易懂，适合一般人的水平和需要。为此要求理论由抽象走向具体、由深奥回到通俗，实现理论向其主体要求的回归。因此，推进社会主义核心价值体系的通俗化建设是其理论建设应有路向。理论有自己的形式、内容和表述方法，社会主义核心价值体系理论建设的通俗化主要表现为理论形式简约化建设、理论内容具体化建设和理论表述语言生活化建设三个方面。

1. 社会主义核心价值体系理论形式简约化建设

社会主义核心价值体系理论形式简约化建设是指社会主义核心价值体系从宏大、精深的理论体系形式中走出来，转向与人民群众的思维方式和理论素养水平相适应的精简、平实的理论体系形式。因为理论从体系形式上可分为学理型的理论和实践型的理论，学理型的理论要求理论体系丰满，论证逻辑缜密，从概念、判断到推理到分析论证方法都有严密的逻辑性的体系。古今中外不少思想大家和理论大家在表达其理论时采取学理型的论述形式，以鸿篇巨制的大部头和宏大的体系来表现其深精的思想。如马克思的光辉巨著《资本论》堪称学理型理论的典范，马克思曾表达过他的愿望，要把《资本论》写成"一个艺术的整体"。实践型的理论不追求推理和论证的逻辑关系，往往以谈话、对话、笔记、通信等形式表述相对独立的观点或主张，只有从整体上去考察其思想和观点，才能发现其内在不可分割的联系。比如孔子生前"述而不作"，其弟子们用语录体的形式整理出来的《论语》照样反映了孔子的思想，奠定了儒家学说的基础。老子《道德经》全文不过5000言，却是道家理论之本。马克思的经典名著《关于费尔巴哈的提纲》全文

① 《列宁全集》第1卷，人民出版社1984年版，第284页。

② 《列宁全集》第36卷，人民出版社1985年版，第467页。

共11条,不过1200余字,却是“包含着新世界观的天才萌芽的第一个文件”。①对广大人民群众来说,简单、明了的实践型理论符合其自身的理论修养和理论期待,因此,社会主义核心价值体系理论形式简约化建设是其理论化建设的重要方面。社会主义核心价值体系理论形式简约化建设一方面表现为理论的体系形式简约化建设,另一方面表现为理论的逻辑形式简约化建设。理论的体系形式简约化建设是指理论的体系形式从严密性体系向跳跃性体系转化、由系统性向针对性转化的建设。社会主义核心价值体系理论体系形式从严密性体系向跳跃性体系转化要求理论体系建设不必苛求理论内部各构成部分和构成要素之间的内在统一性,不必追求理论体系在衔接、过渡和转换时必须符合其内在矛盾的发展趋势和必然规律,体系各构成部分之间可以存在一定的断裂和跳跃,从而简化理论体系。如社会主义核心价值体系是包括灵魂、主题、精髓和基础在内的严密的理论体系,若进行一定的理论体系跳跃,着重强调主题、精髓和基础的体系构成,把社会主义核心价值体系的灵魂——马克思主义指导思想作为世界观和方法论渗透在主题、精髓和基础之中,而不必为说明马克思主义指导思想的灵魂作用而刻意作为体系构成的部分(事实上严格讲,马克思主义指导思想就是隐藏在社会主义核心价值体系背后的指导思想)。如此精简社会主义核心价值体系的理论体系其理论主旨反而更加突出。社会主义核心价值体系理论体系形式从系统性体系向针对性体系转化要求理论体系建设不必为追求理论体系的完整而面面俱到,非要把社会主义核心价值体系理论体系建成一个范畴的体系、观点的体系和原理的体系,而是要面向不同的行业和部门建设有针对性的理论体系。如军队作为一个特殊的行业就必须有针对其特色的价值理论体系,革命军队的原则是听党指挥,宗旨是为人民无私奉献,使命是捍卫国家主权、安全和领土完整,职责是爱岗敬业、不怕牺牲,精神是视军人荣誉重于生命,因此当代军人的社会主义核心价值体系的理论体系就要围绕“忠诚于党、热爱人民、报效国家、献身使命、崇尚荣誉”的军人核心价值观来构建,增强社会主义核心价值体系理论体系的针对性。理论的逻辑形式简约化建设是指理论的形式逻辑和辩证逻辑简约化建设,如前文所言,构成理论体系的逻辑主要有形式逻辑和辩证逻辑两种逻辑形式,形式逻辑主要从形式结构上把判断和推理给予排列,不揭示内容上的内在联系,辩证逻辑是在内容和形式的统一中把握范畴和概念的展开和运演关系。因此社会主义核心价值体

① 《马克思恩格斯选集》第4卷,人民出版社1972年版,第208—209页。

系理论的形式逻辑简约化建设就是主要抓住核心概念和范畴之间的推理和排列，而不必为次要概念和范畴着力过多而淡化主题。本文认为社会主义核心价值体系理论的形式逻辑简约化建设就要紧紧围绕价值与行为、承载与传导和内化与外化等关键范畴进行逻辑推理，进而构建其形式逻辑体系。社会主义核心价值体系理论的辩证逻辑简约化建设就是坚持“两点论”中的“重点论”主要把价值体系内容中改革创新的时代精神和价值体系形式中的内化与外化等重要范畴结合起来构建其辩证逻辑体系。

2. 社会主义核心价值体系理论内容具体化建设

社会主义核心价值体系作为科学的理论体系，意味着其理论内容不是零星的肤浅的经验总结，而是对人民的根本利益和长远利益的抽象概括。人民群众对社会主义核心价值体系理论的理解和接受，主要是源于对理论体系所表达内容的感性认识，而理论体系内容感性认识之所以产生，从根本上说是来源于理论体系所表达的具体内容。同时，社会主义核心价值体系理论从理论的性质上看属于人文科学理论，人文科学理论是在社会实践基础上产生的关于人的本质和人类社会发展规律的理论，不仅仅是一种真理性的研究和探索，同时还反映一定的价值观和社会阶级的特殊利益。如果理论的内容不能很好的表达相对具体的利益，人民群众对理论的认同就会大打折扣。又由于“具有优秀精神品质的是少数人，而决定历史结局的却是广大群众。”①被最广大人民群众接受的理论才能在历史发展中发挥作用。因此，社会主义核心价值体系理论通俗化建设的又一表现是理论内容具体化建设。所谓理论内容具体化建设就是指社会主义核心价值体系的理论内容与人民群众的日常生活实践和利益诉求密切结合，使理论内容贴近实际、反映生活、走近群众。基于此，社会主义核心价值体系理论内容具体化建设要在社会主义核心价值体系的基本理论精神指导下因时、因地、因人而改变其理论内容，保证理论内容为人民群众可感受、可知晓、可践行。

社会主义核心价值体系理论内容具体化建设表现如下：一是社会主义核心价值体系理论内容反映、选取人民群众现实生活中普遍关心的热点、疑点和难点问题。“我们时常盲目追随理论和极端的理想，而忘记了现实生活的本来面目。我

① 《列宁选集》第4卷，人民出版社1972年版，第635页。

们需要不断地在反省和吸收、指导和'从生活中学'之间进行调整。"①二是按照生活的逻辑来组织社会主义核心价值体系的理论内容,而不是从理论的逻辑出发来设计。生活逻辑"是隐藏在生活现象之中的内在规定性,是由某些生活要素构成的前后相继的因果链条,简而言之即隐藏在生活现象背后的本质、规律。"②具有直接的感性和现实性。理论逻辑是系统化、理论化的生活逻辑,具有间接性和抽象性。"理论是灰色的,生活之树常青",理论逻辑的相对稳定性和滞后性决定了按照生活的逻辑来组织社会主义核心价值体系的理论内容,而不是从理论的逻辑来决定。按照生活的逻辑来组织社会主义核心价值体系的理论内容就要以理解生活,体验生活为内容具体化的逻辑出发点,遵循"关注生活现实——思考生活问题——反映生活诉求——内化理论知识"的逻辑过程凸显生活逻辑。三是打破社会主义核心价值体系内容的整体布局,有针对性的选取、组织价值体系的局部内容。社会主义核心价值体系是包括指导思想、追求主题、精神要求和道德规范在内的庞大的内容体系,体现了国家纲领体系应有的特点,但若用于指导具体的实践,则显得体系内容整体有余而具体不足,因此需要突破价值体系原有内容布局,有针对性地对建设社会主义核心价值体系的内容。比如社会主义核心价值体系的具体内容可以以国家整体布局层次的形式来体现,党的十八大报告明确提出建设社会主义市场经济、社会主义民主政治、社会主义先进文化、社会主义和谐社会、社会主义生态文明"五位一体"总体布局,并对经济建设、政治建设、文化建设、社会建设、生态文明建设进行了全面部署。因此,社会主义核心价值体系的具体内容可分别围绕"五位一体"的总体布局分层展开建设,从而体现社会主义核心价值体系内容的具体性和针对性。

3. 社会主义核心价值体系表述语言生活化建设

社会主义核心价值体系作为党的十六届六中全会提出的重大创新理论,不仅要以理论的彻底性、系统性彰显自身的理论魅力,而且还要"尽可能地做到通俗易懂"为群众接受、运用。语言是理论的载体和表达工具,因此,社会主义核心价值体系理论化建设的又一任务是把以专业化、学术化的语言体现的价值体系向日常化、口语化的生活语言转化,实现社会主义核心价值体系理论化建设的又一次飞

---

① [加]克里夫·贝克著,詹万生等译:《学会过美好的生活——人的价值世界》,中央编译出版社 1997 年版,第 212 页。

② 林玉忠:《思想政治课凸显生活逻辑课堂教学策略》,《北京教育学院学报》2010 年第 3 期。

跃。社会主义核心价值体系表述语言生活化体现在三个方面;一是表述语言体现生活语言特点;二是表述语言贴近生活用语习惯;三是表述语言使用生活话语。表述语言体现生活语言特点是指社会主义核心价值体系的表述语言从学术语言的严谨、规范为特质的风格中走出来,取而代之以相对随意、直白的生活语言。如社会主义核心价值体系的基础——"八荣八耻"即"坚持以热爱祖国为荣、以危害祖国为耻,以服务人民为荣、以背离人民为耻,以崇尚科学为荣、以愚昧无知为耻,以辛勤劳动为荣、以好逸恶劳为耻,以团结互助为荣、以损人利己为耻,以诚实守信为荣、以见利忘义为耻,以遵纪守法为荣、以违法乱纪为耻,以艰苦奋斗为荣、以骄奢淫逸为耻。"①作为学术语言其学术语言特点非常明显:词语对仗工整,含义对比鲜明,体现了学术语言的形式美、韵律美。但作为学术语言为表达特色的"八荣八耻"表现为八组对比方面,十六句话,共计 112 个字,确实除少数专家、学生能记准确外,广大群众是很难记全的。因此有必要使社会主义核心价值体系表述语言体现生活语言特点,为群众所喜闻乐见。表述语言贴近生活用语习惯是指社会主义核心价值体系的表述语言从学术语言的表述习惯中走出来,贴近群众日常生活用语习惯。群众的日常生活用语习惯常表现为删繁就简、化长为短、祛晦现明,呈现高度的简约性。如中国封建社会"君为臣纲"、"父为子纲"、"夫为妻纲"和"仁、义、礼、智、信"的伦理规范,在群众生活话语习惯中被简化为"三纲五常";社会主义初级阶段的基本路线即:"领导和团结全国各族人民,以经济建设为中心,坚持四项基本原则,坚持改革开放,自力更生,艰苦创业,为把我国建设成为富强、民主、文明、和谐的社会主义现代化国家而奋斗。"②以群众生活话语习惯被简化为"一个中心,两个基本点",就言简意赅,为群众所熟知。社会主义核心价值体系表述语言体现生活用语习惯来实现理论的通俗化。表述语言使用生活话语是指社会主义核心价值体系的表述语言从学术语言的表述中走出来,贴近群众日常生活用语。群众日常生活用语的重要特点是形象、生动和直白。符合群众日常生活用语习惯特点的表述语言往往能够亲近群众,与群众需求产生共鸣。如邓小平同志表述其社会主义改革开放的理论时其所用的语言风格就非常贴近群众的生活用语习惯。老百姓耳熟能详的理论表述如"摸着石头过河"、"黑猫白猫逮住老鼠

---

① 参引熊建生:《思想政治教育内容结构论》,中国社会科学出版社 2012 年版,第 172 页。

② 胡锦涛:《高举中国特色社会主义伟大旗帜　为夺取全面建设小康社会新胜利而奋斗——在中国共产党第十七次全国代表大会上的报告》,《人民日报》2007 年 10 月 25 日第 1 版。

就是好猫"、"发展是硬道理"等符合群众通俗化的生活用语习惯,被人民群众铭记在心,为社会主义改革开放提供强大精神动力。社会主义核心价值体系表述语言体现生活用语,用"老百姓"的话说"老百姓"的理,用通俗易懂的生活话语代替晦涩的学术话语,把高深的学术理论用平实的生活话语"还原"到人民群众中去,"还原"到生活中去。

2.2 社会化建设

"社会化"一词最早是一个人类学的概念,社会化就是"接受文化熏陶"、"使文化代代相传的过程"。① 我国学者费孝通认为:"社会化就是指个人学习知识、技能和规范,取得社会生活的资格,发展自己的社会性的过程。"②后来"社会化"一词被心理学界所运用,美国社会心理学家齐格勒等人认为:"社会化指的是一个过程,通过这一过程人们成为他们所生活的那个社会的一个有特色的和积极主动的社会成员。"③国内学者章志光认为:"社会化通常指个体在社会影响下,通过社会知识的学习和社会经验的获得,形成一定社会所认可的心理—行为模式,成为合格社会成员的过程。"④现在,社会化是人类学、社会学、心理学和教育学等学科的共用术语,只是其含义各有不同。本文借用"社会化"一词意在说明社会主义核心价值体系理论必须走向社会,与社会结合、互动,在"理论化社会"和"社会化理论"的辩证作用中,发挥"社会主义核心价值体系是兴国之魂"的作用。"社会"是一个内涵十分丰富的概念,从不同的角度和侧面可以得出迥异的含义。从存在与意识的哲学角度看,社会由社会存在和社会意识构成;从组织管理学的角度看,社会是由社会组织、社会制度和社会规则等构成;从关系学的角度看社会是共同生活的人们通过各种各样社会关系联合起来的集合;从利益的角度看,社会是指为了共同利益、价值观和目标的人的联盟,如此等等,不一而足。结合社会主义核心价值体系本身具有观念意识和价值理念的特性,我们抽取社会构成中与价值联系密切的方面作为社会主义核心价值体系社会化建设的关节点和突破口。社会主

① 〔美〕威廉·A·哈里兰:《当代人类学》,上海人民出版社 1987 年版,第 247 页。
② 费孝通:《社会学概论》,天津人民出版社 1984 年版,第 54 页。
③ 〔美〕E·齐格勒等:《社会化与个性发展》,北京航空航天大学出版社 1988 年版,第 12 页。
④ 章志光、金盛华:《社会心理学》,人民教育出版社 1996 年版,第 73—74 页。

义核心价值体系作为观念意识的体系,是社会主义意识的集中体现,因此社会主义核心价值体系社会化建设的一个方面是让其融入社会意识,即社会主义核心价值体系社会意识化建设;即社会主义核心价值体系社会制度体现化建设。社会主义核心价值体系作为价值的体系,是社会主义价值理念的集中体现,故社会主义核心价值体系社会化建设的又一方面是让其体现在社会主义社会的制度设计理念中、组织创建规范中和纲领政策制定中,即社会主义核心价值体系社会制度体现化建设。

2.2.1 社会意识化建设

社会意识化建设就是通过建设让社会主义核心价值体系融入社会主义社会的社会意识之中。马克思主义认为社会意识是社会存在在社会精神领域中的反映,是精神现象的总和,包括社会的人的一切意识要素和观念形态。从反映社会存在的程度和层次来看,社会意识包括社会心理和社会意识形式两个层次。社会心理是低水平、低层次的社会意识,形成于日常生活和交往中,其主要特点是自发性、不系统性、不定型性。社会心理常表现为风俗、习惯、感情、成见、信念、愿望和审美情趣等,其常见表现是阶级心理、时代心理、行业心理和民族心理等。社会意识形式是高水平、高层次的社会意识,理论化、系统化是其主要特点,主要表现为艺术、道德、政治法律思想、哲学和宗教等。因此,社会主义核心价值体系社会意识化建设的基础层面就是让社会主义核心价值体系融入社会心理,融汇在人民群众日常的风俗、习惯、感情、成见、信念、愿望和审美情趣中。社会主义核心价值体系社会意识化建设的高级层面就是让社会主义核心价值体系融入社会意识形式,成为艺术、道德、政治法律思想、哲学之中,成为其主导价值思想。

由于社会心理的形成是通过一定的社会心理机制及其作用而实现的,因此社会主义核心价值体系社会心理化建设通过社会心理机制的作用而实现。社会心理形成的社会心理机制主要是由社会需要、社会认知、社会情感、社会态度等一系列社会心理因素及其相互作用所构成的机制,社会主义核心价值体系社会心理化建设就是围绕激发社会价值需用、促进社会价值认知、强化社会价值情感和牢固社会价值态度展开。社会价值需要是指人们对自己生存与发展的各种社会价值需求所形成的一种反映,这些价值需要得到相应的满足是社会主义核心价值体系社会心理化建设的起点。因为“人们奋斗所追求的一切,都同他们的利益有关”,①为此,社会主义核心价值体系社会心理化建设首先是要把社会主义核心价值体系所表达的长远价值利益、整体价值利益分解为近期的、具体的价值利益,以直接现实的价值利益使社会主义核心价值体系融入社会需要。社会价值认知是人们对社会活动或事物的价值所形成的认识、评价或判断,社会价值认知程度如何在很大程度上左右着社会主义核心价值体系社会心理化建设的进程。为此,社会主义核心价值体系建设要赢得现代社会五大群体的认同和支持。一是党政干部群体的支持。广大党政干部高度认同社会主义核心价值体系,认真把社会主义核心价值体系的价值理念贯彻在制定的纲领政策中,并以自身的人格魅力率先垂范自觉践行、宣传社会主义核心价值体系。二是以高校为代表的教育机构和单位。以高校为代表的教育机构和单位是社会主义核心价值体系宣讲的主阵地和主渠道,充分利用其密切联系青年学生群体的优势,以较高的理论阐释力促进群众对社会主义核心价值体系的认知。三是公司企业。公司企业是现代市场经济的主体,是一支拥有众多员工的庞大社会力量,公司企业内部完善的宣传组织系统和企业文化机构是促进社会主义核心价值体系认知重要渠道。四是社会团体。各种社会团体是社会的重要组成部分,发挥着联系不同阶层群众的纽带作用。充分发挥各级文联、科协、侨联、作协、学会、残联、基金会等社会团体在宣传社会主义核心价值体系中的作用,以扩大群众认知。五是媒体。媒体是指传播信息的媒介,通俗说就是宣传的载体或平台。媒体既包括报纸、杂志、广播、电视四大媒体为代表的传统媒体,又包括以 IPTV(交互式网络电视)和电子杂志为代表的现代新兴媒体,媒体在引导舆论、营造影响等方面作用巨大,被称为现代社会中的“第四权力”。社会主义核心价值体系建设要充分发挥媒体的力量促进群众的价值认知。社会价值情感是从人民群众从情感上对社会主义核心价值体系产生肯定、喜爱、赞同、追求和采取积极的态度的内心体验。为此,首先要吸引价值情感关注。要求社会主义核心价值体系的理论宣讲者在宣传过程中对人民群众倾注真情、真爱和真心,以鲜活的事例和确凿的事实表达社会主义核心价值体系表达的价值愿景。再次,强化情感体验。围绕人民群众关心的热点和难点问题,结合社会主义核心价值体系理论,力求做到思想性、知识性、服务性、互动性相结合,使人民群众感受到社会主义核心价值体系理论的亲和力、感染力、影响力,增进人民群众的价

① 《马克思恩格斯全集》第 1 卷,人民出版社 1995 年版,第 187 页。

值情感。社会态度是社会实践中形成的比较稳定的社会心理倾向,积极的社会态度反映出社会主体对有关对象的肯定、支持、接受等心理倾向。一般来说社会态度形成要经历服从(主体主动模仿或被动接受)、同化(主体自愿接受)和内化(成为主体态度体系中的一部分)三个阶段,社会主义核心价值体系建设要遵循社会价值态度的形成规律,在社会主义核心价值体系宣传中充分运用榜样示范和理论灌输相结合的方法,形成良好的服从氛围。同时充分发挥人民群众的积极性和主动性,让人民群众参与到社会主义核心价值体系宣传和建设中去,形成良好的同化氛围,最后形成牢固社会价值态度。通过社会主义核心价值体系社会心理化建设把社会主义核心价值观念融入社会的风俗、习惯、感情和审美情趣等社会心理中。

社会意识形式即社会意识的比较自觉的、定型化的形式,主要包括政治法律思想、道德、文学艺术、宗教、科学和哲学等。社会意识的诸形式以政治法律观点、道德规范、艺术形象、宗教虚幻观念、科学规律、哲学的范畴体系等不同方式反映社会存在,并通过各自的特点对社会存在发生影响。社会主义核心价值体系社会意识形式化建设就是把社会主义核心价值体系的价值观点和价值理念融入政治法律思想、道德、文学艺术等社会意识形式中,成为其指导思想、价值理念或基本内容,并通过政治法律思想、道德、文学艺术等社会意识形式的具体内容反映出来。针对政治法律思想、道德、文学艺术、科学和哲学等社会意识形式的不同特点,社会主义核心价值体系的转化方式也不尽相同。社会主义核心价值体系社会意识形式化的转化方式可分为化为方法、化为观念、化为精神和化为内容几种方式。化为方法是指把社会主义核心价值体系的灵魂——马克思主义指导思想所蕴含的唯物辩证法等方法转化为社会意识形式的指导方法,如科学和哲学等社会意识形式主要靠转化的方法论为指导。化为观念是指把社会主义核心价值体系的核心价值观念——党的十八大报告提出的"自由"、"平等"、"公正"、"法治"等观念转化为社会意识形式的指导观念,如政治法律思想等社会意识形式主要靠转化的价值观念为指导。化为精神是指把社会主义核心价值体系的精髓——以爱国主义为核心的民族精神和以改革创新为核心的时代精神转化为社会意识形式的内在精神,如文学艺术等社会意识形式需要以此作为反映的精神。化为内容是指把社会主义核心价值体系的基础——社会主义荣辱观转化为社会意识形式的具体内容,如道德等社会意识形式需要以此作为建设的内容。

2.2.2 社会制度化建设

社会制度是为了满足人类基本的社会需要，在一定生产方式上建立的具有普遍性、稳定性的社会规范体系。社会制度是社会结构的重要组成部分，是人与人之间关系（尤其是经济利益关系）的反映。依据不同的参照尺度社会制度又可以划分不同层次：一是国家总体层面的社会制度，如资本主义制度、社会主义制度；二是行业领域层面的社会制度，如经济制度、文化制度、教育制度等；三是具体行为程序制度，如不同单位的考勤制度、审批制度等。社会制度存在社会的方方面面，可以毫不夸张地说现代社会完全是制度化的社会。从社会制度的起源和属性上看，社会制度既是人类社会运行发展必然产物又是人参与选择的结果。因此，社会制度具有客观性的同时又具有主观性，是客观与主观的统一体。作为客观性的存在，社会制度的内容和形式在根本上是由社会存在所决定，社会制度一旦确立便相对独立于人而存在，其自身也有演化的规律。作为主观性的产物，社会制度又是属人的，体现了人的价值理念、设计和选择。价值理念决定制度设计理念，"蜜蜂建筑蜂房的本领使人间的许多建筑师感到惭愧。但是，最蹩脚的建筑师从一开始就比最灵巧的蜜蜂高明的地方，是他在用蜂蜡建筑蜂房以前，已经在自己的头脑中把它建成了。"①制度建设亦如此，制度设计理念总是在制度实体化之前而存在于人的头脑之中。"动物的产品直接同它的肉体相联系，而人则自由地对待自己的产品并且懂得怎样处处都把内在的尺度运用到对象上去。"②可见，制度蕴含人的价值观念，具体制度是一定价值观念的外化和具体化。在价值和社会制度的关系中，价值作为一种"观念的力量"，对社会制度产生很大的影响。一是价值影响社会制度的设计理念、建设状况和创新的方向。当社会制度的设计理念、建设状况和创新的方向符合社会主导价值取向时，价值是社会制度的"辩护士"和"推进剂"，促进社会制度建设；当社会制度的设计理念、建设状况和创新的方向不符合社会主导价值取向时，价值就成为旧制度的"卫道士"和新制度的"反对派"，阻碍社会制度建设。二是价值可以证明社会制度及制度变迁的合理性。价值以价值判断的形式在理念上说明社会制度的合理性，甚至给予社会制度运行及制度变迁产生的负面效应做出理由充分的诠释，使人们相信随着社会制度的改革和完

---

① 《马克思恩格斯全集》第23卷，人民出版社，1971年版，第202页。

② 马克思：《1844年经济学哲学手稿》，人民出版社1985年版，第54页。

善,这些问题必将得到缓解或消除。三是价值可以提高社会制度运行的绩效。价值为社会制度“应该如何运行”提供价值观念上的共识,进而减少人们在操控社会制度运行时的“摩擦费用”,节约社会制度运行的成本,提高社会制度运行的绩效。

社会制度反过来对价值产生巨大的作用:一是依靠社会制度价值得到具体体现。依靠社会制度价值才能被体现和被细化、量化,利用社会制度的相对稳定性和可操作性价值才能被操作和体现。二是通过社会制度实现价值的权威化。社会制度具有刚性和强制性的特性,价值以社会制度为载体实现了自己的权威化。由此可见,价值和社会制度相互依赖、彼此促进的关系。社会主义核心价值体系建设任务之一就是必须把社会主义核心价值体系的价值理念体现在社会制度中,利用社会制度促进其建设,充分发挥其在社会建设中的作用。由于社会制度的构成要素主要包括观念(制度产生及施行的合理性根据)、规范(制度的基本内容)、组织(保证社会制度实施的实体)和设备(物质设备和象征设备),因此社会主义核心价值体系制度体现化建设就是把社会主义核心价值体系隐含的价值观念化为社会制度的观念、规范、组织的组建理念,体现在社会制度的观念、规范和组织之中。“制度观念是人们在特定的社会、历史、文化情景中形成的关于制度观念、看法和态度的总和。”①观念为社会制度的创建和运作提供理念支持和精神动力和合理性根据。社会主义核心价值体系制度体现化建设任务之一就是把社会主义核心价值观念贯穿、体现在社会制度的组建理念中,如把“自由”(党的十八大确定的社会主义核心价值观之一)这一价值观念作为社会制度建设的指导理念和社会制度理性成长的基点,以制度保障、促进自由,用自由规约、引导制度建设。规范体现社会制度的基本内容,“它既有调控人们行为、整合社会的功能,又有矫正社会主体行为,使其恢复至适度状态的功能。”②社会主义核心价值体系制度体现化建设的又一任务就是把社会主义核心价值观念融入、体现在社会制度规范中,如把“平等”、“公正”(党的十八大确定的社会主义核心价值观)的价值观念作为社会制度规范建设必须遵循的普遍性原则,就更能体现社会制度的正义。社会主义核心价值体系制度体现化建设的再一任务就是把社会主义核心价值观念体现在社会制度的组织的组建理念中,组织是保证社会制度实施的实体和设备,一项制度从建立到运作,均离不开诸如表达组织、协调组织、整合组织、共识组织、

---

① 杨明伟:《制度及制度建设论略》,《西南民族大学学报》2005 年第 3 期。

② 胡玲芝、王果纯:《社会主义制度文明论略》,《湘潭工学院学报》2000 年第 2 期。

监管组织等组织的支撑，如把“和谐”、“法制”（党的十八大确定的社会主义核心价值观）的价值观念体现在社会制度的要素——组织的组建理念和过程中，以制度理念的形式体现社会主义核心价值体系制度体现化建设。

2.3 个体化建设

“个体化”是一个含义复杂的词汇，被广泛运用于心理学、社会学和教育学等多门学科中。作为心理学概念其原义是个体发展自我独特特性的过程。作为社会学概念“个体化”承载的是个体的解放，即个体从社会属性的确定性中解放出来。作为教育学概念“个体化”是指将社会教育目标、价值观念、道德规范等转化为个体素养的过程。本文借用“个体化”的概念其含义与教育学“个体化”概念的含义类似，含有把外在的观念、规范等化为个体素养的过程，即所谓“内化”。“内化即对象的心理化，实践行为的意识化，实体的主体化，也是心理的对象化。”①通俗讲是说“内化”是一个过程，是外部向内部、客体向主体、社会要求向个体道素养转化的过程。但本文认为个体化不仅包含外在的观念、规范内化为个体素养，还应包含主体把自身的素养化为外在实践行动，即所谓“外化”。“外化”也是一个过程，就是内部向外部、主体向客体、个体素养向社会实践转化的过程。由此可见，个体化是“内化”为素养，“外化”为行为的双向过程的统一。由于社会主义核心价值体系本身具有价值观念的属性，因此社会主义核心价值体系系统建设的应有之意就是把社会主义核心价值体系所蕴含、倡导的价值观念内化为个人的价值观念和价值素养，并创造条件使个体把其价值观念和价值素养外化为实践行为，实现社会主义核心价值体系个体化建设。但“内化”和“外化”只是从理论上说明社会主义核心价值体系个体化建设的路径，还不足以说明社会主义核心价值体系个体化建设如何“可设”、“可建”。为此，本文认为社会主义核心价值体系个体化建设要取得实效，就要着眼于其“内化”的促进机制和“外化”的保障条件。因此，社会主义核心价值体系个体化建设就表现为个体内化机制建设和个体外化条件建设两大方面。

① 冯契主编：《哲学大词典》（修订本），上海辞书出版社2001年版，第1050页。

2.3.1 个体内化机制建设

“机制一词源于希腊文 mechane,意指机器的构造和动作原理。机制的本意是指机器运转过程中各个零部件之间的相互作用、互为因果的联结关系及运转方式。”①《辞海》中的解释是“机器的构造和动作原理”,“阐明一种生物的机制,意味着对它的认识从现象的描述到本质的说明。”②这也仅给出了机制的机械学、医学和生理上的解释。《现代汉语词典》对“机制”一词解释是“机器的构造和工作原理;机体的构造、功能和相互关系;指某些自然现象的物理、化学规律;泛指一个工作系统的组织或部分之间相互作用的过程和方式。”③机制由机械学和生理、医学上的解释向社会管理学进行了引申。由于此词语具有很强的通适性,因此机制一词在自然科学、教育科学、社会科学和管理科学等诸多领域被广泛借用,并赋予相应的含义,主要用于说明各自学科研究对象的各个组成部分的相互作用、运行的原理。如“社会机制指的就是社会现象各部分之间的相互关系及其运行方式。”④“机制是指构成事物有机体的内部各要素、各部分之间的相互联系、相互制约关系及其自行调节的组织形式,它也包含使事物有机体各要素相互适应、相互制约、自行调节的组织能力。”⑤“思想政治教育机制,是指思想政治教育各要素的构成方式、作用方式以及由此产生的思想政治教育活动的整体的运行方式和人们对思想政治教育活动运行的有效调节方式的总称。”⑥可见学界多从事物之间的相互关系和作用方式来界定机制。由于机制是一个移借术语,其确切含义难以全面界定,因此有研究者干脆认为机制是制度化的方法,机制就是带规律性的模式,也不无道理。本文借鉴他人论述的基础上认为,机制是具有事物内在运行机理和外在表现制式含义的复合概念,即机制是事物内在运行机理的外在制式化表现。机制既是一个实体的范畴,又是一个关系的范畴。机制是实体的范畴是指机制必须有构成要素,没有要素机制就无法反映关系。机制是关系的范畴是指机制从横向上看体现了要素之间的相互作用方式,从纵向上看体现了事物机理的运行方

① 张建新:《社会机制的涵义及其特征》,《人文杂志》1991 年第 6 期,第 27 页。

② 《辞海》,上海辞书出版社 1989 年版,第 3270 页。

③ 《现代汉语词典》,商务印书馆 2002 年版,第 582 页。

④ 孙绵涛、康翠萍:《社会机制论》,《南阳师范学院学报》2007 年第 10 期。

⑤ 程宏、李波:《思想政治教育内化机制研究述评》,《西安政治学院学报》2007 年第 3 期。

⑥ 马奇柯,《思想政治教育机制要素及其特性分析》《学校党建与思想教育》2011 年第 2 期。

式。因此考察机制一定要把握两个关键点:一是要素之间的相互作用方式,二是事物机理的运行方式。由此可见,机制是一个包括要素、机理、关系和规则在内的复杂体系。机制具有依存性(依存一定的事物或制度)、内在性(机制的作用发生于事物或制度的内部)和自控性(自动调节的作用)和动态性(机制与过程相联系,体现事物组成部分的相互作用)的特征。需要指出的是,机制和体制是两个不同的概念,体制强调的是与组织结构相关的制度框架,机制着重说明组织结构的运作原理和运行方式,前者是外显的,通过一定的程序性规定表现出来,后者是内隐的,是要素之间的有机联系。机制和制度也存在明显的区分,制度是一种实体性和程序性规范,意在引导、控制和规范人的行为。机制所注重的是制度内各要素的有机结合,是制度运转的动态形式。机制与制度彼此依托,没有机制,制度就成为僵化的教条,没有制度,机制就无法存身。一定的制度意味着与之相一致的机制,不同的制度其机制往往不同。

把机制这一概念引入社会主义核心价值体系个体内化建设意在充分把握社会主义核心价值内化规律的基础上,去考察社会主义核心价值内化应该怎样合理、有效运行。为更好说明社会主义核心价值体系个体内化机制,必须对内化做出科学分析。现代心理学认为人的心理结构由认识、情感、意志、信念和行为五种心理成分所组成,其中认知、情感、意志、信念是内在因素,体现了人的心理活动及其状态,行为则是认的心理活动的外在表现。认知、情感、意志、信念、行为既是人的心理活动的基本表现形式,也构成了人的社会存在的完整系统。因此,社会主义核心价值体系个体内化建设就必须从人的认知、情感、意志、信念这四个内在心理因素入手来探索其个体内化建设。由于内化不仅取决于主体对外在刺激的"同化"和"顺应"(同化是指主体认知结构对外部刺激进行过滤或改变而把它接纳到认知结构中来;顺应是认知结构在同化外部刺激的过程中,自身结构也发生相应的改变),还要受制于外部的作用条件。本文认为以个体内化机制为突破口能很好兼顾个体的内在心理因素活动机理和外在的作用条件,从而促进社会主义核心价值体系个体内化建设。人的认知、情感、意志、信念这四个内在心理因素在个体内化中的作用既有联系又有区别:认知是内化的前提,没有对对象的认知,对象的内化就无从谈起。情感和意志是内化的动力,没有热切的情感倾注和坚定的意志驱动,主体的内化就羸弱无力。信念是内化的状态,对象只有内化为主体内心的信仰和观念,对象内化才取得了一定成效。内化过程是以个体心理活动过程为基础,个体心理活动过程主要包括认识过程、情感过程和意志过程。认识过程是主体通过感知判断、选择动机而确定目的的过程，情感过程是主体动员情绪、调节强度提供动力的过程，意志过程是主体支配体肢、坚持信念执行决定的过程。因此社会主义核心价值体系个体内化机制建设主要体现为促进认知的体认机制建设、提供动力的激发机制建设和体现成效的促信机制建设。

1. 社会主义核心价值体系个体内化体认机制建设

所谓体认机制即是体验、认知机制，就是依据主体认知活动和过程的内在运行机理和外在表现制式而建立起来的具有促进主体认知运动变化的有机建制。体认机制建设就是增设、添加、完善体认机制的构成要素及其组合方式进而促进实现体认功能的实践活动。关于机制的构成界定学界的看法并不一致，“五成分”论者认为机制主要由目标、人、环境、时间和信息五个方面的成分构成；“八成分”论者认为机制主要由主体、目的、动力、环境、控制、方式、程序和保障八个方面构成。这两种机制构成论尽管深入探讨了机制的构成成分，为本文的研究提供了借鉴，但也有明显不足：“五成分”论把目标和时间列为机制的成分不妥之处是目标是机制功能的体现，把一个尚未实现的目的划为机制的成分非常牵强。同样时间体现的是机制运行的持续性，把时间定为机制的成分也说不过去。“八成分”论的八个成分说不够简练，如控制、程序和保障等有重复交叉的一面。本文认为机制的构成主要有四个部分：要素、机理、关系和规则。要素是组成机制的基本单元，表征了机制的实体性存在。机理体现事物内部的工作原理，是机制设立存在的重要依据。关系是事物之间相互作用、相互影响的状态，是机制所依赖事物运行机理的运行方式和其要素之间的作用方式。规则是具有规范性和约束性的制度、章程、规范条例和系统性决策程序，机制的有机联系需要通过规则来安排和固定。机制建设就是以要素、机理、关系和规则四个方面为建设依据。

社会主义核心价值体系个体体认机制建设同样以要素、机理、关系和规则为建设依据。由于社会主义核心价值体系个体体认机制的要素——主体（人民群众）、客体（社会主义核心价值体系）和手段（体认的工具或方式）在社会主义核心价值体系体认过程中已经存在；个体体认机制的机理——认知是主体对客体反映、选择、整合和理解的过程，是信息被获取、加工、存储和使用的过程，这些都是客观存在的规律。因此，体认机制的要素和机理是体认机制利用和作用的对象，不是体认机制改变的对象。而体认机制的要素——关系和规则是可以改变和优化的，故社会主义核心价值体系个体体认机制建设就着重体现在要素关系建设和体认规则建设两个方面。从主体角度来看，认知是主体对客体反映、选择、整合和理解的过程,从客体角度来说,认知是信息被获取、加工、存储和使用的过程。因此认知过程的横向要素关系主要体现在主客体之间的反映——获取关系、选择——加工关系和整合——储存关系。从认知机理上看,认知过程表现为主客体之间的"同化"——"顺应"关系。因此,社会主义核心价值体系个体体认机制关系建设就表现为反映——获取关系、选择——加工关系、整合——储存关系和"同化"——"顺应"四种关系建设。要促进反映——获取关系建设就要加强社会主义核心价值体系信息覆盖建设和社会主义核心价值体系情景体验建设,以促进充分反映和快速获取社会主义核心价值体系信息。促进主体价值选择能力建设和社会主义核心价值体系具体化建设来强化选择——加工关系建设;促进主体价值驾驭能力建设和社会主义核心价值体系通俗化建设来强化整合——储存关系建设;促进主体认知图式建设和社会主义核心价值体系大众化建设来强化"同化"——"顺应"关系建设。由于规则的三要素是假定条件、行为模式和后果,因此社会主义核心价值体系个体体认机制规则建设就表现为科学论证体认假定条件、正确判断体认行为模式和合理设计预期体认后果几个方面。

2. 社会主义核心价值体系个体内化激发机制建设

社会主义核心价值体系个体内化建设就是遵循人的认知、情感、意志、信念这四个内在心理因素来探索建设过程。从心理学上看,"情感是人对客观事物是否满足自己的需要而产生的态度体验",情感是一种主观体验,属于主观意识范畴。但"符合人的需要"是事物的一种客观存在,情感又有不以人的意志为转移的客观内容。情感的作用概括而言主要表现在三个方面:一是情感是人适应生存的心理工具;二是能激发心理活动和行为的动机;三是主体心理活动的组织者。情感在主体内化中起着非常重要的作用。列宁也强调:"没有人的情感,就从来没有也不可能有对于真理的追求。"①因此,社会主义核心价值体系个体内化建设就必须重视情感的作用,个体情感激发机制建设在社会主义核心价值体系个体内化建设中就显得非常关键。机制是一个包括要素、机理、关系和规则在内的复杂体系,社会主义核心价值体系个体情感激发机制建设就表现为在遵循情感激发机理的基础上的优化要素、建构关系和创设规则三个方面。情感激发机制的要素是激发对象(主体情感)、激发源(社会主义核心价值体系的内容及其蕴含价值)和激发手段(激发情感的方式、方法等),因此激发机制要素优化在激发对象上表现为培养主

① 《列宁全集》第25卷,人民出版社1988年版,第117页。

体价值情感,提高主体情感应激敏锐性;激发机制要素优化在激发源上表现为提高社会主义核心价值体系的适激性;激发机制要素优化在激发手段上表现为创新、优化激发手段。由于主体的情感对刺激的反应从程度上看有强烈情感和一般情感之分,从快慢上看有速效情感和舒缓情感之别,从反应效果来看,有正向情感与负向情感的差异。因此,社会主义核心价值体系个体情感激发就要考虑情感激发的强度、速度和效度。培养主体价值情感,提高主体情感应激敏锐性主要体现在情感激发的强度、速度和效度三个方面。事实上,现代心理学认为,情感激发的客观前提是主体需要,情感激发的条件是激发源与主体情感共鸣,情感激发的要求是激发目标清晰明了。以满足主体需要实现情感激发强度,以达到主体情感共鸣提高情感激发速度,以目标要求清晰明了达到情感激发的效度。为此提高主体情感应激敏锐性的就要激发主体对社会主义核心价值体系的价值需要,而激发价值需要的方法是把社会主义核心价值体系蕴含的目的价值、手段价值、操作价值和规范价值等清楚区分,以不同性质的具体价值来满足人民群众不同价值需要,以提高情感激发强度。同时提高主体情感应激敏锐性的就要促进激发源(社会主义核心价值体系)与主体情感共鸣,要求实现社会主义核心价值体系内容具体化、形式通俗化,以大众化的样貌与主体情感产生共鸣,以提高情感激发速度。最后提高主体情感应激敏锐性的就要科学设计社会主义核心价值体系情感激发目标,正确处理现实情感和期望情感的关系,以提高情感激发的效度。

社会主义核心价值体系个体情感激发机制建设的又一方面是建构关系,就是在情感激发机制所依赖的情感运行机理的基础上建构、理顺其要素之间的相互作用方式。情感是包括主体体验、生理唤醒和行为表现的一种评价反应,感受——理解——体验——反应是情感激发的运行机理。因此刺激——反应关系是情感激发过程中最基本的关系,社会主义核心价值体系个体情感激发机制建设中的关系构建就为优化、创建刺激——反应关系的条件。一是创建促使刺激——反应关系发生的条件,二是简化刺激——反应关系发生的中间环节。为此要求加大社会主义核心价值体系的宣传力度,广泛动用报纸、广播、互联网等各种媒体,使社会主义核心价值体系理论贴近群众、贴近生活、贴近实际,为刺激——反应关系的发生创造条件。同时简化刺激——反应关系发生的中间环节,就是把满足群众价值需要和实现群众价值利益作为社会主义核心价值体系刺激——反应关系发生的中心环节,依次为参照标准简化不必要的环节,从而简化社会主义核心价值体系刺激——反应关系,以促进情感激发。社会主义核心价值体系个体情感激发机制建设的再一方面是规则建设。就是在情感激发产生、运行机理的基础上创建规章和规范。

3. 社会主义核心价值体系个体内化促进机制建设

在个体认知、情感、意志和信念的内化过程中,认知、情感与意志是个体心理活动的三种基本形式。认知主要是关于"是如何"的认识,情感主要是关于"应如何"的认识,意志主要是关于"怎么办"的认识。分别反映了主体与客体三种基本关系,即事实关系、价值关系和行为关系。意志是人有意识、有目的、有计划地调节和支配自己行为的心理过程,对主体内部心理活动有发动、坚持和制止、改变等方面的调控作用。意志包括感性意志与理性意志两个方面,社会主义核心价值体系个体内化过程中的意志主要指理性意志,即是指主体用以承受理性刺激的意志,它反映了人在实践活动中对于第二信号系统刺激(语言文字形式的抽象刺激)的克制能力和兴奋能力。社会主义核心价值体系个体内化建设在经历了认知体验和情感激发阶段后,就进入了意志促进和信念形成的阶段,本阶段的任务是经过意志促进主体前期认知和情感形成信念,从而完成个体内化的整个过程。因此,社会主义核心价值体系个体内化建设的最后一个任务是个体内化促进机制建设。由于机制是包括要素、机理、关系和规则的复杂体系,社会主义核心价值体系个体内化促进机制建设就是在依照主体意志作用机理的基础上优化要素、建构关系和创设规则三个方面。个体内化促进机制的要素是个体意志、外在促进要求和促进手段,优化要素就意味着强化个体意志、科学设定外在促进要求和创新、优化促进手段。个体意志系统的基本要素是态度、内驱力和动机,强化个体意志就是端正主体态度,增强主体内驱力和激发动机。态度是人们在自身道德观和价值观基础上对人或事物的评价和行为倾向,态度由主体的感受、情感和意向构成。因此社会主义核心价值体系个体内化促进机制建设在强化个体意志方面就要加强社会主义核心价值体系大众化建设来增强群众对价值体系的感受,以满足群众对社会主义核心价值体系的价值需求和价值利益的实现来增强群众对价值体系的情感,以加强中国特色社会主义共同理想教育来引领人民群众的意向。现代心理学认为意志过程总体上看包括决定阶段和执行阶段两个阶段;意志活动的运行程序大致可分为确立价值目标、设计整体规划、制订实施细则、落实具体行为和修正意志动力五个方面。基于以上意志过程机理,我们可以看出个体内化促进机制要建立的关系主要是选择——确定关系和控制——执行关系。因此,社会主义核心价值体系个体内化促进机制建设的关系建设就是优化、精简选择——确定关系和控制——执行关系的环节,促进选择——确定关系和控制——执行关系的高效互动。社会主义核心价值体系个体内化促进机制建设的规则建设就是围绕以上两种主要关系建立相应规章和规范。

2.3.2 个体外化条件建设

"道不可坐论,德不可空谈"。社会主义核心价值体系的内容和观念不仅要通过主体的认知、情感、意志、信念等心理活动和过程的作用使其"内化于心"——成为主体的意识和观念,还要"外化于行"——社会主义核心价值观要外化为主体的自觉行动,成为主体的行为习惯。社会主义核心价值体系的内容和观念通过"内化于心"和"外化于行"的双向互动过程才完成了完整的个体化过程,成为主体稳固的思想心理素养和行为表现习惯。因此,社会主义核心价值体系个体外化条件建设是其个体化建设的阶段和关键环节。由于社会主义核心价值体系是社会主义国家倡导的主导价值,反映的是社会主义的价值理念和价值追求,具有理想性、崇高性和超越性的特性,不能完全依靠个体的自发外化,要加强引导来促进外化。同时,社会主义核心价值是社会主义国家价值的充分体现,具有鲜明的社会性和规范性,个体观念要外化为社会规范的行为,必须有可靠的外部保障条件。又由于社会主义核心价值由内在的观念外化为主体行为和习惯是一个复杂的转化过程,不仅受个体内化程度(内化有自觉性内化,随意性内化和虚假性内化之分)的影响,还受到各种外部因素(舆论环境、社会风尚等)的制约,还需要对社会主义核心价值观念外化提供促进动力。因此,引导条件、保障条件和促进条件是社会主义核心价值体系个体外化条件建设的三个重要方面。

1. 社会主义核心价值体系个体外化引导条件建设

所谓引导条件是指对引导对象产生引发、督导作用的一切外在因素。社会主义核心价值体系个体外化引导条件指对个体外化产生引发、督导作用的一切外在因素。由于社会主义核心价值体系是具有理想性和超越性的国家主导价值,因此其引导必然打上政府和社会的烙印。"任何社会要使其主流价值理念得到广泛认同并保持稳定性、持续性,都必须通过国家的法律法规和方针政策对核心价值的基本精神加以规约和体现。"①社会主义核心价值体系个体外化引导必须有政策

① 潘玉腾、陈赵阳:《推进社会主义核心价值体系大众化的路径选择》,《福建师范大学学报哲学社会科学版》2009 年第 1 期。

的支持和保证。社会舆论是社会群体或集团的人们按某种大致相同的利益和愿望,对客观事物或现象进行的价值评估。社会舆论以价值判断和道德评价的方式影响和约束社会成员,促使个体从他律走向自律。本文认为社会主义核心价值体系个体外化引导主要是政府政策引导和社会舆论引导,社会主义核心价值体系个体外化引导条件建设表现为制定、完善引导社会主义核心价值体系个体外化的政策和创建、优化引导社会主义核心价值体系个体外化的舆论环境,即政策引导条件建设和舆论引导条件建设。

政策是"国家政权机关、政党组织和其他社会政治集团为了实现自己所代表的阶级、阶层的利益与意志,以权威形式标准化地规定在一定的历史时期内,应该达到的奋斗目标、遵循的行动原则、完成的明确任务、实行的工作方式、采取的一般步骤和具体措施。"①政策的从实质上看是阶级利益的观念化、主体化和实践化的反映。政策具有阶级性、时效性和表述性的特点,阶级性是说在阶级社会中政策只代表特定阶级的利益,时效性是说政策是在特定的时间条件下推行的措施,表述性是说政策不是物质实体而是语言和文字等符号表达的观念和信息。因此,良好政策的重要标准就是阶级立场鲜明、时效要求显著和信息表达清楚。社会主义核心价值体系个体外化引导条件建设中政策引导条件建设就要求各级国家政权机关、政党组织和其他社会政治团体制定引导政策时全面贯彻社会主义核心价值体系的理念和要求,充分代表最广大人民的根本价值利益。以建设和谐社会、引领多元社会思潮为契机加强政策建设;以条文逻辑明晰、表述清楚为标准加强政策形式建设。为社会主义核心价值体系个体外化引导条件建设创造良好的政策引导条件。

"所谓社会舆论,就是针对特定的现实客体,一定范围内的'多数人'基于一定的需要和利益,通过言语、非言语形式公开表达的态度、意见、要求、情绪,通过一定的传播途径,进行交流、碰撞、感染、整合而成的具有强烈实践意向的表层集合意识,是'多数人'整体知觉和共同意志的外化。"②社会舆论从实质上看是社会意识形态的特殊表现形式,常反映一定阶级、阶层的利益、愿望和要求,精神内核是群体意识,其现象外观是议论形态。社会舆论具有公开性、指向性、评价性等静态

---

① 转引杨浩:《阳光体育运动:由政策推动到自觉参与》,《体育科技文献通报》2011 年第 6 期。

② 阮云志:《社会舆论概念的舛误与正解》,《新西部》(下半月)2008 年第 6 期。

特征和自发性、流动性和实践意向性等动态特征。社会舆论是一种普遍的、隐蔽的强制力量,常常是在潜移默化中对个体产生影响。社会舆论的对个体的强制作用常表现为"意见制裁"——有教养的人可能尽量设法避免因意见不同所带来的社会污名;"交往制裁"——作为舆论对象的冒犯者失去外界的朋友和习惯了的社会关怀;"暴力制裁"——即"实际存在的肉体制裁"。当然,"这种惩罚在文明社会已经移交司法机关"。① 事实上社会舆论的对社会的影响也很大,社会舆论既可促进社会的稳定和发展,又可影响政治的稳定和政权的巩固。所以党的十六届四中全会把"牢牢把握舆论导向,正确引导社会舆论"作为党不断提高建设社会主义先进文化能力的重要内容,强调要"坚持党管媒体的原则,增强引导舆论的本领,掌握舆论工作的主动权"。因此,社会主义核心价值体系个体外化引导条件建设的又一重要方面是社会舆论引导条件建设,为此要优化引导社会主义核心价值体系的社会舆论环境。社会舆论环境建设主要加强以主流媒体为主导的"媒体舆论场"和以人民群众口耳相传的"口头舆论场"的建设。"媒体舆论场"建设就是以事实求是的科学态度增强人民群众对主流媒体的信赖和依靠程度,充分发挥报纸、杂志、广播、电视和互联网等新旧媒体的在宣传社会主义核心价值体系中的作用,形成良好的舆论氛围。同时重视对"口头舆论"的引导工作,形成良好的传播社会主义核心价值体系的口头舆论氛围。

2. 社会主义核心价值体系个体外化保障条件建设

社会主义核心价值体系个体外化保障条件是保障和促进主体把内化的观念意识外化为行为和行为习惯的外在因素,由于社会主义核心价值体系个体外化是个体先进观念意识转化为实际行动并产生预期结果的过程,决定了其保障条件必须具有促进观念向行为转化的特性。从社会条件的宏观构成上看,社会条件由物质条件、精神条件和制度条件构成。物质条件是人类社会赖以存在和发展的物质要素总和,主要包括地理环境、人口和社会物质资料的生产方式。精神条件是人们在改造世界的社会实践活动中通过人脑产生的观念、思想等精神要素的总和,主要包括思想、观念和社会意识等。制度条件是社会现有的各种行政法规、章程、制度和公约等规范的总和,主要包括法律、法规等正式制度和风俗、习惯等非正式制度。这三种社会条件在社会的发展中作用不尽相同,物质条件是基础条件,为人类社会赖以生存和发展提供基础;精神条件是动力条件,为人类社会不断前进

① 陈丽影:《论社会舆论》,《广东行政学院学报》2005 年第 1 期。

提供不竭动力;制度条件是保障条件,为人类社会物质文明建设和精神文明建设提供规范保障。制度条件是保障条件究其原因是由制度的特性和功能决定的,由于制度在本质上是一种社会历史性存在,是建构、调节、控制社会活动的规则系统,决定了制度具有群体性(不仅要求个体遵守,群体也必须遵守)、具体性(制度具有具体的方式、方法和运行程序)、稳定性(一经形成,便会在相当长的时间内保持不变)和强制性(一经制定,相应个体必须执行),正是由于制度具有以上特性又决定了制度具有确定界限的功能,"制度是社会游戏(博弈)的规则,是人们创造的、用以限制人们相互交流行为的框架。"①制度具有形成秩序的功能,正如布罗姆利所言:"没有社会秩序,一个社会就不可能运转。制度安排或工作规则形成了社会秩序,并使它运转和生存。"②制度具有提供预期的功能,制度以其明确规则的形式,使个体对其行为结果做出预先判断。制度具有营造环境的功能,制度以其稳定性、规范性和强制性的特性营造一个使个体认同制度、接受制度规约的社会心理环境。正是制度具有以上独到的性质和功能,邓小平同志才着重强调:"制度问题更带有根本性、全局性、稳定性和长期性"、"制度是决定因素",强调"要从制度方面解决问题"。③ 因此社会主义核心价值体系个体外化保障条件建设主要是促进个体外化的制度条件建设。由于制度从表现形式和约束力上看可分为正式制度和非正式制度,正式制度是以一定明确形式被确定下来并且由行为人所在的组织进行监督和用强制力保证实施的规范,如各种成文的法律、法规、政策、规章、契约等。非正式制度是不成文的规范,包括价值信念、伦理规范、道德观念、风俗习惯等。为此社会主义核心价值体系个体外化制度建设就是加强社会主义核心价值体系个体外化的各种正式制度和非正式制度建设。其建设要求是同时实现"两个转化":制度价值化和价值制度化。一方面在制定完善正式制度和非正式制度时要以社会主义核心价值体系蕴含的价值理念和价值要求为参照,体现社会主义核心价值的要求和原则,即实现制度价值化。另一方面把社会主义核心价值体系包含的价值规范制度化,即实现价值制度化。通过以上"两化"建设,以制度规范、约束、强制的形式为社会主义核心价值体系个体外化提供制度保障。

---

① 北京大学中国经济研究中心:《经济学与中国改革》,上海人民出版社 1995 年版,第 2 页。

② [美]布罗姆利:《经济利益与经济制度》,上海三联书店 1996 年版,第 55 页。

③ 《邓小平文选》第 2 卷,人民出版社 1994 年版,第 308、333、348 页。

3. 社会主义核心价值体系个体外化促进条件建设

正如上文所言,机制是依据事物内在运行机理和外在表现制式而建立起来的具有促进事物运动变化的有机建制,动态性是机制的重要属性,激励功能是机制的重要功能。因此,社会主义核心价值体系个体外化促进条件建设主要是个体外化促进机制建设。由于人具有自然人和社会人的双重身份,要促使个体把内化的社会主义核心价值观念外化为自身的行为和行为习惯,就必须从个体促进动因和社会促进动因两个方面着手。就个体而言,促使个体把内化的社会主义核心价值观念外化为自身的行为和行为习惯的动因莫过于利益的引导和促进,因为"人们奋斗所争取的一切,都同他们的利益有关。"①"把人与社会连接起来的唯一纽带是天然必然性,是需要和私人利益"。② 对利益的追求,形成人们的动机,成为推动人们活动的动因。因此,从个体角度看,社会主义核心价值体系个体外化促进机制建设主要是利益引导机制建设。就社会而言,舆论在"第四权力"——新闻传播媒体的推动下,在社会生活中起着越来越重要的作用,马克思称舆论是一种"普遍的、无形的和强制的力量"。恩格斯在谈到德国资产阶级影响德国当权者的决策时认为资产阶级"在德国是假借'社会舆论',间接地掌握着国家政权"。③ 社会舆论的形成,有两个相反相成的过程。一是来源于群众自发,二是来源于有目的引导。因此,从社会角度看,社会主义核心价值体系个体外化促进机制建设主要是舆论引导机制建设。

1. 社会主义核心价值体系个体外化利益引导机制建设

机制是包括要素、机理、关系和规则的复杂体系,机理是机制运行的内在原理,不需要人为去做太多改变,因此,社会主义核心价值体系外化利益引导机制建设从要素建设的角度上看就是在依照利益引导机理的基础上优化利益引导机制的要素、建构利益引导机制的关系和创设利益引导机制的规则三个方面。社会主义核心价值体系个体外化利益引导机制的要素是利益引导主体、利益引导客体和利益引导的手段,优化利益引导机制的要素就是不断提高利益引导主体——利益引导政策制定者的政策制定水平,不断提高利益引导客体——人民群众的利益追求素养,不断改进利益引导的手段——政策手段和法规手段等。由于个体外化利

---

① 《马克思恩格斯全集》第 1 卷,人民出版社 1956 年版,第 82 页。

② 《马克思恩格斯全集》第 1 卷,人民出版社 1956 年版,第 439 页。

③ 转引陈力丹:《马克思恩格斯论舆论的力量和对舆论的控制》,《新闻研究资料》1993 年第 3 期。

益引导机理和过程是利益引导主体遵循一定的利益引导规律,借助利益引导手段来影响和改变利益引导客体的利益选择和利益追求行为,从而实现利益主体对利益客体的利益选择要求。因此个体外化利益引导的关系主要是引导——受导的关系,社会主义核心价值体系个体外化利益引导机制的关系建设就是优化和精简引导——受导的过程和中间环节,促进引导——受导关系的良性互动。

2. 社会主义核心价值体系个体外化舆论引导机制建设

舆论引导机制是指在依照舆论引导的机理和其外在表现制式而建立起来的具有促进舆论引导过程和效果的有机建制。社会主义核心价值体系外化舆论引导机制建设同样从要素建设的角度上看就是在依照舆论引导机理的基础上优化舆论引导机制的要素、建构舆论引导机制的关系和创设舆论引导机制的规则三个方面。社会主义核心价值体系个体外化舆论引导机制的要素包括舆论引导的主体——各级领导干部(高位主体)和新闻工作者或传播者(本位主体);舆论引导的对象——社会公众;舆论引导的内容——社会主义核心价值体系理论倡导的行为要求;舆论引导的手段——书报杂志、广播、电视、互联网等传播媒介。因此。社会主义核心价值体系个体外化舆论引导机制的要素建设就体现为提高舆论引导的主体引导水平和素养。高位主体是舆论引导的决策者和组织者、管理者,他们一般不直接从事引导活动,主要从宏观上对舆论引导进行调控、监督和管理。本位主体是舆论引导中利用媒介进行传播的人员,他们直接向引导客体进行引导活动。因此,针对舆论引导的高位主体主要提高其决策和管理的水平和素养,针对舆论引导的本位主体主要提高其贯彻决策精神和运用媒体进行舆论引导的能力。舆论引导的内容建设主要是实现社会主义核心价值体系理论的具体化和通俗化建设,使其便于被舆论引导。提高舆论引导对象即社会公众的价值鉴别力和舆论接受力。优化书报杂志、广播、电视、互联网等传播媒介,创新舆论引导手段。由于舆论引导要遵循和经过舆情收集、分析、传播、监督等一系列的步骤和程序,因此,社会主义核心价值体系个体外化舆论引导机制建设还要兼顾舆情收集和分析机制、舆论引导传播机制、舆论引导的应急机制、舆论引导的监督机制等子机制的建设。

3. 社会主义核心价值体系系统建设的域分

社会主义核心价值体系建设是一项复杂的系统工程,领域划分是其建设的一个重要前提。但系统建设与建设系统不同,系统建设不是去详尽分析具体建设系统的要素及其之间的相互作用,而是以系统论的理念为指导,以系统思维和工程思维作为思考问题的主要思维方式,在全面分析社会主义核心价值体系建设的内在要素系统和其建设的外在条件系统的基础上,遵循可行与可建的原则,进行社会主义核心价值体系的不同部分和层面的建设,以发挥社会主义核心价值体系的应有功能。从建设这一实践活动的内在要素来看,社会主义核心价值体系建设的要素系统主要包括主体、客体和手段三大要素。由于手段是具体实践过程中主体作用于客体的中介,本章的旨趣不是站在微观分析的角度考察主体如何运用手段作用于客体这一实践活动过程,而是超然于具体实践活动之外,以联系的眼光来看待社会主义核心价值体系的不同建设方面,因此本文把手段放在系统建设的视野之外。需要说明的是,客体是站在主客二分的角度而言的,是以主体为参照来命名主体作用的对象,本文以社会主义核心价值体系为参照和着眼对象,故涉及社会主义核心价值体系自身的建设本文不用客体而用本体。从建设的外部条件系统来看,社会主义核心价值体系既是价值观念又是理论体系,更是意识形态。作为价值观念必须有体现社会主义核心价值的法律、制度等承载条件;作为理论体系,必须有宣扬传播理论的媒介、部门等传导条件;作为意识形态,必须有适合其存在的社会心理政治文化等环境条件。综合以上因素,可以看出社会主义核心价值体系系统建设的域分主要包括主体建设、本体建设、载体建设、导体建设和环体建设几大领域,限于篇幅和论证需要,本文重点选取主体建设、本体建设和载体建设作为研究领域。

3.1 社会主义核心价值体系主体建设

主体是一个多义词,作为哲学名词、法学用语、计算机用语、化学术语、摄影术语、主体纪年等被广泛应用。苏联《大百科全书》认为:“主体(源于拉丁语 Subjectus 一放在下面的,作为基础的,由 Sub 一在下面和 jacio 一投下,奠基构成)是指对象实践活动和认识的承担着(个人或社会集团),是以客体为目标的能动性的根源。”①在《辞海》中主体有三种释意:一是指事物的主要部分;二是在哲学上同客体相对,构成认识论的一对基本范畴,主体指认识者(人),客体指作为主体认识对象或实践对象的客观事物;三是法律关系主体的简称。《现代汉语字典》的主体解释是:一是指事物的主要部分;二是哲学上指有认识和实践能力的人;三是法律上指依法享有权利和承担义务的自然人、法人或国家。由此可见,主体可以是人,也可以是物,也可以是关系体。

作为哲学用语,主体概念由来已久。在哲学史上,不同的哲学流派对主体的理解不尽相同。从哲学发展的历史轨迹来看,哲学发展的重心经历古代的本体论、近代的认识论、现代的实践论和价值论的发展脉络。蒙昧时代哲学倾向一种追本溯源式的本体追问,此时主体就有世界本原的含义,古今中外概莫能外。如古希腊哲学家认为“水”“火”“数”等是构成世界的主体,中国古代哲学家认为“气”“道”“阴阳”等是万物的主体。近代随着人类文明的进步尤其是以西方科学技术的发展为深入认识事物提供了可能,哲学本体论的抽象玄思被现代认识论所替代,主客二分的认识论方法成为主流。认识论上又有唯心主义认识论和唯物主义反映论两种基本的认识理论,因而也就有两种基本的主体理论。唯心主义认为最终认识世界不能是现实的人,而是一种“精神”、“理念”或“感觉”,表现为主观唯心主义把人的精神(感觉、思想等)看作是认识主体,而客观唯心主义则把所谓客观精神(理念、绝对精神等)看作是认识主体。所以在费希特那里是指“自我意识”,在黑格尔那里是“绝对观念”。旧唯物主义未能从“现实的人”和“感性的人”出发,在实践中和社会中理解人,因此其认识的主体在费尔巴哈那里是指的“生物

① 转引田祚雄:《世纪之交思想政治教育主体素质的反思与前瞻》,《湖北师范学院学报》2000 年第 2 期。

人”。辩证唯物主义以科学的实践观为基础,在扬弃前人关于主体的思想后,马克思指出:“主体是人,客体是自然。”①作为马克思主义哲学范畴的主体,“是指有目的、有意识地从事实践活动和认识活动的人。”②马克思主义主体论强调主体的本质和特点要从主客体关系角度来理解,要从人在对象性活动中体现出来的主观性、能动性和创造性来把握其内涵。由此可见哲学上的主体经历了物或抽象概念→感觉或精神→自然人→对象性实践活动的人的嬗变。当然“并不是任何人都可以成为主体的,只有具有自我意识、实际从事社会性认识活动和实践活动的人才成其为主体。”③因此,“主体是人”,并不是从人的一般性规定而言的,而是从人的对象性实践活动中来理解的。故“主体是指具有思维能力、从事社会实践和认识活动的人”④但“人”也是一个内涵丰富的字眼,在不同的语境下可指“个体人”、群体人“、“社会人”和“人类人”。因此,现代语境中主体就可以为一个个体概念,也可以为一个群体概念,甚至可以作为一个类的概念而存在。主体最大的特性就是主体性,“主体性本质上是主体在与客体的关系中所呈现的能动性”。⑤ 实践性和意识性是主体性的突出体现,主体的实践性具体表现为主体能动性的自为性、创造性和超越性。主体的意识性主要表现为主体的自主意识、进取意识、自审意识和使命意识。需要说明的是在实际运用中主体经常处于“匿名”状态或“遮蔽”状态,也造成了主体的误用和泛化。学界常见的错误是政党主体论、政府主体论。政党主体论和政府主体论即将中国共产党和各级政府作为各种活动的主体。如“党和政府既是马克思主义本土化的理论主体也是马克思主义中国化的实践主体”,“党是把马克思主义基本原理与中国具体实际相结合的学习者应用者、实践者、改造者”等诸如此类的提法。事实上,主体是有目的、有意识、自觉能动地认识客体,主体最大的特性是具有主体性,即具有意识性和实践性。党团、政府等组织很难表达其主动性和主体意识,其宗旨体现的多为应然性的选择或者倾向,而很难较为实然地展现主体性。因此,主体应该是人或人的群体而不是组织。社会主义核心价值体系建设不是单一个体所能完成的,其建设主体必须是群体主体。在

---

① 《马克思恩格斯选集》第2卷,人民出版社1972年版,第88页。

② 齐振海、袁贵仁主编:《哲学中的主体和客体问题》,中国人民大学出版社1992年版,第91页。

③ 《中国小百科全书》(第七卷,(一)哲学),人民出版社1999年版,第94页。

④ 本书编写组:《马克思主义基本原理概论》,高等教育出版社2008年版,第56页。

⑤ 李为善、刘奔:《主体性和哲学基本问题》,中央文献出版社2002年版,第12页。

社会主义核心价值体系系统建设的实践活动中,主体是建设任务的发起者,具体建设操作的实施者,建设结果的受益者,主体素质如何,主体的主体性发挥程度直接影响社会主义核心价值体系系统建设,因此,加强主体建设是社会主义核心价值体系系统建设的重要领域。

依据不同主体在社会主义核心价值体系理论创建、理论宣传、政策贯彻和价值理念践行等环节的不同分工和作用,本文把社会主义核心价值体系的建设主体划分为理论创建主体、理论宣传主体、政策执行主体和价值践行主体。社会主义核心价值体系主体建设也相应分为理论创建主体建设、理论宣传主体建设、政策执行主体建设和价值践行主体建设。限于篇幅和论证的需要,本文集中探究最能体现不同主体特性和最需建设的方面,为此,把提高理论创建力、增强真理阐释力、强化政策执行力和培养价值践行力作为相应主体建设的主要方面。

3.1.1 提高理论创建力

社会主义核心价值体系的理论创建主体是从事理论创建工作的专家学者群体,专家学者群体以其深厚的理论素养、强烈的历史使命感和责任心担负起社会主义核心价值体系理论创建的任务,理论创建主体自身的素质水准直接影响社会主义核心价值体系理论建设的科学性和价值性。从理论的来源上看,理论的形成主要有两种基本途径,一是以理性思维的方式对具体感性经验和事实进行概括总结,使之抽象化、系统化,完成由感性认识到理性认识的飞跃,达到理论的状态层次。“经验自然科学积累了如此庞大数量的实证的知识材料,以致在每一个研究领域中有系统地和依据材料的内在联系把这些材料加以整理的必要,就简直成为无可避免的。建立各个知识领域互相间的正确联系,也同样成为无可避免的。因此,自然科学便走进了理论的领域,而在这里经验的方法就不中用了,在这里只有理论思维才能有所帮助。”①恩格斯所言在经验自然科学基础上产生理论自然科学的必然性就是由经验上升到理论的最好诠释。二是站在前人的肩膀上,对已有文献资料或理论进行研究和分析,科学扬弃,形成新的理论。理论具有历史性,要受具体条件下人们的社会实践以及认识水平的限制,随着社会发展,新理论取代旧理论是理论发展不可避免的趋势。但“建立一种新理论不是像毁掉一个旧的仓库,在那里建立起一个摩天大楼。它倒是像在爬山一样,愈是往上爬愈能得到新

---

① 《马克思恩格斯选集》第三卷,人民出版社 1995 年版,第 465 页。

的更宽广的视野，并且愈能显示出我们的出发点与其周围广大地域之间的出乎意料的联系。但是我们出发的地点还是在那里，还是可以看得见，不过显得更小了，只成为我们克服种种阻碍后爬上山巅所得到的广大视野中的一个极小的部分而已。"①可见，新旧理论之间存在着承继的关系。因此，从理论来源上看，社会主义核心价值体系的理论创建主体的理论创建力体现为经验概括力和理论借鉴力两个方面。从理论的构建过程来看，完整的理论构建过程往往经历观察收集资料→资料分析→经验分析→（归纳）→理论→（演绎）→概念化命题→（操作化）→可检查命题→观察收集资料的往复循环过程，这一过程涉及概念的推演和归纳演绎的思辨，需要理论创建主体很高的理论架构水平，因此社会主义核心价值体系的理论创建主体的理论创建力在理论构建过程中表现为理论架构力。从社会主义核心价值体系的理论品质上来看，"马克思主义具有与时俱进的理论品质，"②十六大报告指出，与时俱进就是党的全部理论和工作要体现时代性，把握规律性，富于创造性。社会主义核心价值体系的理论品质要求理论创建主体在理论研究上要与时俱进、解放思想、开拓创新。因此，理论创新力是理论创建主体的理论创建力又一重要表现方面。综上所述，提高社会主义核心价值体系理论创建主体的理论创建力集中体现在经验概括力、理论借鉴力、体系架构力和理论创新力几个方面。

1. 提高理论创建主体的经验概括力

从认识论上看，经验是在社会实践中产生的，是客观事物在人们头脑中的反映，是认识的开端。经验和理论是对立统一的关系，一方面，经验不是理论。经验是人们基于一定的时空条件亲身经历所形成的知识和技能，条件性和"直接现实性"是经验的显著特点。理论是人们由实践概括出来的关于自然界和社会知识的有系统的结论。较强的普适性和抽象性是理论的重要表征，因此理论具有普遍的涵盖性和解释力。另一方面经验却可以通向理论，理论是对经验进行概括的基础上，形成具有内在自洽性的系统认识，进而揭示事物之间的本质联系。可见，科学概括是经验上升为理论的必要环节。概括是通过分析、抽象和归纳等方法，从某类个别对象具有某种特性，概括出某类的全体对象都具有这种特性。从哲学上看，概括的基础是事物之间存在个别和一般的关系。从思维上看，概括是主体分

① 张巨青：《辩证逻辑》，吉林人民出版社 1981 年版，第 280 页。

② 江泽民：《在庆祝中国共产党成立八十周年大会上的讲话》，中央文献出版社 2001 年版，第 165 页。

析能力、抽象能力和归纳能力和演绎能力的集中反映。在社会主义现代化建设过程中,人民群众在党的领导下,对社会主义所蕴含的价值进行了不懈追求,探索出诸如“民主”“自由”“平等”“诚信”“友善”等价值理念,积累了丰富的价值追求经验。为此,要求以专家学者为代表的社会主义核心价值体系理论创建主体尽可能深入群众,深入社会生活,充分汲取人民群众在社会主义现代化建设过程中积累的价值理念和价值追求经验,为理论创建主体全面分析、合理抽象和科学归纳奠定基础。同时广大专家学者不断加强马克思主义理论及其方法论的研究与学习,提高自身的分析能力、抽象能力和归纳能力,以增强经验开阔的科学性。事实上,要做出正确的概括,还必须以理论演绎为指导。因为经验经过分析、抽象和归纳,从个别事物的认识扩展到一般性认识,所形成的结论带有一定的或然性,演绎能够弥补以上方法的不足。比如开普勒以哥白尼的太阳中心说理论作为演绎的前提,才在其老师第谷所积累长达 30 余年的天文观察记录的基础上概括出行星运行的三条定律,被后世称为为天文立法的人。达尔文之所以能从多年研究的材料中概括出物种进化学说,是因为他有地质学家赖尔的地质演化学说作为演绎的前提。社会主义核心价值体系建设的理论建设主体要不断提高自身的分析能力、抽象能力和归纳能力和演绎能力来提高理论创建主体的经验概括力。

2. 提高理论创建主体的理论借鉴力

马克思主义以唯物辩证法的精神来看待理论,从来反对把理论看作是教条的汇集、封闭的体系和僵化的学理。“辩证法不崇拜任何东西,按其本质来说,它是批判的和革命的。”①理论从本质上看是认识主体在特定条件下对事物的相对认识,“每一个时代的理论思维,从而我们时代的理论思维,都是一种历史的产物,它在不同的时代具有完全不同的形式,同时具有不同的内容。”②因此,就像列宁以发展的观点来看待马克思主义那样:“我们决不把马克思的理论看作某种一成不变的和神圣不可侵犯的东西;恰恰相反,我们深信:它只是给科学奠定了基础,社会党人如果不愿落后于实际生活,就应当在各方面把这门科学推向前进。”③在以批判的精神和发展的眼光来看待理论时,借鉴古今中外人类优秀文明成果甚至汲取外在异质的因素不可避免成为理论发展和永葆生机和活力的重要手段和环节。

① 《马克思恩格斯选集》第 2 卷,人民出版社 1995 年版,第 112 页。
② 《克思恩格斯选集》第 4 卷,人民出版社 1995 年版,第 284 页。
③ 《列宁选集》第 1 卷,人民出版社 1995 年版,第 274 页。

借鉴一词从字面上看,“借”是“借助”、“借用”,“鉴”是“镜子”。借鉴的基本释义是“跟别的人或事相对照,以便取长补短或吸取教训。”①因此,理论借鉴不仅是“拿来”,而且还要经历比较→选择→消化→吸收→创造的过程,才能吸取其精华,剔除其糟粕,最终达到“古为今用”,“洋为中用”,“推陈出新”的目的。由此可见,理论借鉴不是对现有理论的全盘否定,是理论自我完善的过程,是一个剔除糟粕的过程,是一个吸取精华的过程。因此提高理论创建主体的理论借鉴力一要强化理论自主意识,二要提高理论批判力,三要增强理论迁移能力。

强化社会主义核心价值体系理论创建主体的理论自主意识,要求以专家学者为代表的社会主义核心价值体系理论创建主体在建构社会主义核心价值体系理论时树立自我理论(马克思主义为指导的社会主义价值理论)建构为主,其他价值理论的优秀成果为辅的意识,在社会主义核心价值体系理论创建中做到主次分明,保证社会主义价值的特色。强化理论自主意识具体表现为培养理论自觉、树立理论自信和实现自主创新三个方面。培养理论创建主体的理论自觉就是要更加坚定地以马克思主义价值理论为指导,以中国特色社会主义理论体系特别是科学发展观的价值要求武装头脑、指导实践,建设中国特色社会主义价值理论体系。树立理论创建主体的理论自信就是更加坚信在马克思主义科学方法论指导下,依托中国社会主义建设特别是改革开放以来在价值建设方面的辉煌成就和丰富经验,广泛借鉴其他价值文明的成果,广大理论工作者一定能够创建出社会主义的先进价值理论,使社会主义的价值理论站在人类价值文明的制高点上。实现自主创新就是理论创建主体不断概括出科学、开放、融通的价值理论新概念、新范畴和新表述,打造具有中国特色、中国风格、中国气派的社会主义价值理论学术话语体系,实现价值理论的创新。提高社会主义核心价值体系理论创建主体的理论批判力,就是广大理论工作者要夯实理论素养,提高明辨理论是非、分清重大界限的能力。在对同质和异质价值理论扬弃借鉴时,能分清哪些是必须长期坚持的社会主义基本价值理念,哪些是需要结合新的实际加以丰富发展的价值理论判断,哪些是必须破除的对社会主义价值理论的教条式的理解,哪些是必须澄清的附加在社会主义名下的错误价值观点。自觉划清社会主义价值理论同资本主义价值理论和封建主义价值理论的界限。在价值理论借鉴中不断增强政治敏锐性和政治鉴别力,在批判中借鉴,在发展中扬弃。增强社会主义核心价值体系理论创建主体

---

① 《代汉语词典》,商务印书馆 2002 年版,第 652 页。

的理论迁移能力就是增强理论工作者对其他价值理论的"合理内核"去其形、取其神、赋新义的理论造化能力。为此理论工作者熟练掌握分析与综合、归纳与演绎、抽象与具体等辩证法的科学研究方法,提高理论迁移能力。

3. 提高理论创建主体的理论架构力

理论是人们由实践概括出来的关于自然界和社会知识的系统化的结论,抽象性和系统性是理论的重要特征。理论的系统性决定了理论是作为体系而存在,理论体系往往是由若干概念、范畴、命题、原理所构成,表现为一种具有内在逻辑和机制的知识结构网络,反映了人们对客观事物本质及其相互联系形成的整体性认识。理论体系是理论创建的必由之路和必然结果,也是理论科学性的重要体现。正如黑格尔在探讨对哲学的认识时曾说到:"哲学若没有体系,就不能成为科学。没有体系的哲学理论,只能表示个人主观的特殊心情,它的内容必定是带偶然性的。哲学的内容,只有作为全体中的有机环节,才能得到正确的证明。"①体系化的理论是一系列概念、范畴为骨架而构成的知识体系。概念和范畴是理论抽象思维活动必须借助的工具,同样理论抽象思维活动的成果只有凝结为概念和范畴,才能体现出它所捕捉到的那种具有普遍意义的事物联系。因此,在理论体系建构中首先要从现实中抽象出各种概念和范畴,这就要求理论创建主体的理论架构力首先表现为概念范畴的推演能力。为此,要强化社会主义核心价值体系理论创建主体对"价值"与"行为"、"主体"与"客体"、"承载"与"传导"和"内化"与"外化"等社会主义价值理论基本概念和范畴的推演能力,发挥概念范畴在社会主义核心价值体系理论建设中的认识功能、方法功能和构建功能,促进社会主义核心价值体系理论形式建设。然而概念、范畴"只是认识世界的过程中的梯级,是帮助我们认识和掌握自然现象之网的网上扭结。"②理论体系的形成离不开思维的抽象思辨活动。"理论体系的建构一般要经过两个阶段:一个是从生动的感性的具体上升到思维中的抽象;一个是再从思维中的抽象上升到思维中的具体。在第一个阶段,人们通过分析综合、抽象概括,从具体的事物、现象中剥离出关于事物某一方面或几方面的规定性。但这些抽象的规定性还只是反映现象和事物的局部的属性,这些属性还只是以概念形式孤立地存在于人们的思维中。然而,这些抽象性

① [德]黑格尔:《小逻辑》,商务印书馆1980年版,第56页。

② 张耀灿、郑永廷、吴潜涛、骆郁廷等著《现代思想政治教育学》,人民教育出版社2006年版,第7页。

之间是什么关系？如何将它们联系在一起？这就需要人们进一步研究，由概念展开为判断推理，形成原理、理论，从而达到对事物多样性的统一的认识，即抽象上升为具体，在思维中再现感性具体。"①这就要求理论创建主体的理论架构力还要表现为思维的抽象思辨能力。为此，要提高理论创建主体在社会主义核心价值体系理论构建中由感性具体到思维抽象再到思维具体的抽象思辨能力，提高社会主义核心价值体系理论构建的逻辑严密性。经过概念、范畴的推演和思维的抽象思辨，必将导致对理论体系的追求。因为"任何学术研究都是借助于'概念的逻辑'来进行的。而'概念的逻辑'又必然暗含着一个特定的概念框架或网络，这样的框架或网络本身就是一个体系。只不过这样的体系往往是以'潜在'的形式出现并发挥作用的，它就像一只'看不见的手'，在最终意义上引导并决定着学术研究的系统化和整体性的基本走向。由于这只'看不见的手'是以'内在'的'精神诉求'的形式存在并发挥作用的，所以我们称其为体系精神。与体系精神相对应的乃是由'外在'的具体的概念、范畴组成的体系自身。体系精神与体系自身合在一起，共同构成完整的体系。"②因此，理论的完成形式是以体系的形式展现出来，这就要求理论创建主体的理论架构力还要表现为理论体系的构建能力。为此，要提高理论创建主体对社会主义核心价值体系的"内在"体系精神与"外在"体系自身的建构与结合能力，从而实现社会主义核心价值理论体系化，实现"真理的真正形态本身就可以是其科学体系"③的目标追求。

4. 提高理论创建主体的理论创新力

与时俱进是马克思主义理论内在的理论品质，"与时俱进，就是党的全部理论和工作要体现时代性，把握规律性，富于创造性。"④实践无止境，创新不停步，创新是理论建设和发展的重要环节和必然要求。社会主义核心价值体系理论建设必须以创新作为建设的重要指导原则，来保证其马克思主义理论的生机和活力。从本质上看，创新是改造、更新事物的实践活动。从静态看，创新表现为一种改造和创造后的既成结果。从动态看，创新是做出新的发现，提出新的见解，开拓新的

---

① 刘振天：《"研究问题"还是构造体系——关于教育学研究的一点思考》，《中国教育学刊》1998 年第 4 期。

② 崔唯航：《问题意识、体系精神和学科特性》，《学术研究》2004 年第 9 期。

③ [德]曼弗里德·布尔：《理性的历史——德国古典哲学关于历史的思考》，北京科学文献出版社 1992 年版，第 152 – 153 页。

④ 江泽民：《全面建设小康社会，开创中国特色社会主义事业新局面(一)》，《人民日报》2002 年 11 月 18 日。

领域,解决新的问题,创造新的事物的过程。从主体的角度看,创新不单纯是一种技术过程,创新体现了主体的态度、激情和追求,是人的一种合目的活动,是主体创新能力的集中体现。因此,社会主义核心价值体系理论创新就必须提高理论创建主体的理论创新力。在创新过程中,主体总是依据实践的需要和自身主观倾向,事先在头脑中勾画打算实现的蓝图,因此,创新最初都是以意识的形式进行的。作为创新活动,主体的思维也要体现创造思维的特点,"在创造活动过程中,分析就是主体按照一定的动机和目的,将已知的诸多事物的符合目的的规定性,从不同事物的整体——思维具体中分析出来。综合则是在分析的基础上,按照同样的动机和预期的目标,把各种符合目的的规定性有机的连接在一起,形成一个新的事物整体,即一个新的思维具体。其运行轨迹是:思维具体——通过分析和综合——新的思维具体。"①与此同时,完成创新活动,主体还要借助相应的专业知识、理论工具和适当方法才能进行,因此,主体的创新能力主要体现在创新意识、创新思维和创新技能三个方面。在主体的创新能力系统中创新意识是控制系统,保持主体创新的主动性、目的性和经常性;创新思维是智能系统,保证主体创新的敏捷性、流畅性、变通性、独特性、散发性;创新技能是操作系统,保证主体创新的实用性、简单性和奇妙性。因此,创新意识是主体创新能力的前提,创新思维是主体创新能力的核心,创新技能是主体创新能力的重要保证。

为此,提高社会主义核心价值体系理论创建主体的理论创新力就要增强理论创建主体的创新意识,培养理论创建主体的创新思维,提高理论创建主体的创新技能。"创新意识是人们对创新与创新的价值性、重要性的一种认识水平、认识程度以及由此形成的对待创新的态度,并以这种态度来规范和调整自己的活动方向的一种稳定的精神态势。"②常代表一定主体的奋斗目标和价值指向。增强社会主义核心价值体系理论创建主体的创新意识就因此主要表现为增强理论创建主体的主体意识、问题意识和现代意识。主体意识是作为理论创新活动主体对于自身的主体地位、主体能力和主体价值的一种自觉意识,是主体自主性、能动性和创造性的观念表现。主体意识包括自我意识和对象意识。增强理论创建主体的主体意识,意味着主体实现自己的本质力量的自觉性就越大,对社会主义核心价值

---

① 滑云龙:《创新论:马克思主义哲学的一个新部门》,《马克思主义研究》2006年第4期。

② 常顺英、林丹:《研究生创新意识和创新能力的培养》,《北京理工大学学报》2006年第5期。

体系理论的改变创造愿望就越强烈。问题意识体现了理论创建主体的理论创新意识的敏锐性与深刻性,创新始于问题的发现,而发现问题又源于敏锐的"问题意识"。离开"问题意识",理论主体的理论创新能力将成为无源之水,无本之木。提高理论主体的现代意识要求社会主义核心价值体系理论创建主体要"适应实践的发展,以实践来检验一切,自觉地把思想认识从那些不合时宜的观念、做法和体制的束缚中解放出来,从对马克思主义的错误的和教条的理解中解放出来,从主观主义和形而上学的桎梏中解放出来,"①在社会主义核心价值体系理论创建中分析新情况,研究新问题,总结新经验,创造新理论。创新思维是人的思维的高级形式,是抽象思维、形象思维、逻辑思维、直觉思维(灵感、直觉等)、扩散性思维和聚合性思维的综合。要求社会主义核心价值体系建设理论创建主体培养主体思维积极的求异性、强烈的发散性、灵活的变通性来提高创新思维能力。创新技能是理论创建主体根据一定目的和任务,在理论创建活动中运用自身知识经验,借助科学的思维方式和现代技术手段进行创新的能力。创新技能具有很强的可操作性。对社会主义核心价值体系建设理论创建主体来说,就是通过广泛涉猎不同专业领域的知识,积淀理论创新的知识经验,训练抽象思维、形象思维、逻辑思维、直觉思维的能力为理论创建打牢基础,利用互联网络和分析软件等现代技术手段为理论创建提供技术保障。

3.1.2 增强思想阐释力

社会主义核心价值体系不是束之高阁的理论,而是要变成人民群众改造自然与社会的强大武器。社会主义核心价值体系理论被人民群众掌握取决于两个方面:一是理论自身的科学性;二是理论宣传的科学性。理论自身的科学性是指理论的彻底性程度。"理论只要彻底,就能说服人。所谓彻底,就是抓住事物的根本。"②但社会主义核心价值体系作为核心价值的集中体现,具有高度的简约性、包容性。其理论内涵不可能由"体系"自身自然地呈现,而是要通过以专家学者和教育工作者为主体的理论宣传主体科学的理论阐释来实现。因此,各级理论宣传主体对社会主义核心价值体系的理论阐释力直接影响、制约着社会主义核心价值

① 江泽民:《全面建设小康社会,开创中国特色社会主义事业新局面》,《求是》2002 年第 22 期。

② 《马克思恩格斯选集》第 1 卷,人民出版社 1995 年版,第 9 页。

体系解释的科学性与内容的真理性,直接影响着人民群众对社会主义核心价值体系的理性认知和有效接受。提高社会主义核心价值体系的理论阐释力主要体现在理论宣传主体对社会主义核心价值体系科学内涵的把握力、对社会主义核心价值体系宣传方法的选择力、对社会主义核心价值体系宣传过程的控制力和理论宣传主体自身的个人影响力四个方面。

1. 提高理论宣传主体对社会主义核心价值体系科学内涵的把握力

"共产党不靠吓人吃饭,而是靠马克思列宁主义的真理吃饭,靠实事求是吃饭,靠科学吃饭。"①要用科学的理论武装别人,首先要用科学的理论武装自己。用科学的理论武装自己,关键是要提高理论宣传主体自身对社会主义核心价值体系科学内涵的把握力。这样才能把社会主义核心价值体系科学内涵讲透、讲深、讲活、讲新。理论宣传主体要从四个方面来提高对社会主义核心价值体系科学内涵的把握力。一是从语义逻辑上把握。社会主义核心价值体系包含这样的逻辑层次:"社会主义的"——"核心的"——"价值体系"。其中,"社会主义"是该概念属性指称,体现了价值体系的社会制度属性,是我们国家的主流意识形态,是占统治地位的思想。正是这一点,把它与其他的价值体系如封建主义价值体系或资本主义价值体系从原则上区别开了;"核心"是一种高势能地位的限定,是指它在我国社会事实上已经存在的各种各样的多元化的价值观念、价值取向中起着主导、引导、统领的作用,其所涉及的也都是核心的、深层次的、具有相对稳定性的价值和价值观;"价值体系"是中心词,指的是它所具有的价值观念、价值取向的内容不是单一的、个别的,而是众多的、一系列的。因此从语义逻辑上把握,有助于人民群众完整准确地把握社会主义核心价值体系的性质、地位和内容。避免陷入理论阐释上的片面性。比如理论阐释上,忽略了"社会主义",就会模糊其方向;忽略了"体系",就会导致其简单化;忽略了"核心",就会贬低其重大意义。二是从外显功能上把握。社会主义核心价值体系集灵魂(马克思主义指导思想)、主题(中国特色社会主义共同理想)、动力(以爱国主义为核心的民族精神和以改革创新精神为核心的时代精神)和基础(社会主义荣辱观)"四位一体"的价值体系,其外显功能鲜明突出。在理论阐释过程中,"巩固马克思主义指导地位,就抓住了社会主义核心价值体系的灵魂;用中国特色社会主义共同理想凝聚力量,就突出了社会主义核心价值体系的主题;用民族精神和时代精神鼓舞斗志,就把握了社会主义核

① 《毛泽东选集》第3卷,人民出版社1991年版,第836页。

心价值体系的精髓;用社会主义荣辱观引领风尚,就打牢了社会主义核心价值体系的基础。"①因此,理论宣传主体从外显功能上把握社会主义核心价值体系就找到了阐释理论的突破口。三是从内容构成上把握。社会主义核心价值体系由"导向性和前提性内容"、"目标性和实质性内容"、"民族性和时代性内容"和"规范性和操作性内容"四部分组成,从思想指南、动力支持、精神纽带和道德基础四个维度,框定了社会主义核心价值体系的相应内容。理论宣传主体从内容构成上把握就为提高社会主义核心价值体系阐释力界定了内容支撑,增强了理论阐释的针对性。四是从目标层次上把握。社会主义核心价值体系由导向性目标(马克思主义指导思想确立的价值目标)、阶段性目标(中国特色社会主义共同理想要求的价值目标)、支撑性目标(的民族精神和时代精神体现的价值目标)和道德性目标(社会主义荣辱观规定的价值目标)构成。导向性目标是前提,阶段性目标是重点,支撑性目标是条件,道德性目标是基础。理论宣传主体只有明确社会主义核心价值体系的目标层次结构,才能在理论阐释时统筹兼顾,依次递进。通过对社会主义核心价值体系在语义逻辑、外显功能、内容构成和目标层次四个方面进行解析,才能彰显社会主义核心价值体系的丰富内涵,提高理论宣传主体对社会主义核心价值体系科学内涵的把握力。

2. 提高教育者对社会主义核心价值体系阐释方法的运用力

"方法是人们为了认识世界和改造世界,达到一定目的所采取的活动方式、程序和手段的总和。"②理论宣传主体对社会主义核心价值体系的阐释离不开方法这把打开真理之门的钥匙,但运用这把钥匙有一个前提,即"运用什么钥匙,怎样运用",这就是方法的运用力。社会主义核心价值体系阐释方法的运用力就是理论宣传主体为了达到社会主义核心价值体系教育目的所采取的手段、工具、途径、技术和范式的能力。价值体系阐释方法的运用力就其本质而言,是理论宣传主体对教育规律的科学把握与自觉运用。阐释方法的运用力首先表现为理论宣传主体自身具有的阐释方法的方法涵养力。社会主义核心价值体系阐释方法的方法涵养力表现为:一是思辨阐释方法能力(哲学层面)。要求理论宣传主体有扎实的哲学方法论功底,用唯物辩证法的原理辩证阐述社会主义核心价值体系中蕴含各

① 李长春:《全面准确理解社会主义核心价值体系的深刻内涵牢牢把握和谐文化建设的正确方向》,《党建》2007 年第 1 期。

② 张耀灿、郑永廷、吴潜涛、骆郁廷等著:《现代思想政治教育学》,人民出版社 2002 年版,第 361 页。

种矛盾关系。如社会主义核心价值体系指导的“一元性”和价值观念“多样性”的关系;民族精神的继承与创新的关系等。二是分析阐释方法能力(学科层面)。该方法能力体现了理论宣传主体依据自身学科背景对理论体系的分化解析能力。主要体现在由宏观到微观、整体到部分和一般到个别的阐释方法,理论宣传主体用分析阐释方法能把宏大、抽象的社会主义核心价值体系解析为相对微观、具体的理论,增强了理论阐释的针对性和说服力。三是实证阐释方法能力(实践层面)。实证阐释方法能力为社会主义核心价值体系的阐释提供事实依据,为实证阐述提供科学的程序。为解释社会主义核心价值体系的功能和原因提供科学依据。其次,阐释方法的运用力体现在对所选方法的价值判断力。概括为以下几个方面:一是阐释方法达到阐释目的的可能性;二是阐释方法保证阐释实施的可行性;三是阐释方法作为纽带联系理论宣传主体和群众的紧密性;四是阐释方法与各种教育载体作用的契合性;五是阐释方法促进阐释过程的有效性。理论宣传主体只有具备较高的方法价值判断力,才能选择对社会主义核心价值体系阐释的有效方法。再次,阐释方法的运用力体现在对所运用阐释方法的执行力。所谓方法的执行力是理论宣传主体把握宣传规律、明确宣传目的、了解宣传对象、掌握宣传内容和运用宣传载体的基础上对选择阐释方法的执行能力。执行力主要体现在路径切入上。第一条切入路径是从社会主义核心价值体系的四大内容体系作为突破口,依据不同内容的特质和要求,单独发掘其阐释方法。比如,马克思主义指导思想是导向性和前提性内容,主要为思想方法的宣传,执行的阐释方法主要是思辨阐释方法;中国特色社会主义共同理想,以爱国主义为核心的民族精神和以改革创新为核心的时代精神,内容主要为理论观点宣传,执行的阐释方法主要是分析阐释方法;社会主义荣辱观内容主要表现为社会心理和社会风习,执行的阐释方法主要是实证阐释方法。第二条切入路径是从社会主义核心价值体系的整体作为着眼点,执行选择的阐释方法。主要目的在于科学阐释社会主义核心价值体系的整体性、辩证性、有机性、层次性的品质,使人民群众科学地认识和处理理论体系中的各种关系,如“一元性”和“多样性”的关系,继承与创新的关系,改革、发展与稳定的关系等。

3. 提高理论宣传主体对社会主义核心价值体系阐释过程的控制力

理论阐释过程就是让理论内涵外化,让人民群众认知理解的过程,具有整体性、关联性、动态性、时序性的特点。阐释过程中阐释进度的快慢,阐释效果的好坏,主要体现在理论宣传主体对阐释过程的控制上。因此,提高理论宣传主体对社会主义核心价值体系阐释过程的控制力是提高对社会主义核心价值体系阐释力的重要环节。理论宣传主体对阐释过程的控制力首先表现在整体阐释过程的控制上。一是对整体阐释要素的驾驭力。理论宣传主体除了考虑自身要素外,还要通盘考虑教育对象、阐释内容、阐释方法、阐释手段和阐释环境等多种横向要素、纵向要素以及它们之间的衔接和匹配。然后决定阐释方案,使阐释效果达到最优。二是对阐释进度的调控力。在阐释总时间一定的情况下,结合其他要素,根据阐释理论的轻重缓急,决定阐释进度的快慢。其次理论宣传主体对阐释过程的控制力还表现在局部阐释过程的控制上。一是阐释目标的控制。目标引导过程,在阶段性的阐释过程中,根据针对性、具体性和可行性原则,把整体的最终的阐释目标细化分解成局部的阶段性的目标。二是阐释内容的控制。内容制约过程,理论宣传主体根据阐释要求,对阐释内容进行定性分类,对于知识性内容,进度就快一点,对于观念性内容,进度就慢一点。三是阐释方法的借助。方法影响过程,是渡河的船,过河的桥。方法借助的好,往往事半功倍,反之,则事倍功半。四是阐释效果的反馈。阐释效果是决定阐释过程快慢的客观依据,理论宣传主体的反馈意识是否敏锐,反馈方法是否科学直接影响反馈过程的快慢,从而影响阐释过程的快慢。由此可见,理论宣传主体对社会主义核心价值体系阐释既着眼于整体阐释过程的控制,又着手于局部阐释过程的控制,二者有机配合,提高理论宣传主体对社会主义核心价值体系阐释过程的控制力。

4. 提高理论宣传主体阐释社会主义核心价值社体系时的人格影响力

“没有人的‘情感’,就从来没有也不可能有人对于真理的追求。”①情感操纵着人们心灵大门的启闭,对接受外来的教育影响起着过滤和催化作用。理论宣传主体作为社会主义核心价值体系的理论阐释者,不仅要充分发挥理论体系真理的力量来提高理论阐释力,还必须注视教育过程中的情感因素,尤其是教育者自身的人格影响力。所谓人格的影响力,就是理论宣传主体以其身正、品端、才高、识广等综合素质所显示的人格魅力去影响和感染人民群众,从而达到教育引导的效果。“其身正,不令而行;其身不正,虽令不从”,人民群众往往是“亲其人”,才会“信其道”。理论宣传主体要充分发挥人格的力量,实现真理和人格的二重化,即真理人格化和人格真理化,以自身人格魅力来感召、影响和提升社会主义核心价值体系的理论阐释力。理论宣传主体阐释社会主义核心价值体系时的人格影响

① 《列宁全集》第25卷,人民出版社1988年版,第117页。

力主要体现在以下四个方面:一是政治人格影响力。政治人格是理论宣传主体的政治立场、政治观点、政治觉悟在理论阐释中的具体表现。理论宣传主体以自己坚定的政治立场和鲜明的阶级观点阐述社会主义核心价值体系与资本主义价值体系的本质区别,让人民群众明白社会主义核心价值体系的科学性、革命性和人民性,增强社会主义核心价值体系理论阐释的深度和广度。二是道德人格影响力。阐释社会主义核心价值社体系既要以理服人,又要以德感人。理论宣传主体清廉的操守、真挚的情感、高尚的情操等拉近与群众的距离;理论宣传主体用平和的心态、平等的口吻、平凡的事例、平实的风格增强理论阐释的亲和力。三是心理人格影响力。心理人格是指理论宣传主体在理论阐释中表现出的内在的、稳定的心理特征和心理素质。表现为在对理论阐释的自信、自制、自然和自由。在理论宣传主体举重若轻,娓娓道来的理论阐释风格中,增强对价值体系的理论认同。四是智能人格影响力。理论宣传主体开阔的知识视野,扎实的理论功底,熟练运用现代化教育手段的能力,会使人民群众产生由衷的钦佩,增强人格魅力,提高理论阐释力。

通过以上分析,可以看出,社会主义核心价值体系的内涵把握力,关注的是人民群众对理论体系的理性认知,是提升社会主义核心价值体系阐释力的前提;社会主义核心价值体系阐释的方法运用力,解决了理论阐释力的借助手段,是提升社会主义核心价值体系阐释力的关键;社会主义核心价值体系阐释的过程控制力,强调了理论阐释力的效果,是提升社会主义核心价值体系阐释力的保证;理论宣传主体阐释社会主义核心价值体系的人格影响力,考虑了理论阐释力的主体因素,是提升社会主义核心价值体系阐释力的重要条件。

3.1.3 强化政策执行力

社会主义核心价值体系是社会主义制度的内在精神和生命之魂,是社会主义国家的立国价值。政策是国家政权机关、政党组织和其他社会政治集团为实现一定历史时期的奋斗目标和路线而制定的行动准则。政策的实质是阶级利益的观念化、主体化和实践化的反映。因此,在把社会主义核心价值体系融入国民教育、精神文明建设和党的建设全过程,贯穿改革开放和社会主义现代化建设各领域,体现到精神文化产品创作生产传播各方面的过程中,各级政府出台的政策不仅对社会主义核心价值体系的贯彻和执行起着导向、保障和促进作用,其本身更是社会主义核心价值体系价值理念的贯彻者和体现者,是彰显社会主义核心价值的重要形式。而政策是由人来制定和执行的,“政治路线确定之后,干部就是决定的因素。”①因此,强化以领导干部为主体的政策执行主体的政策执行力建设是社会主义核心价值体系理念有效贯彻和执行的保证。“执行力”这一概念最早被运用于行政法学领域,普遍被认为是指对具体行政行为予以强制执行的强制力或法律效力。近年来这一概念在被广泛应用于工商企业管理领域,“执行力就是指组织执行战略,实现组织经营战略目标的能力。”②本文借用“执行力”这一概念意在说明政策执行主体执行社会主义核心价值体系融入所制定政策的能力。能力是指主体顺利完成某一活动所必需的主观条件,政策执行主体的政策执行力主要包括主体的政策执行素养和政策执行技能两大方面。社会主义核心价值体系政策执行主体的政策执行力建设就表现为提升主体政策执行素养和提高主体政策执行技能。

1. 提升政策执行主体的政策执行素养

素养,是指人的素质与修养。“其一指理论、知识、思想、艺术等方面所达到的水平,其二指养成正确的待人处事态度与解决问题的能力。”③素养由知识要素、能力要素、心理要素构成。社会主义核心价值体系政策执行主体的政策执行素养就是以领导干部为主体的社会主义核心价值体系政策执行主体执行社会主义核心价值体系融入所制定政策的素质和修养。由于社会主义核心价值体系是马克思主义中国化的最新理论成果,蕴含了丰富的马克思主义唯物论、辩证法和人民观的思想,因此,社会主义核心价值体系政策执行主体的政策执行素养包括马克思主义理论素养。胡锦涛同志强调“领导干部如果不重视理论学习,不在提高理论素质、理论水平上下功夫,就不可能承担起领导社会主义现代化建设的历史重任,就不可能成为清醒的、有作为的、合格的领导者。”④“从一定意义上说,理论水平决定领导水平。”⑤“从担负主要领导责任的意义上说,我们党要有一大批同志系统地而不是零碎地、实际地而不是空洞地掌握了马克思列宁主义、毛泽东思想,特别是掌握了邓小平同志建设有中国特色社会主义理论,并且能够熟练地运用理

---

① 《毛泽东选集》第2卷,人民出版社1991年版,第526页。
② 纪建悦、韩广智:《执行力组织》,企业管理出版社2003年版,第4页。
③ 王琼玉:《高校思想政治理论课教师马克思主义理论素养探析》,《桂林师范高等专科学校学报》2011年第1期。
④ 《十四大以来重要文献选编》(上),人民出版社1996年版,第387页。
⑤ 《十四大以来重要文献选编》(上),人民出版社1996年版,第387页。

论去研究和解决重大问题,卓有成效地贯彻党的基本路线,我们党的领导水平、执政水平才会大大提高。"①邓小平同志指出领导干部只有"熟悉马克思主义的基本理论",才能"加强我们工作中的原则性、系统性、预见性和创造性。"②又由于意识是人所特有的一种对客观现实的高级心理反映形式,是包括感觉、知觉、思维在内的具有复合结构的心理现象,具有自觉性、能动性、创造性的特点,在人的各种心理和认识活动中,意识发挥着调节、控制、指导的作用。因此,社会主义核心价值体系政策执行主体的政策执行素养包括执行意识。提升政策执行主体的政策执行素养主要包括提高政策执行主体的马克思主义理论素养和培育政策执行主体的政策执行意识。马克思主义既是关于自然、社会和思维知识的科学总结,又是批判、改造世界的强大武器,因此,社会主义核心价值体系政策执行主体的马克思主义理论素养主要包括马克思主义理论知识素养和马克思主义方法论素养。

马克思主义理论知识素养是指主体对马列主义、毛泽东思想、邓小平理论和"三个代表"重要思想以及科学发展观的深刻理解、认知。马克思主义方法论素养是指主体对马克思主义理论的科学方法以及在实际工作中的熟练运用的能力。提高社会主义核心价值体系政策执行主体的马克思主义理论知识素养要求政策执行主体全面、准确地掌握马克思主义理论知识。为此,政策执行主体要加强马列主义、毛泽东思想、邓小平理论和"三个代表"重要思想以及科学发展观的学习,因为"提高理论素养,没有任何捷径可走,只有顽强刻苦、坚持不懈地学习"③。同时,坚持理论联系实际的学习方法,就是要紧密联系当今世界的深刻变化和当代中国的深刻变革,坚持以我国改革开放和现代化建设的实际问题,以我们正在做的事情为中心,着眼于马克思主义理论的运用,着眼于对实际问题的理论思考,着眼于新的实践和新的发展。在理论与实践的结合中,强化理论知识素养的储备。

提高政策执行主体马克思主义方法论素养主要表现为提高主体灵活运用"一切从实际出发"、"对具体情况作具体分析"、"历史和逻辑相一致"、"理论与实践相结合"的马克思主义基本方法。"一切从实际出发"是马克思主义方法论中的首要方法,"对具体情况作具体分析"是马克思主义方法论中的基本方法,二者"都是唯物辩证法和历史辩证法的概括和体现,但前者更为强调的是理论自身的创新发

---

① 《十四大以要来重文献选编》(中),人民出版社 1997 年版,第 1085—1086 页。

② 《邓小平文选》第 3 卷,人民出版社 1993 年版,第 147 页。

③ 《十五大以来重要文献选编》,人民出版社 2001 年版,第 1220 页。

展、理论把握现实的能力,而后者则更强调认识和行为的客观制约性以及对于客观规律的遵从。"①"历史和逻辑相一致"、"理论与实践相结合"也是马克思主义方法论的两种基本方法,与前两种方法的区别是前两种方法是关于事物根本属性判断,而这两种方法的特性在于它们是事物矛盾关系性判断。这两者的区别是"理论与实践相结合"的方法是比"历史和逻辑相一致"的方法更为深刻,因为它不仅涉及主客体关系,而且涉及主体间关系。"从实际出发,实事求是,这是我们唯物主义者的根本立场。"②要求政策执行主体牢固树立一切从实际出发的马克思主义立场和方法,并运用在实际工作中。"我们讨论问题,应当从实际出发,不是从定义出发。……马克思主义叫我们看问题不要从抽象的定义出发,而要从客观存在的事实出发,从分析这些事实中找出方针、政策、办法来。"③对具体情况作具体分析,是"马克思主义的活的灵魂"。④ 由于"对具体情况作具体分析"包含两个辩证过程:"一是深入实际,这其实是一个拆分实际、梳理问题、发现本质的过程;另一是解决实际,这其实是一个综合整理、形成思路、解决问题的过程。"⑤要求政策执行主体掌握深入实际、解决实际的具体问题具体分析的方法和能力。"历史从哪里开始,思想进程也应当从哪里开始,而思想进程的进一步发展不过是历史过程在抽象的、理论上前后一贯的形式上的反映。"⑥历史和逻辑相一致的方法,要求政策执行主体培养从历史和逻辑的辩证统一中观察问题、分析问题和解决问题的能力。理论与实践是相互依赖、相互转化又相互对立、相互排斥的关系。一方面,理论指导实践,"没有革命的理论,就不会有革命的运动。""只有以先进理论为指南的党,才能实现先进战士的作用"。⑦ 另一方面,"实践高于(理论的)认识,因为它不但有普遍性的品格,而且还有直接现实性的品格"。理论最终还要在实践中接受检验,实践是检验理论是否正确的标准。培养政策执行主体理论与实践相结合的方法,就是培养政策执行主体科学看待理论与实践相互依赖、相互转化又相互对立、相互排斥的能力。

---

① 侯惠勤:《马克思主义方法论的四大基本命题辨析》,《哲学研究》2010 年第 10 期。
② 《邓小平文选》第 1 卷,人民出版社 1993 年版,第 244 页。
③ 《毛泽东选集》第 3 卷,人民出版社 1991 年版,第 853 页。
④ 《列宁选集》第 4 卷,人民出版社 1972 年版,第 213 页。
⑤ 侯惠勤:《马克思主义方法论的四大基本命题辨析》,《哲学研究》2010 年第 10 期。
⑥ 《马克思恩格斯选集》第 2 卷,人民出版社 1995 年版,第 43 页。
⑦ 《列宁选集》第 1 卷,人民出版社 1972 年版,第 311—312 页。

2. 培育政策执行主体的政策执行意识

意识是一个充满歧义又边界模糊的概念，在哲学、心理学、医学等学科领域有不同的解释。从意识的起源上看，意识是物质世界发展到一定阶段的产物。从意识的形式上看，意识是一种观念形式的存在，“是物质世界在人脑中的主观映象”。① 从意识的性质上看，意识具有能动作用，具有目的性、计划性和创造性，被恩格斯称之为地球上“美丽的花朵”。同时，意识也是社会化的产物，“意识一开始就是社会的产物，而且只要人们还存在着，它就仍然是这种产物。”②正是意识具有以上特性，本文认为意识是主体在社会实践的基础上形成的关于客观世界的主观映象，是主体对客体自觉认识和内在体验的统一。根据意识的不同主体，意识可区分为个体意识与社会意识；根据意识的不同对象，意识可区分为对象意识与自我意识；根据意识的不同自觉程度，意识可区分为潜意识与显意识。本文基于社会主义核心价值体系政策执行主体的特定语境，把个体意识作为意识研究的切入点。从个体心理的角度上看，个体意识是包括知、情、意三者在内的复杂体系。“知”即认知，是个体对事物的认识及其结果；“情”即感情，是个体对事物的感受和评价和体验；“意”即意志，是指个体追求某种目的和理想时表现出来的自我克制、毅力、信心等的精神状态。因此，培育社会主义核心价值体系政策执行主体的政策执行意识就是从提高政策执行主体的政策执行认知、激发政策执行主体的政策执行情感和强化政策执行主体的政策执行意志展开。提高政策执行主体的政策执行认知就是提高政策执行主体对社会主义核心价值体系转化为政策及所制定政策体现社会主义核心价值体系的价值理念的认识程度和认知水平，具体表现为政策执行主体能够从安邦定国和公民可安身立命的高度认知社会主义核心价值体系与政策的转化和体现关系。政策执行主体能够从社会主义核心价值体系全面融入国民教育、精神文明建设和党的建设全过程，有效贯穿改革开放和社会主义现代化建设各领域，充分体现到精神文化产品创作生产传播各方面的广度，认知社会主义核心价值体系与政策的转化和体现关系。政策执行主体能够从社会主义核心价值体系的目的价值、规范价值和操作价值的深度，认知社会主义核心价值体系与政策的转化和体现关系。激发政策执行主体的政策执行情感就是激发政策执行主体对社会主义核心价值体系转化为政策及所制定政策体现社会

① 本书编写组：《马克思主义基本原理概论》，高等教育出版社 2010 年版，第 57 页。

② 《马克思恩格斯全集》第一卷，人民出版社 1995 年版，第 81 页。

主义核心价值体系的价值理念积极的感受、评价和体验，为此，要求政策执行主体深入社会生活，接近人民群众，通过亲身经历体验人民群众对社会主义核心价值体系的价值理念的需求以及价值体系自身的价值魅力，来激发政策执行主体的政策执行情感。强化政策执行主体的政策执行意志就是强化政策执行主体对社会主义核心价值体系转化为政策及所制定政策体现社会主义核心价值体系的价值理念的毅力和信心。为此，政策执行主体一方面要树立积极正确的世界观、人生观和价值观，以科学的世界观、正确的人生观和高尚的价值观来引导和促进其政策执行意志。另一方面，培养政策执行主体克服艰难困苦的坚韧性和在逆境中的忍耐性，提高其在政策执行过程中的抗挫力。再一方面是培养政策执行主体果断决策的能力，提高政策执行主体在政策执行过程中的果敢决断能力。

3. 提升政策执行主体的政策执行技能

技能是主体掌握和运用专门技术的能力，社会主义核心价值体系政策执行主体的政策执行技能就是政策执行主体掌握和运用社会主义核心价值体系转化为政策以及所制定政策体现社会主义价值的技术和能力。鉴于社会主义核心价值体系是包括灵魂、主题、精髓和基础在内的庞大理论体系，政策具有针对性、时效性和表述性的特点，政策执行还要借助一定的技术手段和条件要求。为此，提高社会主义核心价值体系政策执行主体的政策执行技术和能力主要表现为提高政策执行主体对社会主义核心价值体系的分解能力，提高政策执行主体对社会主义核心价值体系化为政策的转化能力，提高政策执行主体对执行资源的借助能力。

社会主义核心价值体系是多方面内在统一的体系，具有整体性、结构性和层次性的特性，提高政策执行主体对社会主义核心价值体系的分解能力就是要求政策执行主体善于从社会主义核心价值体系的整体性、结构性和层次性入手，把社会主义核心价值体系分解为细微化、具体化的方面，然后根据制定政策的实际需要进行取舍。政策执行主体对社会主义核心价值体系的整体性的分解能力要求主体从指导思想、社会理想、精神动力和道德规范的内容整体入手去分解，从真理原则与价值原则的统一中去分解，从理想目标与现实过程的统一中去分解，从民族传统与时代精神的统一中去分解，从高度概括性与具体操作性的统一中去分解，从主导性与多样性的统一中去分解，以提高政策执行主体对社会主义核心价值体系的整体的分解能力。政策执行主体对社会主义核心价值体系的结构性的分解能力要求主体从宏观、中观和微观的结构体系中对社会主义核心价值体系的结构进行分解，明确马克思主义指导思想和中国特色社会主义共同理想处在社会主义核心价值体系结构的宏观层面,解决的是“举什么旗”和“走什么路”的问题。民族精神和时代精神处于社会主义核心价值体系结构的中观层面,解决的是具备什么样的精神状态和精神风貌的问题。社会主义荣辱观处于社会主义核心价值体系的微观层面,解决的是人们行为规范的问题。以提高政策执行主体对社会主义核心价值体系的结构的分解能力。政策执行主体对社会主义核心价值体系的层次性的分解能力要求主体一方面从观念的层面入手把社会主义核心价值体系蕴含的价值分解为世界观层面的价值、社会观层面的价值、民族观层目的价值和道德观层面的价值。另一方面从伦理的层面入手把社会主义核心价值体系蕴含的价值分解为底线伦理价值、共同信念价值和终极关怀价值,以提高政策执行主体对社会主义核心价值体系的层次的分解能力。

社会主义核心价值体系是承载意识形态和价值观念为一体的理论体系,是理论形式的存在。政策是国家政权机关、政党组织和其他社会政治集团为实现一定历史时期的奋斗目标和路线而制定的行动准则,政策具有直接的操作性和现实性。理论化的社会主义核心价值体系与具体化的政策之间具有通约性,因为“作为政治系统输出的主要内容,政策本质上是一种权威性的社会价值分配方案。”① 为社会主义核心价值体系转化为政策、体现在政策中提供了可能。但社会主义核心价值体系要很好的转化为政策,成为政策制定的内在价值依据,要求政策执行主体具有较高的政策转化能力。政策执行主体的政策转化能力不会凭空而来,政策执行主体必须依托政策设计的过程,依靠科学的政策设计程序才能提高政策转化能力。科学的政策制定过程包含问题界定、目标确立、方案设计、效果预测和方案抉择等五个相互关联又相互区别的环节。② 政策执行主体对社会主义核心价值体系化为政策的转化能力就表现为政策制定过程的各个环节中的转化能力。具体表现为:问题界定阶段聚焦社会主义核心价值。政策执行主体善于从复杂的问题中,判明群众对社会主义核心价值需求问题的性质及症结所在,挖掘其产生的背景和原因,对社会主义核心价值转化为政策做到心中有数,有的放矢;目标确立阶段凸显社会主义核心价值。政策目标具有针对性和具体性的特点,政策目标的针对性要求政策执行主体针对实际问题,准确选中价值体现问题的突破口。政策目标的具体性要求政策执行主体对社会主义核心价值在具体目标中要表达准

① 丁煌:《政策制定的科学性与政策执行的有效性》,《南京社会科学》2002 年第 1 期。

② 陈振明:《公共政策制定的基本程序(上)》,《中国工商管理研究》2006 年第 6 期。

确,含义清楚;方案设计阶段体现社会主义核心价值。政策执行主体以社会主义核心价值为参照提出各种方案设计轮廓,然后对方案轮廓进行严格细致的具体化加工,以体现社会主义核心价值理念;效果预测阶段观照社会主义核心价值。政策执行主体以社会主义核心价值为观照预测政策方案是否可能达成目标,在多大程度上达成目标,方案执行过程可能遇到什么困难,如何克服和补救等;方案抉择阶段依据社会主义核心价值。政策执行主体在对各备选方案进行后果预测之后,依据各方案体现社会主义核心价值的程度抉择出一个最佳方案。

资源是政策执行的必要条件。政策执行的效力在很大程度上是由政策执行主体获取和充分利用各种资源的能力所决定的。政策执行是一个复杂的运行系统,"向政策执行系统注入的信息和能量就是政策执行所需要的资源,它主要包括人财物、信息、权威、政治支持等等。"①才能维持它的有效运转。因此,提高政策执行主体对执行资源的借助能力,即是围绕人、财、物、信息、权威、政治支持等政策执行资源来提高政策执行主体对执行资源的借助能力。人是政策执行的决定性因素,知人善任,充分发挥各级公务人员的积极性和主动性是政策执行主体对执行资源——人的借助能力重要体现。充足的财力和必要的物质装备条件是政策执行的物质保证,要求政策执行主体善于运用经济的力量和充分发挥物质装备条件的作用促进政策执行。信息是政策执行的血液和灵魂,要求政策执行主体善于运用、借助科技信息、经济信息、政治信息、文化信息和社会舆论信息等为政策执行服务;权威是政策执行的主要动力,权威是通过教育、传承、劝导等方式使处于同一个共同体中的人对权力的一种自愿的服从和支持。要求政策执行主体善于借助理性法定权威等现代权威形式,促进政策执行。政治支持是政策执行不可缺少的前提,"政治支持是政治主体在与政治体系的相互作用中,在政治认知的基础上做出判断和评价,形成对政治体系的价值认可、赞同和确信,进而做出的行为反应,它体现的是政治主体的政治认知、情感、信仰及行为的统一。"②由于政治支持包含显性政治支持(以行动表现出来)和隐性政治支持(以思想等方式存在),因此,要求政策执行主体善于借助以行动表现出来的显性政治支持和以思想等方式存在的隐性政治支持促进政策执行。

---

① 王学杰:《我国公共政策执行力的结构分析》,《中国行政管理》2008 年第 7 期。

② 苗红娜、王莲:《我国转型社会的政治支持探析》,《理论与现代化》2008 年第 3 期。

3.1.4 培养价值践行力

理论从其来源上看,源于人的社会生活实践,对实践经验的概括和总结;从其表现形式来看,是抽象化、系统化的理论体系,理论一经形成,就与实践产生了距离。“任何一种真正的理论,都具有三重基本内涵:其一,它以概念的逻辑体系的形式为人们提供历史地发展着的世界图景,从而规范人们对世界的自我理解和相互理解;其二,它以思维逻辑和概念框架的形式为人们提供历史地发展着的思维方式,从而规范人们如何去把握、描述和解释世界;其三,它以理论所具有的普遍性、规律性和理想性为人们提供历史地发展着的价值观念,从而规范人们的思想与行为。”①因此,在理论与实践的辩证关系中,不仅要强调理论对实践的“依赖”,还要看到理论对实践的“超越”。“理论不仅是对实践经验的概括和总结,更重要的是对实践活动、实践经验和实践成果的批判性反思、规范性矫正和理想性引导。”②由于在实践产生理论和理论指导实践的不同阶段,不同的主体在理论与实践的互动环节中作用不尽相同。在实践产生理论阶段,归纳、总结形成理论的理论创建主体起重要作用,关系到理论形成的科学性。在理论指导实践阶段,理论践行主体起关键作用,关系到理论价值能否充分实现。因此,社会主义核心价值体系作为马克思主义中国化的最新理论成果,理论践行是其关键环节,就要提高价值践行主体的价值践行能力。由于实践是包含实践主体、实践对象和实践手段构成的要素系统,主体的实践能力就关涉主体的实践素养水平、主体对实践对象的认识程度和主体对实践手段的借助利用能力。因此,培养价值践行主体的社会主义核心价值体系价值践行能力就表现为培养价值践行主体的实践意识,提高价值践行主体对社会主义核心价值体系的理论认知,提升价值践行主体借助实践手段的能力。

1. 培养价值践行主体的实践意识

实践是人有目的、有意识地改造客观世界的活动。意识是包括感觉、知觉、思维在内的具有复合结构的心理现象,在人的各种心理和认识活动中,意识发挥着调节、控制、指导的作用。因此,主体实践意识的强弱影响主体实践能力的发挥和实践的进程。实践本身是一个过程,即实践是主体确立实践目的、选择实践方法、

① 孙正聿:《理论及其与实践的辩证关系》,《光明日报》2009 年 11 月 24 日第 11 版。

② 孙正聿:《理论及其与实践的辩证关系》,《光明日报》2009 年 11 月 24 日第 11 版。

运用实践手段发现问题、分析问题、解决问题的过程。主体的实践意识就是包括实践目的意识、实践方法意识和实践手段意识在内意识体系。培养社会主义核心价值体系价值践行主体的实践意识就具体表现为培养主体的实践目的意识、实践方法意识和实践手段意识。主体的一切实践活动,都可简要概括为目的、手段和结果。实践总是在主体一定的目的下进行的,目的是实践主体欲望的具体化,目的对实践起着调节、指向和制约作用。目的决定实践的主旨,决定着实践手段的选择,也决定着实践获得什么样的结果。"任何事情的发生都不是没有自觉的意图,没有预期的目的的。"①人的实践活动以目的为依据,目的贯穿实践过程的始终。但目的是主体根据自身的需要,借助意识、观念的中介作用,预先设想的行为目标和结果,在没有实现之前,只是观念形态的存在,主观性、未来性和不确定性是其显著特征。因此,从目的的性质上看,有符合客观规律和实际情况的正确目的,也有背离客观规律和实际情况的错误目的。从目的的实现过程上看,目的分为近期目的和长远目的。从目的的实现效果上看,有符合实践情况精而实的目的,又有超越实践情况大而空的目的。实践目的意识是指具体实践目的在主体头脑中的自觉反映。"自的意识是一种竭力要实现自己的趋向,它在实践中不断地摆脱自己的主观性,否定自己纯观念的形态,并不断地过渡到客观性,取得外部现实性。"②因此,培养社会主义核心价值体系价值践行主体的实践目的意识就是培养价值践行主体自觉依据主客观实践条件,在可能和可行的基础上对社会主义核心价值体系价值践行目的进行科学、合理确定的意识。对此,一方面是培养社会主义核心价值体系价值践行主体的目的实现过程意识,明确意识到实践是一个过程性存在,社会主义核心价值体系价值践行是一个由浅入深的过程,增强价值体系践行目的的层次性。另一方面是培养社会主义核心价值体系价值践行主体的目的实现条件意识,明确意识到实践是一个条件性存在,"一切以时间、地点、条件为转移",③增强主体关注价值体系践行目的的可行性。再一方面是培养社会主义核心价值体系价值践行主体的目的结果预测意识,预测是一种在对已知事物清醒分析基础上的严格的预见,预测不仅是理论上的构想,而且是实践中的要求,增强主体关注价值体系践行目的的预见性。

---

① 《马克思恩格斯选集》第四卷,人民出版社 1995 年版,第 243 页。

② 曾繁亮,《实践是纯客观的吗?》,《四川师范学院学报(社会科学版)》1980 年第 4 期。

③ 转引简桐:《关于历史人物评价的几个理论问题》,《史学月刊》1987 年第 3 期。

方法的含义较广泛,含有办法、门径、方术、法术和法则等含义。方法与手段二者常被混为一谈,互为注释。如解释"手段"是"为达到某种目的而采取的具体方法"①,"为达到某种目的而采取的方法和措施"②;解释"方法"是"处理事物的手段。"③在举例说明时也没能细加区分,如讲到方法时,常要引证毛泽东为强调工作方法在办事中的重要性所举的用桥和船过河的例子,"我们不但要提出任务,而且要解决完成任务的方法问题。我们的任务是过河,但是没有桥或没有船就不能过。不解决桥或船的问题,过河就是一句空话。不解决方法问题,任务也只是瞎说一顿"④事实上桥与船是人过河的物质中介因素,是过河的手段,人依靠它的物理属性实现过河任务。怎样过桥、怎样使用船是人办事的精神中介因素,才是实现过河任务的方法。方法与手段的区别是,手段最大特征是以外在于主体的精神而存在,常表现为实体形态的存在,是"一物或诸物的复合体",是通过自身所具有的机械属性、物理属性和化学属性作用于客观对象的。⑤ 方法不是物化了的手段,其最大特征是以内在于主体的精神而存在,表现为精神形态的存在,"方法也就是工具,是主观方面的某个手段,主观方面通过这个手段和客体发生关系……"⑥因此,方法不能笼统定义为"一般是指为获得某种东西或达到某种目的而采取的手段与行为方式。"而是主体认识和改造客观世界应遵循的方式、途径和程序的总和。社会主义核心价值体系作为一种理论化的科学体系,科学的价值观点包含在理论逻辑之中。价值践行主体要科学践行社会主义核心价值体系就必须运用科学的践行方法。践行社会主义核心价值体系的根本方法是理论联系实际的方法,这是马克思主义的基本方法,是价值实践所遵循的真理的原则和"物种尺度",强调价值实践方法的客体性尺度。践行社会主义核心价值体系的另一重要方法是群众路线的方法,该方法是价值实践所遵循的价值原则和"内在尺度",强调价值实践的主体性尺度。由于"社会实践方法论体系的动态结构是由实践决策方法、实践组织指挥方法、实践操作技术技巧、实践信息方法、实践沟通协调方法、

① 《现代汉语词典》(修订本),商务印书馆 1999 年版,第 1161 页。
② 《辞海》(缩印本),商务印书馆 1977 年版,第 1450 页
③ 《新华字典》,商务印书馆 1980 年版,第 111 页
④ 《毛泽东选集》第 l 卷,人民出版社 1991 年版,第 134 页
⑤ 《资本论》第 1 卷,人民日报出版社 2006 年版,第 173 页。
⑥ 《列宁全集)第 38 卷,人民出版社 l972 年版,第 236 页。

实践监督控制方法、实践评价总结方法等构成。"①践行社会主义核心价值体系的动态方法还包括实践沟通协调方法、实践监督控制方法、实践评价总结方法等方法。因此,培养社会主义核心价值体系价值践行主体的实践方法意识就包括培养其理论联系实际的方法意识、群众路线的方法意识以及沟通协调方法意识、监督控制方法意识、评价总结方法意识等。

正如上文所言,手段最大特征是以外在于主体的精神而存在,客观性是手段的主要特征。因此,凡是有利于价值践行主体践行社会主义核心价值体系的并能被主体借助和利用的一切外在条件都可视为践行社会主义核心价值体系的践行手段。"政策是主流价值理念在一定阶段的具体体现,是指导人们实践活动的基本准则。"②与价值观念相比,政策具有更多的直观性与可操作性,人民群众对政策的感受比价值观念更直接、敏感。社会主义核心价值体系是国家倡导的价值理论,各级政府制定的很多政策都是围绕和体现社会主义核心价值体系的价值理念而制定的,因此,借助相关政策践行社会主义核心价值体系的应有之意,政策手段是价值践行主体践行社会主义核心价值体系的一大重要手段。在现代社会是一个组织化的社会,组织是社会的细胞、社会的基本单元,各级党团组织、工会组织、行业协会、民间文艺组织等组织是社会运行的基础。充分利用组织这一载体和资源践行社会主义核心价值体系是主体的又一借助手段。活动是现代人生活不可缺少的部分,节庆活动、公益活动、慈善活动、商业活动、体育赛事、媒体活动等在人的社会生活中扮演日益重要的角色,活动具有主体参与性的主要特点,是价值实践和体现的重要形式,利用各种活动是践行社会主义核心价值体系是主体的又一借助手段。现代科学技术发展变化日新月异,技术的普及性和人对技术的依赖性日益增强,借助技术手段践行社会主义核心价值体系是主体的再一借助手段。因此社会主义核心价值体系践行主体的手段意识培养主要体现在政策手段借助意识、组织手段借助意识、活动手段借助意识和技术手段借助意识等方面的培养。

2. 提高价值践行主体对社会主义核心价值体系的理论认知

理论从"解释世界"的视域来看是相关知识的体系,从"改变世界"的视域来

① 张金成:《社会实践方法论初探》,《达县师范高等专科学校学报(社会科学版)》2005 年第 1 期。

② 潘玉腾、陈赵阳:《论社会主义核心价值体系转化为人民群众自觉追求的四维路径》,《思想教育研究》2010 年第 3 期。

看是“规范人们思想和行为的概念系统”。① 社会主义核心价值体系理论一方面为我们展示了解释性的价值体系,另一方面为我们改变世界提供了思想和行为的规范。价值践行主体要科学有效实践社会主义核心价值体系,就必须提高自身对社会主义核心价值体系的理论认知。理论认知在促进主体践行社会主义核心价值的作用主要表现在两个方面;一是契合践行主体与践行对象之间的对象化互动;二是提高主体的践行理性。因为践行主体与践行对象——社会主义核心价值之间是相互依存、相互作用和相互制约的双向对象化关系,践行的实质是客体的主体化和主体的客体化的辩证统一过程。在这一对象化过程中,“不但主体作用着客体,而且客体也以物质的、能量的和信息的方式直接或间接地反作用于主体,并总是以不可避免的、顽强的力量渗入、贯注、融合到主体性的结构系统之中,从而现实地成为主体性结构系统中的一个有机的组成部分。”②主体与客体对象化过程中存在结构性的契合关系,对主体而言,主体客体化过程中存在需求——目的结构、机能——体力结构、认知——智能结构、方法——技巧结构、社会——规范结构、审美——体验结构、情感——意志结构;对客体而言,客体主体化过程存在效用性结构、规律性结构、自在性结构、效力结构和形象性结构。主客体对象化过程对称同构的互生关系表现为,“一般说来,客体主体化的效用性结构大致与主体客体化的需求——目的结构相对应,客体的规律性结构大致同主体的认知——智能给构相对应,客体的自在性结构大致同主体的情感——意志结构和社会——规范给构相对应,客体的效力结构则同主体的机能——体力结构、方法——技巧幼构大致相对应,而客体的形象性结构同主体的审美——体脸结构共有更多的相关性。”③因此,加强价值践行主体对社会主义核心价值体系的理论认知,才能使主客体各自的特性和结构互相适应,才能构成现实活动着的对象性关系,才能真正实现能动而现实的双向对象化。实践是主体为满足自身需要而进行的探索和改造客观世界的物质活动。在这一活动中,人既按照外部对象的尺度进行活动,又把自己内在的尺度运用到对象上去,实践是物的尺度和人的尺度双重规定下的活动。理性是主体观念掌握对象世界的较高级方式,“实践理性是人类对感性的物质世界“应如何”和“怎么做”问题的观念掌握与解答。④ 实践理性不仅有“真”

---

① 孙正聿:《理论及其与实践的辩证关系》,《光明日报》2009 年 11 月 24 日第 11 版。

② 王永昌:《论实践对象化的基本内容和过程》,《中国社会科学》1992 年第 2 期。

③ 王永昌:《论实践对象化的基本内容和过程》,《中国社会科学》1992 年第 2 期

④ 王炳书:《实践理性问题研究》,《哲学动态》1999 年第 1 期。

的要求,更有对“善”的追求和对“美”的向往,实践理性具有实践性、价值性和理想性的特征。实践是在实践理性指导下的实践,实践理想在很大程度上影响实践的合理性、有效性和科学性。价值践行主体对社会主义核心价值体系的践行离不开实践理性的规约和指导。加强价值践行主体对社会主义核心价值体系的理论认知才能提高主体的践行理性。

社会主义核心价值体系是立意高远、内涵丰富、逻辑严谨的宏大价值理论体系,只有从多侧面、多角度才能对其充分认知。对价值践行主体来说提高对社会主义核心价值体系的理论认知表现为:一是理论体系性质认知。让践行主体明确知道社会主义核心价值体系是社会主义制度的内在精神和生命之魂,是社会主义意识形态的本质体现,体现着科学社会主义的本质规定。提高主体对理论体系性质认知,借以提升践行主体的使命意识。二是理论体系的地位认知。让践行主体明确知道社会主义核心价值体系在社会主义社会的价值体系中处于核心地位,是居于统治和引导地位的社会价值体系,它能够有效地制约非核心、非主导的社会价值体系作用的发挥,表现为价值体系结构的核心和社会功用的功能核心。即一方面相对于社会主义价值体系的其他层次结构而言居于核心,另一方面相对于其他非社会主义性质的价值体系而言居于社会整体价值体系的核心。功能的核心是指在诸多功能中,处于统领支配地位的功能。在社会主义社会多元价值交织并存的态势下居于一元主导地位,是支配统领多元价值的核心。提高主体对理论体系地位认知,借以提升践行主体的权重意识。三是理论体系的内容认知。让践行主体明确知道社会主义核心价值体系是包含灵魂、主题、精髓和基础的逻辑严谨、层次分明的体系,其中“马克思主义指导思想”是灵魂,“中国特色社会主义共同理想”是主题,“以爱国主义为核心的民族精神和以改革创新为核心的时代精神”是精髓,“社会主义荣辱观”是基础。解决了建设有中国特色社会主义举什么旗,走什么路,以什么样的精神动力和行为规范进行社会建设的问题。提高主体对理论体系内容结构认知,借以提升践行主体的建设层次意识。四是理论体系的价值认知。正如第一章所言,社会主义核心价值体系是目的价值、手段价值和规范价值的统一,目的价值是社会主义核心价值体系中具有目标指向性的价值,体现了社会主义价值在意义层面的价值追求。手段价值是社会主义核心价值体系中的工具性价值,体现了社会主义价值在方法层面的价值追求。规范价值是社会主义核心价值体系中具有规约指向性的价值,体现了社会主义价值在规则层面的价值追求。提高主体对理论体系的价值认知,借以提升践行主体践行的针对性。

3. 提升价值践行主体借助实践手段的能力

正如上文所言,手段是价值践行主体践行社会主义核心价值体系所借助和利用的外在条件,以人民群众为主体的价值践行主体践行社会主义核心价值体系所借助和利用的手段主要有政策手段、组织手段、活动手段和技术手段,提升价值践行主体借助实践手段的能力就体现为提高借助、利用政策手段、组织手段、活动手段和技术手段的能力。

我国当前的政策是由党和各级政府依照其职权制定的具有指导性、原则性、号召性的纲领、决议、方针、指示等来表现的行动依据和行为准则。所定政策从性质上看属于上层建筑的范畴,是国家意志的集中体现,集中体现人民群众的整体意志,反映整个人民群众的根本利益和共同愿望。政策从作用上看是理论指导实践的中间环节,"理论指导实践要以政策为中介,这是由理论和政策各自的特点决定的。"①理论以抽象性和逻辑性见长,实践以直接性和现实性为特点。高度抽象性、概括性的理论当其阐述的思想、观点、见解要付诸实践的时就必须具体化为政策,才能成为具有可操作性的规范实践行为的依据和准则。政策从价值上看是实现社会目标的基本手段,政策是沟通目标与现实的桥梁,社会的政治、经济、文化、科技等目标只有通过一定的政策才能实现。政策从功能上看具有目标引导、行为引导以及价值引导的导向功能和调节社会利益分配的调节功能。因此,必须把政策作为价值践行主体的重要借助手段。由于政策具有表述性,就表现形态而言,政策不是物质实体,而是外化为用语言和文字等表达手段表达的观念和信息。因此要提升价值践行主体对政策的借助力就要提高主体对政策的理解能力,要求主体提高自身文化知识素养,关注国家社会的事实动态,提高对政策理解的科学性和准确性。政策是在一定时间内的历史条件和国情条件下推行的现实政策,时效性是政策的又一特性。提升价值践行主体对政策的借助力就要提高主体响应政策的行动能力。要求主体积极响应国家的政策号召,认真务实投入到政策实践中去。阶级性是政策的最根本特性,在阶级社会中、政策只代表特定阶级的利益,从来不代表全体社会成员的利益、不反映所有人的意志。我国现行政策代表的是最广大人民的根本利益。提升价值践行主体对政策的借助力就要提高主体利益辨别能力。在社会主义核心价值践行中,自觉从个人私利和少数人利益的局限中跳出来,以人民利益为重,在实现人民利益过程中实现个人利益。

---

① 刘斌、王春福主编:《政策科学研究》第1卷,人民出版社2000年版,第94页。

政府组织、企业组织、民间组织是当今社会的三大社会组织,共同构成了社会运行的基础。政府组织社会政治运转的主导力量,企业组织是社会经济运行的核心,民间组织以其草根性、非营利性和公益性的特点在现代社会中的作用日益突出,三者共同作用,促进了社会的良性运转。各种组织是人民群众参与社会管理,创造美好生活的载体和平台,是价值践行主体践行社会主义核心价值体系要借助的重要手段。提升价值践行主体借助组织手段的能力就表现为提升主体参与组织、利用组织的能力。在"小政府、大社会"的社会管理、发展格局下,民间组织的作用越来越重要。民间组织按功能主要可以分为活动类、维权类、服务类、救助类等,要求价值践行主体依据民间组织的不同类别加以灵活运用。对于活动类的民间组织如各种民间健身、娱乐组织,价值践行主体利用其践行诸如"和谐"、"文明"等社会主义核心价值。对于维权类的民间组织如消费者协会等,主要是促进行业自律、保障正常的市场秩序以及对商业活动起到沟通、协调和监督作用。价值践行主体主要践行诸如"敬业"、"诚信"等社会主义核心价值。对于服务类的民间组织如志愿者协会等,价值践行主体利用其践行诸如"服务"、"奉献"等社会主义核心价值。对于救助类的民间组织如红十字协会、慈善机构、爱心社团等,价值践行主体利用其践行诸如"仁爱"、"友善"等社会主义价值。以提高价值践行主体借助组织手段践行社会主义核心价值的能力。

活动是由共同目的联合起来并完成一定社会职能的动作的总和,活动是由目的、对象和动作构成的系统,完整的活动过程包括活动策划、活动筹备和活动执行诸环节。高效的活动意味着活动策划合理,活动筹备充分,活动执行到位。因此提高价值践行主体借助活动手段的能力意味着合理策划活动的能力,充分筹备活动的能力,充分执行活动的能力。价值践行主体践行社会主义核心价值的能力就具体表现为节庆活动、公益活、慈善活动、商业活动、体育赛事、媒体活动等活动策划阶段活动的整体战略规划、活动的创意方案和活动的运行计划能充分体现社会主义核心价值践行意图。活动筹备阶段在涉及团队的组建、活动项目的管理、资源的调度、预算的制定和成本控制等方面为社会主义核心价值践行留出余地。活动执行阶段科学规范执行活动方案,把方案和计划落到实处,实现社会主义核心价值践行的预期构想。

技术是为某一目的共同协作组成的各种工具和规则体系,技术是一种工具,其具体表现形式是生产工艺、方法、制度等。技术作为人创造出来的实践手段,不仅为社会生产提供物质工具,而且为社会生产提供认识手段。"科学技术是第一生产力”,技术手段作为实践中连接主体和客体的中介因素,对于科学制定实践方案,提高实践效率起着举足轻重的作用。主体借助技术手段深化对实践的认识,“人从主观的观念,经过‘实践’(如技术),走向客观真理。”①主体对实践的认识借助技术手段并伴随着技术手段的进步,呈现从简单、局部的认识向复杂、全面的认识发展的态势。技术手段是主体实践能力的标志和体现,主体在实践中主要通过两个方面来作用于客体的,一是通过人的体力作用于客体;二是通过人的智力作用于客体。技术手段不仅在体力作用于客体过程发挥积极的作用,而且在智力作用于客体过程中发挥着更为重要的作用。价值践行主体践行社会主义核心价值的能力就表现为熟练运用专业生产技术、电脑、互联网络等各种技术手段的借助上,为此不断提高价值践行主体专业技术的培养和其他技能的培训,提高其借助技术手段践行社会主义核心价值的能力。

3.2 社会主义核心价值体系本体建设

理论的系统性决定了理论都是作为体系而存在,“‘理论体系’是社会主义核心价值体系的最基本的本体。”②社会主义核心价值体系自身理论体系建设是其理论自信、理论自主和理论自觉的表现。社会主义核心价值理论体系是主体对社会主义价值本质及其相互联系形成的整体性认识,表现为一种具有内在价值逻辑和关系的知识结构网络。“研究必须充分地占有材料,分析它的各种发展形式,探寻这些形式的内在联系。只有这项工作完成以后,现实的运动才能适当地叙述出来。这点一旦做到,材料的生命一旦观念地反映出来,呈现在我们面前的就好像是一个先验的结构了。”③社会主义核心价值体系理论本体建设是主体深入认识和把握社会主义核心价值内部联系的必然追求,也体现了主体对社会主义核心价值理性认识所达到的高度和深度。理论是抽象性、系统性的观念体系,有其内在的规定和要求。科学的理论体系,往往必须具备三个条件:一是理论体系要素齐备。有完备齐全的基本概念和范畴等要素体系,这些理论要素的内涵明晰,外延

① 《列宁全集》第38卷,人民出版社1984年版,第215页。

② 陈秉公:《马克思主义意识形态理论与社会主义核心价值体系建构》,《马克思主义研究》2008年第3期。

③ 《马克思恩格斯全集》第23卷,人民出版社1972年版第23—24页。

清楚；二是理论体系逻辑严谨。这些概念和范畴等理论要素以一种严密的判断和推理形成一个逻辑严整的体系。三是理论体系必须“彻底”和“抓住事物的根本”。因此，社会主义核心价值体系理论本体建设主要表现为加强概念和范畴等理论要素建设以凸显社会主义核心价值体系理论自足，关注逻辑关系建设以体现社会主义核心价值体系理论逻辑自恰，立足唯物史观以实现社会主义核心价值体系理论彻底。

3.2.1 完善理论要素展现理论自足

社会主义核心价值体系理论的构成要素主要包括概念、范畴、定理、观点、命题和原理等，这些不同称谓的要素按照由简单到复杂的顺序可归结为三类：范畴——理论的最基本元素，是理论成分中的最小单位和无法分解的“颗粒”；命题——范畴、观点的展开形式，体现理论体系内部的种种关系；原理——由核心命题统领，由诸多观点和定律构成，与理论的关系是部分与整体的关系。社会主义核心价值体系理论的构成要素建设主要包括范畴、命题和原理三个建设层面。

范畴是指概括和反映事物本质属性和普遍联系的基本概念。范畴一方面是理论认识的结果，另一方面是理论构造的基本环节。范畴作为理论的基本要素是理论诸成分中的最小单位，是理论内容的主要承载者，也是理论中一切矛盾的胚芽。尽管社会主义核心价值体系理论的范畴依据性质和状态可分为实体范畴、属性范畴和关系范畴。依据范畴的作用大小可分为基本范畴、重要范畴和具体范畴等划分方法，但限于篇幅和论证需要社会主义核心价值体系理论的基本范畴应包括起点范畴、中心范畴、中介范畴和结果范畴四个方面。起点范畴是社会主义核心价值体系理论范畴体系的逻辑起点，是社会主义核心价值体系理论范畴体系中最基础、最抽象的范畴；中心范畴是社会主义核心价值体系理论范畴体系中最基本的范畴，对范畴体系中其他范畴起着规约和统领作用。中介范畴是社会主义核心价值体系理论范畴体系的逻辑中项，在社会主义核心价值体系理论范畴体系中起着联结和促进作用。结果范畴是社会主义核心价值体系理论范畴体系的逻辑终项，体现范畴演化的最终状态。笔者认为社会主义核心价值体系理论的起点范畴是价值与行为。一方面价值与行为是社会主义核心价值体系理论范畴体系中最基础、最抽象的范畴。社会主义核心价值体系本身就是关于价值理论的学说，价值范畴自然就是其范畴体系的起点。由于价值是一个关系的范畴，价值表现为评价体对作用效应的判断性评价，存在于对象体和评价体互动关系中，价值评价、价值选择和价值创造是价值主体行为的应有之意,因此行为也是社会主义核心价值体系的起点范畴;另一方面价值和行为同社会主义核心价值体系的研究对象相互规定。社会主义核心价值体系是理论与实践的结合,一要研究其独特的价值内涵,二要研究在理论指导下的价值实践,社会主义核心价值体系的研究对象规定了价值和行为是其研究的起点,价值和行为也强化和聚焦了社会主义核心价值体系的研究对象。再一方面价值和行为是社会主义核心价值体系研究领域一切矛盾的胚芽。社会主义核心价值体系理论的中心范畴是主体与客体。价值这个普遍的概念是从人们对待满足他们需要的外界物质的关系中产生,一语道明主客二分的认识论方法仍然是当前研究价值论的最佳方法。价值作为一种关系范畴,主客体的生成是价值生成的前提条件。主体与客体作为社会主义核心价值体系理论的中心范畴能有效统领范畴体系的其他范畴,科学简明的促进社会主义核心价值体系研究。社会主义核心价值体系的中介范畴是承载与传导。社会主义核心价值不会自身体现,必须有法律、道德、哲学和艺术等载体来呈现,社会主义核心价值体系反映的是价值主体和客体之间的关系,必须有媒介导体、活动导体和管理导体等积极参与才能促进主客体之间的作用和转换。社会主义核心价值体系理论的结果范畴是内化与外化。社会主义核心价值体系研究的目的和结果是把社会主义价值内化为主体的价值观念,外化为主体的行为实践。通过加强社会主义核心价值体系理论的范畴建设,尤其是强化价值与行为、主体与客体、承载与传导和内化与外化等基本范畴的研究,发挥范畴在社会主义核心价值体系理论建设中的认识功能、方法功能和构建功能,促进社会主义核心价值体系理论形式建设。

命题从逻辑学的角度看是表达判断的一种语言形式,其表达方式是由系词把主词和宾词联结而成。命题从其内容上看主要表现为一是对事物状态和性质等信息的陈述,二是对人如何看待和理解事物以及人所主张愿望的表达。相对于范畴而言,命题展示的是理论体系内部的种种关系。命题按其在理论构建中的地位和作用可分为核心命题、基础命题和例证命题三大类。核心命题集中反映理论的中心思想,代表着理论的基本性质和思想倾向。基础命题环绕在核心命题的外围,对核心命题起着奠基和辅助作用。例证命题是事例等形式来佐证核心命题和基础命题。正是由于不同命题的存在,才使理论有血有肉,富于说服力。社会主义核心价值体系建设必须重视命题建设,才能使其趋向丰富、深刻和系统。本文认为当前学界普遍认同的社会主义核心价值体系内涵的四个方面内容概括:即马克思主义指导思想社会主义核心价值体系的灵魂;中国特色社会主义共同理想是社会主义核心价值体系的主题;以爱国主义为核心的民族精神和以改革创新为核心的时代精神是社会主义核心价值体系的精髓;社会主义荣辱观是社会主义核心价值体系的基础。就是社会主义核心价值体系理论很好的命题。其中"马克思主义指导思想是社会主义核心价值体系的灵魂"是价值体系理论的核心命题。"中国特色社会主义共同理想是社会主义核心价值体系的主题"和"以爱国主义为核心的民族精神和以改革创新为核心的时代精神是社会主义核心价值体系的精髓"是价值体系理论的基础命题。"社会主义荣辱观是社会主义核心价值体系的基础"是价值体系理论的例证命题。当前社会主义核心价值体系理论的四大命题研究还主要停留在价值判断、意义界说和功能解读的层面,还缺乏深入的构建和研究。笔者认为社会主义核心价值体系理论的核心命题——"马克思主义指导思想是社会主义核心价值体系的灵魂"不能停留在宏观叙事的角度,笼统描述马克思主义是关于自然、社会和思维发展普遍规律的科学,是工人阶级和劳动人民解放的科学,是关于建设社会主义和实现共产主义的科学,从而证明"马克思主义指导思想是社会主义核心价值体系的灵魂"这一核心命题。而是具体问题具体分析,从马克思主义博大精深的体系中抽取具体的立场、观点和方法来证明和论述"马克思主义指导思想是社会主义核心价值体系的灵魂"。不仅要解决"是什么",还要深入解决"为什么"和"怎么办"。社会主义核心价值体系理论的基础命题——"中国特色社会主义共同理想是社会主义核心价值体系的主题"的论述也不能停留在中国特色社会主义共同理想是建设中国特色社会主义的奋斗目标和实现中华民族伟大复兴的灿烂前景的描绘上。还要研究中国特色社会主义共同理想中的价值蕴含,深入发掘中国特色社会主义价值在扬弃中国传统价值和西方资本主义价值比较后的价值优势,探讨中国特色社会主义价值的历史必然性以及作为迄今人类最优秀价值形式的具体性和普适性。才能使"中国特色社会主义共同理想是社会主义核心价值体系的主题"的命题研究不陷入空泛。"以爱国主义为核心的民族精神和以改革创新为核心的时代精神是社会主义核心价值体系的精髓"命题的论述也同样不能仅停留在团结统一、爱好和平、勤劳勇敢、自强不息的伟大民族精神和解放思想、求真务实、锐意改革、开拓创新的时代精神的意义和作用的描述上,而应深入研究和发掘民族精神和时代精神背后所隐含的价值,精神背后的价值才是社会主义核心价值体系的精髓。社会主义核心价值体系理论的例证命题"社会主义荣辱观是社会主义核心价值体系的基础"也不能仅是论述以"八荣八耻"为主要内容的社会主义荣辱观是非、善恶、美丑、荣辱的界限,是坚持什么、反对什么、倡导什么、抵制什么的依据。这样就是把社会主义核心价值体系的基础与社会主义道德的内容混为一谈,而是应该发掘社会主义荣辱观中“八荣”所蕴含的先进价值和“八耻”所含有的落后腐朽价值,进而说明“社会主义荣辱观是社会主义核心价值体系的基础”这一例证命题。唯其如此,才能使社会主义核心价值体系理论丰富深刻。

原理通常是指理论体系中具有普遍意义的论断或规律。是对客观事物某一层次、某一范围的系统把握。不同原理相互作用,服务于理论体系的目的性和结构性要求,共同形成一个理论体系。社会主义核心价值体系理论建设要加强原理建设,从而彰显社会主义核心价值体系的理论深度。社会主义核心价值体系原理建设主要包括以下几个原理建设:一是加强价值的主客二重性研究。价值是物质决定性(决定于价值对象体之间相互作用的效应)和精神表现性(表现为以概念为主要形式的判断性评价)的统一体。二是加强“三化”研究。即主体客体化、客体主体化和主客体互为一体化的研究。三是“两个尺度”的统一研究。即价值尺度和真理尺度是具体的历史的统一的研究。四是社会主义核心价值普遍性与特殊性的辩证关系研究。通过加强价值的主客二重性研究,从本体论的角度阐明社会主义价值是主体在实践的基础上与客体相互作用的产物,社会主义价值既离不开客体自身功能、属性等客观条件的限定,也离不开主体在实践中的体悟、判断和选择等能动作用,社会主义价值的主客二重性研究有利于增强人民群众践行社会主义核心价值体系和创造社会主义核心价值体系的针对性和积极性。加强社会主义核心价值体系“三化”研究,探索人民群众对客体规律的接受和服从(主体客体化)的机制和方式,探讨人民群众按照自己的目的、需要和能力改造客体为自己服务(客体主体化)的方法和条件,探究人民群众和实践对象之间自身力量彼此对象化的(主客体互为一体化)的前提和基础,提高社会主义核心价值体系理论的说服力。“两个尺度”的统一研究为社会主义核心价值体系理论建设及人民群众的价值实践活动提供了基本范式与理性框架,在社会主义核心价值体系的理论建设实践中既不能因真理尺度减弱而消解价值尺度,从而使人成为物及其规律的奴隶;也不能以价值尺度凌驾于真理尺度之上,背离社会主义核心价值体系建设物质基础,导致社会主义价值虚无。加强对社会主义核心价值普遍性与特殊性的辩证关系研究。弄清社会主义价值体系价值普遍性与特殊性的内在指定,既从特殊性入手坚持中国特色社会主义价值理论建设,增强自身理论的独特魅力,又要从普遍性着眼提高中国特色社会主义价值理论的普适性和开放性,增强中国特色社会主义价值理论的张力。

3.2.2 强化逻辑理性体现理论自洽

所谓自洽就是指理论体系内在逻辑一致,不含悖论。“自洽性(self-consistency)是自然科学领域中经常使用的一个概念,它源于逻辑学,主要是指带有主观性的自我协商、自我控制、自我允准和自我认同,是概念、观点、假设、结论之间的内在一致性。”①逻辑自洽性通常是指“建构一个科学理论的若干基本假设之间、基本假设和由这些基本假设逻辑地导出的结论之间以及各个结论之间的相容性、非矛盾性”。② 理论逻辑自洽性是理论体系结构中概念、观点、假设、结论之间内在和谐性和一致性的综合体现。自洽性既体现了理论体系的“内在紧张性”,也体现着构成理论体系的要素及其分支体系的相容性与相承性。自洽性是理论所固有的一种理性特质和把握现实的逻辑方式。科学理论必定是一个理论逻辑自洽的体系。自社会主义核心价值体系理论提出以来,理论界对社会主义核心价值体系及其四个方面的基本内容——“马克思主义指导思想”、“中国特色社会主义共同理想”、“以爱国主义为核心的民族精神和以改革创新为核心的时代精神”、“以‘八荣八耻’为主要内容的社会主义荣辱观”进行了深入的分析和探讨,在社会主义核心价值体系的性质、功能与意义及其建设的依据与原则、基础与重点、方法与路径等方面取得了丰硕的研究成果,并且从灵魂、主题、精髓和基础的深度对社会主义核心价值体系进行了定性和界分,体现了理论界对社会主义核心价值体系研究的新成就。但就社会主义核心价值体系理论本身而言,还尚存在一些杂糅的痕迹,给人一种概念堆积的感觉,逻辑之间的区分和关联不十分明显。即便有学者从灵魂、主题、精髓和基础的角度来论证社会主义核心价值体系是逻辑关系严密的体系,认为没有马克思主义科学理论的指导,社会主义意识形态就失去了方向和灵魂;没有中国特色社会主义共同理想,社会主义意识形态就失去了内核和主题;没有民族精神和时代精神,社会主义意识形态就失去了精髓和主旋律;没有社会主义荣辱观,社会主义意识形态就失去了价值坐标和道德标准。实质上也只是站在理论体系层次的角度论证社会主义核心价值体系在上述单个层面上的科学

---

① 张国启:《论社会主义意识形态的逻辑自洽性及其当代意义》,《马克思主义研究》2011 年第 11 期。

② 陈殿林:《论社会主义核心价值体系的自洽性》,《长江论坛》2007 年第 3 期。

性和合理性,并没有很好说明整个社会主义核心价值体系理论内在的逻辑关系及其自洽性。社会主义核心价值体系要作为一个科学的理论体系,必须做到逻辑上的自洽,才能摆脱自身自洽性困扰,增强理论的说服力和魅力。社会主义核心价值体系逻辑自洽性既反映了社会主义价值优越性的内在根据,也构成了社会主义核心价值体系自我反省、自我超越的生长机制。一般而言,理论有三种产生方式:论从"经"出——理论从经典文本中来;论从"史"出——理论从社会历史和思想历史中来;论从"实"出——理论从客观实际和实践生活中来。社会主义核心价值体系理论的产生的源头活水离不开马列原著经典的解读,离不开世界共产主义运动史的借鉴,离不开中国特色社会主义建设的伟大实践。社会主义核心价值体系逻辑自洽性就体现为历史逻辑自洽性和现实逻辑自洽性。科学的理论体系本身也是一个概念齐全、判断准确、推理合理的理论体系,不仅是对历史的总结,现实的反映,更是对未来发展趋势的揭示。社会主义核心价值体系逻辑自洽性又体现为理论逻辑自洽性和发展逻辑自洽性。因此,社会主义核心价值体系逻辑自洽性建设体现为理论逻辑自洽、历史逻辑自洽、现实逻辑自洽和发展逻辑自洽。

1. 社会主义核心价值体系理论逻辑自洽

社会主义核心价值体系应该是一个逻辑结构严谨的体系,要求构成社会主义核心价值体系理论的要素(范畴、命题、原理)在逻辑上具有严整性和连贯性。为此,就必须借助概念、判断和推理等逻辑形式使社会主义核心价值体系形成一个有机的体系。社会主义核心价值体系理论逻辑自洽就要求概念准确、判断合理、推理科学。概念是指概括一类事物的特性而形成的心理意念和抽象符号,概念构成了人认识的基本要素,体现了人对事物本质的认识,"概念这种东西已经不是事物的现象,不是事物的各个片断,不是它们的外部联系,而是抓着了事物的本质,事物的全体,事物的内部联系了。"①概念的最基本特征是它的抽象性和概括性,概念都有内涵和外延,即其含义和适用范围,是逻辑思维的基本单元和形式。尽管概念和范畴具有一定的通约性,但二者仍有明显差别,范畴是从理论要素的意义而言的,范畴构成了规律、原理的要素和细胞。概念除此含义以外,还有逻辑形式的意义。概念是人思维的手段,是加工感性材料形成思想观点的工具,概念是理论创造的起点和逻辑结构的基础。社会主义核心价值体系理论逻辑自洽的起点和基础就是概念齐备、准确。社会主义核心价值体系理论当前还存在一定的认

---

① 《毛泽东选集》第1卷,人民出版社1991年版,第285页。

知模糊和理论逻辑乏力的主要原因是相关概念缺乏研究和界定。如社会主义核心价值体系的灵魂是马克思主义指导思想,“指导思想”这一概念就需要澄清和明确,指导思想是指社会主义核心价值体系理论建设的行动指南?还是构成其理论的基础?指导思想若是理论建设的行动指南则弱化社会主义核心价值体系作为比较成熟理论体系的自洽性和严谨性,作为理论建设行动指南的指导思想只是提供了理论建设的世界观和方法论,为社会主义核心价值体系理论建设的科学性奠定了基础,是理论体系内在的属性和品质,但毕竟还不是理论体系的外在自身;指导思想若是构成社会主义核心价值体系理论的基础,则该表述就过于笼统。指导思想到底是指马克思主义的世界观、方法论、价值理念?还是兼而有之?就需要对指导思想这一概念深入挖掘和澄清。又如社会主义核心价值体系的主题是中国特色社会主义共同理想,“共同理想”这一概念的内涵和外延仍然需要明确,我们可能习惯于从党和国家的宏观层面上去理解共同理想是我们在现阶段的奋斗目标和行动纲领,建设中国特色社会主义,把我国建设成为富强、民主、文明、和谐的社会主义现代化国家。这样理解共同理想只是延续了社会学和政治学的解释思路,尚不够微观和精确。因为“‘价值’这个普遍的概念是从人们对待满足他们需要的外界物质的关系中产生”,①从价值学的角度看,共同理想这一概念还要从个体需要以及世界对个体的意义的价值论角度进行探讨,才能使社会主义核心价值体系的概念更加精确。事实上,诸如“民族精神”、“时代精神”和“荣辱”等概念也需要从价值论的角度深入界定。社会主义核心价值体系理论概念齐备、准确就为社会主义核心价值体系理论逻辑自洽打下了基础。

概念是浓缩的判断,判断是展开了的概念。判断是由两个或两个以上的概念构成,是人们对思维对象有所断定的一种逻辑形式。与命题不同,命题强调的是思维的内容,判断强调的是思维的形式。判断通过概念对事物及其属性做出肯定或否定的回答。判断是在概念基础上发展起来的一种更高级的逻辑形式。从思维的形式上看,在社会主义核心价值体系内容中,“马克思主义指导思想”、“中国特色社会主义共同理想”、“以爱国主义为核心的民族精神和以改革创新为核心的时代精神”、“以‘八荣八耻’为主要内容的社会主义荣辱观”都属于判断。就目前而言,在社会主义核心价值体系理论中判断力量最强的部分是社会主义荣辱观部分,即“坚持以热爱祖国为荣、以危害祖国为耻;以服务人民为荣、以背离人民为

---

① 《马克思恩格斯全集》第19卷,人民出版社1963年版,第406页。

耻;以崇尚科学为荣、以愚昧无知为耻;以辛勤劳动为荣、以好逸恶劳为耻;以团结互助为荣、以损人利己为耻;以诚实守信为荣、以见利忘义为耻;以遵纪守法为荣、以违法乱纪为耻;以艰苦奋斗为荣、以骄奢淫逸为耻。"①"八荣八耻"以言简意赅、脍炙人口的方式对社会主义社会的是非、善恶、美丑的界限进行了明确划分,对坚持什么、反对什么,倡导什么、抵制什么,进行了旗帜鲜明的判定,体现了社会主义核心价值体系理论逻辑的力量。但"马克思主义指导思想"、"中国特色社会主义共同理想"、"以爱国主义为核心的民族精神和以改革创新为核心的时代精神"等的理论判断还有待深入研究。如当前马克思主义指导思想是社会主义核心价值体系的灵魂的判断主要集中在马克思主义提供的是科学的世界观,是认识世界和改造世界的立场、观点、方法,如果动摇马克思主义的指导地位,就会动摇中国特色社会主义的理论根基,动摇全党全国人民团结一致走中国特色社会主义道路的决心和信心等定性论述上,缺乏对马克思主义指导思想判断的深入分析,即从"马克思主义为什么能作为指导思想"、"马克思主义指导思想是什么"、"马克思主义指导思想能怎样"和"马克思主义指导思想应怎样"等理论判断方面进行深入研究。"中国特色社会主义共同理想"、"以爱国主义为核心的民族精神和以改革创新为核心的时代精神"等的理论判断也需要同样的追问,相信以上相关理论判断深入探讨,一定会大大增强社会主义核心价值体系理论逻辑的力量。

推理是比判断更为高级的思维形式,是由一个或几个已知的判断推出一个新的判断的思维形式。推理是判断之间的矛盾的展开,揭示的是判断之间的必然联系。任何一个推理都包含已知判断、新的判断和一定的推理形式,推理形式主要有演绎推理和归纳推理。演绎推理是从一般规律出发,运用逻辑证明或数学运算,得出特殊事实应遵循的规律,即从一般到特殊。归纳推理就是从许多个别的事物中概括出一般性概念、原则或结论,即从特殊到一般。科学的推理不是人脑随意操纵的空洞形式,而是事物的矛盾及其发展在人脑中的反映。正确地运用推理,不仅能够揭示对象内部和对象之间的必然联系,而且能够预见客观事物的发展趋势。理论的逻辑体系靠推理并在推理阶段得以完成。社会主义核心价值体系理论的构建离不开科学的推理,建立在概念和判断基础上的推理是解决社会主义核心价值体系理论"内在紧张"的重要手段。当前理论界对社会主义核心价值体系理论的研究总体情况是重视价值体系局部性的分析、轻视价值体现整体性的

① 转引熊建生:《思想政治教育内容结构论》,中国社会科学出版社2012年版,第172页。

阐释,重视价值体系内容的叙述、轻视价值体系体系的建构,导致社会主义核心价值体系理论尚欠缺自身逻辑连贯性、理论前瞻性和对现实的说服力和解释力。加强社会主义核心价值体系理论推理研究主要体现在四个方面:一是加强社会主义核心价值体系是马克思主义价值理论一脉相承的理论体系的推理研究,解决社会主义核心价值体系是马克思主义价值理论的"合法性"紧张。二是加强社会主义核心价值体系理论源于社会主义建设的实践的推理研究,解决社会主义核心价值体系回应时代问题的"合理性"紧张。三是加强社会主义核心价值理念高于资本主义价值理念的推理研究,解决社会主义核心价值交锋资本主义所谓"普世价值"及"全人类共同价值"的"优越性"紧张。四是加强社会主义核心价值体系理论观照人类社会发展理论的推理研究,解决社会主义核心价值体系面向未来的"科学性"紧张。

2. 社会主义核心价值体系历史逻辑自洽

历史有两重含义,一是指客观现实的历史发展过程,包括自然界的历史和人类社会的历史;二是指人类认识客观现实的历史,包括科学史、哲学史、思维史等。逻辑是人的一种抽象思维,是人通过概念、判断、推理、论证来理解和区分客观世界的思维过程,是客观规律在主观上的反映,逻辑体现了事物间客观存在的内在的必然的联系。历史逻辑作为历史发展过程在思维中概括的反映,就包括客观现实的历史逻辑和认识客观现实的历史逻辑,二者是同一历史逻辑的两个方面。客观现实的历史是历史逻辑的基础和内容,"历史从哪里开始,思想进程也应当从哪里开始,而思想进程的进一步发展不过是历史过程在抽象的、理论上前后一贯的形式上的反映。"①历史逻辑是对事物发展历程中所体现的规律性反映,它的产生需要主体思维,因此具有理论的特征。社会主义核心价值体系的历史逻辑包括社会主义运动客观现实的历史逻辑和认识社会主义运动客观现实的历史逻辑,二者相互作用构成了社会主义核心价值体系的历史逻辑运动。

社会主义核心价值体系历史逻辑自洽就要从社会主义运动客观现实的历史中研究其自洽性,为此要加强世界社会主义运动的历史考察,从马克思、恩格斯时代欧洲社会主义运动历史中探究对社会主义价值的理想和愿景,从苏俄社会主义历史中总结对社会主义价值尝试的经验与教训,从中国社会主义革命和建设历史中发掘社会主义价值的追求与成果。以历史事实说明社会主义核心价值的历史

---

① 《马克思恩格斯选集》第2卷,人民出版社1972年版,第122页。

合理性。社会主义核心价值体系历史逻辑自洽还要从对社会主义价值认识的历史中研究其自洽性。社会主义核心价值体系作为马克思主义中国化的最新成果，与马克思主义经典价值论述是流与源的传承关系。所谓传承就是将马克思主义经典价值论的共性、普遍性的思想理论加以辩证吸收，从而使后来的社会主义核心价值体系思想理论同此前的思想理论一脉相承。辩证的传承还意味着发展，还要将个性、特殊性的东西根据社会的进步和实践的发展进行改变，使之与继承下来的共性内容重新组合，形成一种新的物质形态。作为马克思主义价值理论发展进程的重要环节，社会主义核心价值体系的历史逻辑自洽就要表现为与马克思主义价值发展史的吻合与对接上，即在与马克思主义价值理论发展一脉相承上体现出社会主义核心价值体系的历史逻辑自洽。为此要重视社会主义核心价值体系的价值观点形成、发展的先后顺序及其与马克思主义经典价值观念一脉相承的关系。社会主义核心价值认识的历史逻辑自洽就是深入探讨社会主义核心价值体系的价值观点与马克思主义创始人和经典作家关于社会主义价值论述的内在一致性。要求立足于马克思主义理论的经典文本，忠实于原著，尊重经典作家，通过原著的精读和深研，正确把握马克思主义的思想，走进马克思主义。正如法国后现代主义者德里达所言："不去阅读且反复阅读和讨论马克思——可以说也包括其他一些人——而且是超越学者式的'阅读'和'讨论'，将永远都是一个错误，而且越来越成为一个错误，一个理论的、哲学的和政治的责任方面的错误。"①因此"回到马克思"、"走进马克思"是社会主义核心价值体系历史逻辑自洽所必需的。

本文认为，在马克思主义博大精深的价值观念体系中，劳动价值观、人民价值观、平等价值观和自由价值观等是照亮人类历史星空的价值观念，随着人类社会的发展愈发闪烁着价值文明的理想光辉。社会主义核心价值体系的历史逻辑自洽就要深入研究马克思主义经典文本，发掘马克思主义经典价值的内涵，探讨社会主义核心价值体系的价值观点与马克思主义创始人和经典作家关于上述社会主义价值论述的源流、扬弃和借鉴关系，从理论传承的角度论证社会主义核心价值体系历史逻辑自洽性。当前不少研究没有把价值现象置于人类社会的历史实践中来考察，缺乏对人类对象性活动、主客体关系中的"两个尺度"来理解价值，习惯于抽象地谈论社会主义核心价值体系的时代性、先进性及人性化内涵，结果陷

---

① 雅克·德里达：《马克思的幽灵：债务国家、哀悼活动和新国际》，中国人民大学出版社1999年版，第21页。

入了西方资产阶级抽象价值观解读的陷阱,有意无意地认同和呼应了西方意识形态渗透,客观上起到了消解社会主义核心价值观的作用。即使重视马克思主义经典论述的解读,也存在一些偏差,"近年来,马克思的价值理论开始引起研究者们的关注,但这一关注又是以他们对这一理论的普遍误解为基础的。在这样的情况下,重视对马克思价值理论的探索,恢复其本真面目,就成了理论界必须面对的一项迫切任务。"①社会主义核心价值体系与马克思主义经典文本对接的历史逻辑自洽性就显得更加重要。

3. 社会主义核心价值体系现实逻辑自洽

社会主义核心价值体系与马克思主义的其他理论一样具有与时俱进的理论品质,正如列宁所指出的:"马克思主义的全部精神,它的整个体系,要求人们对每一个原理都要(α)历史地、(β)都要同其他原理联系起来、(γ)都要同具体的历史经验联系起来加以考察。"②社会主义核心价值体系建设既要继承马克思主义价值理论的基本精神,又必须关注中国当下的具体价值实践,回应当代中国现实。社会主义核心价值体系理论的力量产生于它与实践的结合中,社会主义核心价值体系只有在和时代的互动中、和实践的互动中、在解决中国问题的过程中,才能获得生命力,才能得到丰富和发展。社会主义核心价值体系本质上是一种基于现实与实践而又归于现实与实践的理论,社会主义核心价值体系理论与现实是决定于被决定、反映与被反映、依赖与超越的逻辑关系。一方面,社会现实是社会主义价值意识和价值问题的生长点和出发点。"一切划时代的体系的真正内容都是由于产生这些体系的那个时期的需要而形成起来的",③"任何真正的哲学都是自己时代精神的精华"和"文明的活的灵魂"④。马克思、恩格斯在谈到他们研究社会问题的出发点时也明确指出:"德国哲学从天上降到地上;和它完全相反,这里我们是从地上升到天上,……我们的出发点是从事实际活动的人,而且从他们的现实生活过程中我们还可以揭示这一生活在意识形态上的反射和回声的发展。"⑤社会主义核心价值体系源于社会现实和实践。另一方面,社会主义核心价值体系理

① 俞吾金:《重视对马克思的价值理论的研究》,《当代国外马克思主义评论》2008 年第 12 期。

② 《列宁选集》第 2 卷,人民出版社 1995 年版,第 785 页。

③ 《马克思恩格斯全集》第 3 卷,人民出版社 1960 年版,第 544 页。

④ 《马克思恩格斯全集》第 1 卷,. 人民出版社 1956 年版,第 30 页。

⑤ 《马克思恩格斯全集》第 3 卷,人民出版社 1960 年版,第 30 页。

论又以社会现实和实践为其目的和归宿。“哲学家们只是用不同的方式解释世界,而问题在于改变世界。”①“对于实践唯物主义者来说,全部问题都在于使现存世界革命化”。② 社会主义核心价值体系反过来又必须为社会现实和实践服务。因此,社会主义核心价值体系必须实现与现实逻辑自洽,才能增强其自身解释世界和改造世界的能力。

社会主义核心价值体系实现与现实逻辑自洽,从理论共性上看现实逻辑自洽是指社会主义核心价值体系理论准确揭示社会现实中人们对价值的需求及价值发展的根本特点和规律,社会主义核心价值体系揭示、论证、推演的价值观点和逻辑结论与社会现实要求相一致。尽管源于现实的社会主义价值理论必定要高于现实,但与现实的逻辑关系要求社会主义价值理论要直面现实,不回避矛盾,不掩盖问题,能有效回答社会现实中人们的价值需求、价值困惑和价值追问。“理论在一个国家实现的程度,总是决定于理论满足这个国家的需要的程度。”③社会主义核心价值体系理论只有面向现实,满足人们的价值需要,才能被群众所掌握,成为指导人民群众生活实践的理论武器。从理论个性上看现实逻辑自洽是指社会主义核心价值体系产生于中国社会实践必然体现当代中国特色,即具有中国特色、中国风格、中国气派。当代中国特色最主要体现在民族风格和当代特点上,社会主义核心价值体系现实逻辑自洽表现为与民族风格自洽和与当代特点自洽。民族风格自洽是指社会主义核心价值体系在内容上,必须与民族价值认同相一致,与民族命运紧密相连,解决民族的重大课题,深深扎根在民族实践的沃土之中,体现出民族价值意蕴特点;在形式上,要求社会主义核心价值体系必须与民族价值传统、民族价值心理和思维方式相一致,体现出民族价值表现特色。当代特点自洽要求重视社会主义核心价值体系当代化研究,回答当代价值问题,体现当代特点。“原则不是研究的出发点,而是它的最终结果;这些原则不是被应用于自然界和人类历史,而是从它们中抽象出来的;不是自然界和人类去适应原则,而是原则只有在符合自然界和历史的情况下才是正确的。”④要求社会主义核心价值体系研究一定要以我国改革开放和现代化建设的实际问题、以我们正在做的事情为中心,着眼于社会主义价值理论的运用,着眼于对实际问题的价值思考,着眼于价值

① 《马克思恩格斯选集》第1卷,人民出版社1995年版,第57页。
② 《马克思恩格斯选集》第1卷,人民出版社1995年版,第75页。
③ 《马克思恩格斯选集》第1卷,人民出版社1995年版,第11页。
④ 《马克思恩格斯选集》第3卷,人民出版社1995年版,第374页。

实践的新的发展,使概括、总结出来的社会主义核心价值体系体现出我国当代价值实践的特点。

4. 社会主义核心价值体系发展逻辑自洽

"我们的理论是发展着的理论。"①发展是马克思主义理论的重要特征。社会主义核心价值体系不会满足于对马克思主义价值理论的历史传承,不会止步于与时俱进对现实实践的反映,更着眼于对未来发展的价值引导。社会主义核心价值体系的逻辑自洽不仅表现为历史逻辑自洽和现实逻辑自洽,还要表现为发展逻辑自洽。"理论所具有的普遍性、规律性和理想性为人们提供历史地发展着的价值观念,从而规范人们的思想与行为。""理论不仅是解释性的,而且是规范性的;理论不仅是实践性的,而且是超实践性的。"②马克思主义是无产阶级思想的科学体系,从它的阶级属性讲,马克思主义是无产阶级争取自身解放和整个人类解放的科学理论,是关于无产阶级斗争的性质、目的和解放条件的学说,科学社会主义是马克思主义理论的核心。关注人和社会的发展是马克思主义的重要旨趣所在。社会主义核心价值体系发展逻辑自洽就意味着社会主义核心价值要着眼于符合人和社会未来发展的规律与趋势,满足人和社会未来发展的价值需求,对人和社会的未来发展提供价值引导。社会主义核心价值体系发展逻辑自洽就表现为与个体发展逻辑自洽和与社会发展逻辑自洽。

人的全面发展理论,是马克思主义的重要组成部分,在一定意义上,实现人的全面而自由的发展是马克思主义全部学说的理论归宿和落脚点。马克思一生致力于批判资本主义的异化劳动,追求全人类的彻底解放和人的自由而全面发展。③ 人的全面而自由的发展不仅是对人的自我完善的美好追求,也是社会主义运动的本质要求,诠释了科学社会主义作为社会运动、科学理论和制度范型的目标模式和价值追求,为社会主义核心价值体系关照人的发展的逻辑自洽提供了科学依据。马克思主义人的全面发展有着丰富、深刻的内涵:一方面,人的全面发展是社会全体成员的共同发展,不是个别人、部分阶层的片面发展。"代替那存在着阶级和阶级对立的资产阶级旧社会的,将是这样一个联合体,在那里,每个人的自由发展是一切人的自由发展的条件。"④另一方面,人的全面发展是人的综合素质

---

① 《马克思恩格斯选集》第4卷,人民出版社1995年版,第681页。

② 孙正聿:《理论及其与实践的辩证关系》,《光明日报》2009年11月24日第11版。

③ 黄斌:《人的全面发展与社会主义价值体系的当代构建》,《社会主义研究》2006年第5期。

④ 《马克思恩格斯文集》第2卷,人民出版社2009年版,第53页。

的全面发展。人的全面发展不仅包括人的能力素质、精神素质的发展,还包括社会关系的和谐以及政治、经济等社会权力的充分实现。再一方面,人的全面发展是摆脱对"物"的依赖自由而全面的发展。马克思通过对"古代共同体","货币共同体"、"自由人联合体"三大社会形态的依次更替规律的宏观历史透视,得出了人的发展与社会发展三大形态相对应依次经历了"人的依赖"形态、"物的依赖"形态和"自由个性"形态三大历史发展阶段。可见,人的全面发展是一个逐渐由低级向高级演进,不断超越现有社会历史条件束缚,追求人的综合素质全面提高和人的彻底解放的历史发展过程。社会主义核心价值体系个体发展逻辑自洽就表现为面向未来发展的社会主义核心价值与社会全体成员的共同发展要求相呼应,与人的综合素质的全面发展要求相照应,与摆脱对"物"的依赖自由而全面的发展要求相对应,正确反映人的自由而全面发展的价值取向,实现社会主义核心价值体系个体发展逻辑自洽。

马克思主义认为社会发展是合规律和合目的的统一。社会发展合规律是指人类社会是在生产力与生产关系的矛盾运动为内在根本动力推动下,由低级向高级不断演化、推进。社会发展合规律在整体上主要表现为社会形态的更替,即人类社会的发展进程经历原始社会、奴隶社会、封建社会、资本主义社会,经过社会主义社会而进入共产主义社会。在阶级状况上表现为人类社会经历为无阶级社会——阶级社会——再到无阶级社会。在生产资料所有制情况上表现为人类社会经历原始公有制——生产资料私有制——共产主义生产资料公有制。社会发展合目的是指社会发展的最终目的,应体现在实现人类的解放和促进个人自由而全面的发展中。共产主义社会是"以每个人的全面而自由的发展为基本原则的社会形式"。① 社会发展是合规律和合目的的统一就是要站在历史唯物主义和辩证唯物主义的立场上,既坚持社会发展的真理性和科学性,又兼顾社会发展的价值性和人文性,在二者的统一中看待社会发展。社会主义核心价值体系社会发展逻辑自洽就是要求社会主义的核心价值理念具备着眼社会发展的张力和内涵,符合社会发展的价值要求。为此,要立足社会发展规律,放眼社会未来发展确立社会主义核心价值理念。既然人类社会是在生产力与生产关系的矛盾运动推动下,由低级向高级不断演化、推进,社会主义核心价值体系社会发展逻辑自洽就要求社会主义核心价值理念能体现生产力发展的要求,能促进生产关系的进步,能维护

① 《马克思恩格斯全集》第23卷,人民出版社1972年版,第649页。

生产力与生产关系的和谐。为此,加强效率和公平等体现生产力与生产关系互动发展的价值理念新内涵的研究,实现社会主义核心价值体系价值理念与社会发展根本动力要求的价值理念自洽。社会发展最终要向共产主义社会过渡,社会主义核心价值体系社会发展逻辑自洽就要求社会主义核心价值理念能体现生产资料公有制的无阶级社会价值追求的萌芽。为此,加强民主和平等价值理念新内涵的研究,实现社会主义核心价值体系价值理念与未来社会发展要求的价值理念自洽。社会发展最终目的是促进人的发展,为此,加强自由和人权等价值理念新内涵的研究,实现社会主义核心价值体系价值理念与未来社会发展目的的价值理念自洽。

3.2.3 立足唯物史观实现理论彻底

社会主义核心价值体系要成为社会主义制度的内在精神和生命之魂,成为社会主义中国的立国价值,为国家安邦定国提供价值指导,为公民安身立命提供价值指向,就必须是彻底的价值理论。"批判的武器当然不能代替武器的批判,物质的力量只能用物质的力量来摧毁;但是理论一经掌握群众,也会变成物质力量。理论只要说服人,就能掌握群众;而理论只要彻底,就能说服人。所谓彻底,就是抓住事物的根本。"①马克思在《黑格尔法哲学批判导言》中的这段名言,不仅强调了理论的力量以及理论力量的源泉,而且也强调了理论或理论工作者的要求和使命——理论必须彻底。因为理论只有彻底,才能说服人;理论只有彻底,才能掌握群众;理论只有彻底,才能变成物质力量。对社会主义核心价值体系而言,理论只有彻底,才能说服人是指社会主义核心价值体系理论要做到真理性和价值性的统一,依靠社会主义核心价值体系正确反映人类社会价值发展规律的真理的力量来说服人,依靠社会主义核心价值体系代表人民群众根本价值利益来说服人。理论只有彻底,才能掌握群众是指社会主义核心价值体系理论只有彻底才能实现理论与群众的辩证互动,即理论掌握群众(精神转变为实践力量)和群众掌握理论(实践力量改变世界)的辩证互动。一方面强调理论的彻底是理论掌握群众的条件,另一方面又强调人在与理论互动中的重要作用(但人的根本就是人本身),社会主义核心价值体系理论发挥其真理的力量仅靠自身的彻底还不够,还需要实践的主体——具有能动作用的人。"思想根本不能实现什么东西。为了实现思想,就要

---

① 《马克思恩格斯选集》第1卷,人民出版社1995年版,第9页。

有使用实践力量的人。"①理论只有彻底,才能变成物质力量是指社会主义核心价值体系理论只有彻底才能便于群众实践,才能在实践中把自身的精神力量转化为物质力量。正如毛泽东同志所说的:"马克思主义的哲学认为十分重要的问题,不在于懂得了客观世界的规律性,因而能够解释世界,而在于拿了这种对于客观规律性的认识去能动地改造世界。在马克思主义看来,理论是重要的,它的重要性充分地表现在列宁说过的一句话:'没有革命的理论,就不会有革命的运动。'然而马克思主义看重理论,正是,也仅仅是,因为它能够指导行动。如果有了正确的理论,只是把它空谈一阵,束之高阁,并不实行,那么,这种理论再好也是没有意义的。"②理论彻底是马克思主义理论的本质特征和根本使命,所谓彻底,"就是抓住事物的根本。"而所谓根本,就是理论要揭示事物的本质和规律性。社会主义核心价值体系只有抓住事物的根本才能实现理论的彻底,才能说服人,才能掌握群众,才能变成人民群众改造世界的物质力量。要实现社会主义核心价值体系理论的彻底,社会主义核心价值体系建设离不开科学的世界观和方法论作为指导。唯物史观"第一次把社会学置于科学的基础上","第一次使科学的社会学的出现成为可能","第一次把社会学提到了科学的水平",③唯物史观科学地揭示了关于人类社会历史发展的规律,为社会主义核心价值体系建设提供了科学的世界观和方法论作为指导。

1. 历史唯物主义的实践观为社会主义核心价值体系建设提供了根本途径

历史唯物主义认为"全部社会生活在本质上是实践的"。④ 一方面,实践构成了社会意识的发源地,是社会意识发展的动力之源;另一方面,社会意识对实践具有能动的反作用,先进的理论一旦被群众掌握,就会变成改造自然和社会的巨大物质力量。先进的思想理论,总是对时代精神的高度凝练和实践经验的科学总结。社会主义核心价值体系没有现成的答案,社会主义核心价值体系理论源于实践,植根于社会主义现代化建设实践的沃土中。它的理论产生、创新、进步和发展都是社会主义建设实践的产物,体现了实践的要求,反映了实践的呼声。"全部社会生活在本质上是实践的。凡是把理论引向神秘主义的神秘东西,都能在人的实

① 《马克思恩格斯全集》第2卷,人民出版社1957年版,第152页。

② 《毛泽东选集》第1卷,人民出版社1991年版,第292页。

③ 《列宁全集》第1卷,人民出版社1972年版,第8,10页。

④ 《马克思恩格斯全集》第2卷,人民出版社1960年版,第118-119页。

践中以及对这个实践的理解中得到合理的解决。"①历史唯物主义的实践观为社会主义核心价值体系建设提供的方法论指导表现为：一是在理论建设的出发点上，实践的观点是理论建设的首要的和基本的观点。"生活、实践的观点，应该是认识论的首要的和基本的观点"，②实践是主体和客体相互作用的中介和桥梁，只有通过实践，主体才能认识事物的现象和本质。社会主义核心价值体系建设必须从人的社会生活的实践出发，立足于人民群众鲜活价值实践，为社会主义核心价值体系建设的研究和概括提供取之不尽、用之不竭的理论素材和经验，而不是远离时代现实和社会生活实践进行的所谓玄思妙想。二是在理论建设的过程中，实践为理论建设的深化和发展提供需要、动力和发展方向。理论是在社会的需要和实践中发展起来的。恩格斯指出："一切划时代的体系真正内容都是由于产生这些体系的那个时代的需要而形成起来的。"③正如毛泽东所说："马克思列宁主义来到中国之所以发生这样大的作用，是因为中国的社会条件有了这种需要，是因为同中国人民的实践发生了联系，是因为被中国人民掌握了"。④ 实践是人类特有的、"主观见之于客观"的活动，客观性和直接现实性是其最基本的特点。实践总是不断发展的，实践发展为社会主义核心价值体系建设提供新的认识课题，实践为社会主义核心价值体系建设不断积累丰富的感性材料，实践为社会主义核心价值体系建设提供完备、完善的认识工具，实践不断锻炼和强化社会主义核心价值体系建设主体的感知能力和思维能力。社会主义核心价值体系建设研究伴随着主体实践活动的拓展和深入而不断拓宽理论研究的视野，不断深化理论研究的层次，相应调整理论研究的方向。三是在解决理论与现实之间的矛盾时，实践是解决问题的方法和标准。实践不仅具有普遍性的品格，还具有直接现实性的品格。"人的思维是否具有客观的真理性，这不是一个理论的问题，而是一个实践的问题。人应该在实践中证明自己思维的真实性"。⑤ 社会主义核心价值体系建设结果怎样，正确与否，是不能在主观认识范围内加以解决，理论自身也不能直接回答这一问题，只能靠实践及其结果来检验。社会主义核心价值体系理论研究必须把理论变为实践，在实践中不断确证自己的结论、价值和意义。实践检验和修正

---

① 《马克思恩格斯选集》第 1 卷，人民出版社 1995 年版，第 56 页。

② 《列宁选集》第 2 卷，人民出版社 1995 年版，第 103 页。

③ 《马克思恩格斯全集》第 3 卷，人民出版社 1960 年版，第 544 页。

④ 《毛泽东选集》第 4 卷，人民出版社，1991 年版，第 1452 页。

⑤ 《马克思恩格斯选集》第 1 卷，人民出版社 1995 年版，第 55 页。

才能使理论及其建设得到可靠的验证。社会主义核心价值体系理论作为实践的反映,其建设必须根据实践的新发展不断地进行自我反思和自我扬弃。四是在理论研究的意义层面上,是与时代联系最密切、最紧迫的社会现实实践问题赋予理论研究以价值。正如马克思对哲学理论的论断一样:“哲学不是世界之外的遐想”,“哲学不仅从内部即就其内容来说,而且从外部即就其表现来说,都要和自己的现实世界接触并相互作用。”①社会主义核心价值体系建设决不能躲进象牙塔或书斋里“孤芳自赏”,也不能扎入故纸堆里“不食人间烟火”。而是在实践感召下,在对时代课题、社会问题的密切关注和思考中,不断总结、反思和超越已有的理论,进而促进社会主义核心价值体系建设的进步。五是实践是理论建设的最终目的和归宿。理论研究的最终目的不在于建立一个逻辑演绎合理和概念推演完备的所谓完美体系,而在于将针对概念的批判提升为针对现实的批判,解决社会实践中的问题,指导社会实践。“一种价值体系要真正发挥作用,必须融入社会生活,让人们在实践中感知它、领悟它。离开了生活,离开了实践,再好的价值体系只能是空中楼阁。”②社会主义核心价值体系建设的最终目的不在于理论本身,而在于用来指导实践,为实践服务。因此,历史唯物主义的实践观为社会主义核心价值体系建设提供了根本途径。

2. 历史唯物主义的过程观为社会主义核心价值体系建设提供了根本要求

唯物辩证法认为,“世界是过程的集合体”。③ 包括自然、社会、思维在内的所有事物是作为过程而出现并不断发展变化的。过程性在马克思主义哲学中占据着重要地位,相关的精神、意识范畴,思维、存在范畴,历史、发展范畴等都渗透着过程思维的内在灵光。社会主义核心价值体系建设必须立足历史唯物主义的过程观才能体现其建设的意蕴和根本要求。从精神生产的实质来看,社会主义核心价值体系建设从本质上看是现实的人观念地把握存在的历史过程。精神生产是现实的人观念地把握存在的历史过程,社会主义核心价值体系建设作为一种特殊的精神生产,自然是现实的人观念地把握存在的历史过程。“意识在任何时候都只能是被意识到了的存在。”④人的观念所把握的存在首先是主体所理解了的存

① 《马克思恩格斯全集》第1卷:人民出版社1956年版,第120-121页。

② 刘云山:《深入推进社会主义核心价值体系建设巩固全党全国人民团结奋斗的共同思想基础》,《党建》2008第5期。

③ 《马克思恩格斯选集》第4卷,人民出版社1972年版,第240页。

④ 《马克思恩格斯全集》第3卷,人民出版社1956年版,第29页。

在。“正在理解着的思维是现实的人,因而,理解了的一世界才是现实的世界”① 其次,人的观念所把握的存在是主体所把握了的存在。“思维着的存在物自为地存在着”,②自觉自为意味着在理解对象的基础上对对象的驾驭和把握。再次,人的观念所把握的存在是被主体“目的化”了的存在,即刻有主体能动性印痕的存在。被主体理解了的存在、把握了的存在和“目的化”了的存在仍然是客观存在,但它们决不是自在的存在,而是为我的存在,这种为我的存在体现了主体观念化的过程。观念与存在不是直接同一的,但在本质上又必须是一致的,这一矛盾的解决就是一个过程,“思维与客体的一致是一个过程。”③客观存在自身处于变化、运动之中,观念作为对客观存在的反映,必然处于不断的运动过程中。

社会主义核心价值体系建设从本质上看是现实的人观念地把握存在的历史过程。从社会存在与社会意识的辩证关系来看,社会主义核心价值体系建设是对社会存在的能动反映过程。历史唯物主义告诉我们,在社会存在和社会意识之间的辩证关系中,一方面社会存在决定社会意识。“不是人们的意识决定人们的存在,相反,是人们的社会存在决定人们的意识”,④社会存在是本原的,是社会意识的根源,社会意识是社会存在的派生物,即社会存在的反映。社会存在为社会意识提供反映的工具和实现手段,社会存在为社会意识提供最后的标准,社会存在的发展决定社会意识的发展,是社会意识发展的基础。另一方面社会意识反映社会存在。“意识在任何时候都只能是被意识到了的存在”,⑤社会意识是能动地反映社会存在,体现了主体性原则和客体性原则的统一。社会意识反映社会存在是一个过程,这个过程就是社会意识认识世界的过程。社会存在的根本特征是它的客观性和物质性,社会意识的根本特征是主观性和观念性。社会存在是一个过程的存在,社会存在和社会意识之间的辩证关系是通过它们之间的矛盾运动而展开,从总体上看,人类社会历史的发展过程,就是社会存在和社会意识的矛盾运动过程。因此,从社会存在与社会意识的辩证关系来看,社会主义核心价值体系建设是对社会存在的能动反映过程。从观念上层建筑与经济基础的互动关系来看,社会主义核心价值体系建设是一个历史的过程。社会主义核心价值体系是社会

---

① 《马克思恩格斯选集》第2卷,人民出版社1995年版,第104页。

② 马克思恩格斯全集》第42卷,人民出版社1956年版,第123页。

③ 《列宁全集》第38卷,人民出版社1984年版,第208页。

④ 《马克思恩格斯选集》第2卷,人民出版社1995年版,第32页。

⑤ 《马克思恩格斯选集》第1卷,人民出版社1995年版,第72页。

主义意识形态的本质体现,是社会主义社会的观念上层建筑,必然受社会经济基础发展变化的制约和影响。唯物史观认为,经济基础决定上层建筑,经济基础决定上层建筑的产生、性质、变化和变革。上层建筑对经济基础具有反作用,经济基础与上层建筑的相互作用是"基本适合→不适合→基本适合"的矛盾运动过程。社会主义核心价值体系建设是建立在不断发生变化的经济基础之上的一个历史过程。历史唯物主义的过程观意味着对事物的历史、现实和未来的综合性把握。历史、现实和未来是事物运动变化必经的阶段和环节,"人们自己创造自己的历史,但是他们并不是随心所欲地创造,并不是在他们自己选定的条件下创造,而是在直接的、既定的、从过去承继下来的条件下创造"的,①历史是事物变化、扬弃的基础。现实是事物过程当下存在的状态,"在思辨终止的地方,在现实生活面前,正是描述人们实践活动和实际发展过程的真正的实证科学开始的地方"②未来不是悬置的理想,而是建立在事物历史和现实发展阶段基础上,指向事物未来的趋向。事物过程的意义不仅在于承接历史,把握现实,还在于是指向未来,对事物历史发展阶段的过程性认识,也是为事物未来的发展及其方向提供可行性、合法性论证。历史唯物主义的过程观为社会主义核心价值体系建设提供了根本要求:社会主义核心价值体系建设是一个过程,意味着社会主义核心价值体系建设要承接历史,从马克思主义经典理论中发掘社会主义核心价值的源头活水和先进价值理念,从世界社会主义运动和实践中总结经验教训。意味着社会主义核心价值体系建设更要把握现实,在中国特色社会主义建设的实践中总结、提炼社会主义价值观念,以现实、鲜活的价值观念指导人们的生活实践。意味着社会主义核心价值体系建设还要面向未来,在马克思主义唯物史观的指引下合理构建社会主义高级阶段的价值理念,对社会主义的发展和人们的生活实践提供价值引导和价值追求。从而使社会主义核心价值体系建设更具涵容和张力。

3. 历史唯物主义的群众观指明了社会主义核心价值体系建设的根本主体

唯物史观认为,历史是人们自己创造的,"历史什么事情也没有做……创造这一切、拥有这一切并为这一切而斗争的,不是'历史',而正是人,现实的、活生生的人。'历史'并不是把人当做达到自己目的的工具来利用的某种特殊的人格,历史

① 《马克思恩格斯选集》第1卷,人民出版社1995年版,第603页。

② 《马克思恩格斯选集》第1卷,人民出版社1995年版,第73页。

不过是追求着自己目的的人的活动而已。"①人民群众是马克思主义社会历史观的一个重要范畴,人民群众这个概念从量的规定上看指多数人,人民群众构成人群的主体;从质的规定上看,指对社会历史起推动作用的人们。在阶级社会中人民群众指一切起进步作用的阶级和阶层的人们,在一定时期内还包括的某些剥削阶级的成员。人民群众观是历史唯物主义认识世界、改造世界的根本立场、观点和方法。正如胡锦涛同志所指出的:"相信谁、依靠谁、为了谁,是否始终站在最广大人民的立场上,是区分唯物史观和唯心史观的分水岭"。② 马克思主义唯物史观认为人民群众是社会物质财富的创造者,是社会精神财富的创造者,是社会变革和人类文明进步的决定力量。"在一切生产工具中,最强大的一种生产力是革命阶级本身。"③"人民,只有人民,才是创造世界历史的动力",④依靠人民群众是历史唯物主义的基本立场,"历史活动是群众的事业,随着历史活动的深入,必将是群众队伍的扩大"。⑤ "数以千百万计的群众,——哪里有千百万人,哪里才是政治的起点;哪里有千百万人,而不是几千人,哪里才是真正的政治的起点"。⑥人民群众是社会主义核心价值体系建设的真正主体。

社会主义核心价值体系建设是包括主体建设、本体建设、载体建设等在内的复杂系统,每一项建设都离不开人民群众的参与。就社会主义核心价值体系建设的主体建设而言,人民群众是社会主义核心价值体系建设主体的主体,是认识和实践的主体。实践主体的人决定了人具有认识自我、控制自我、教育自我、改进自我的主观能力,人民群众自己能够解放自己、自己能够教育自己。抛开广义的人民群众的人群涵盖范围,就狭义的人民群众来看,广大工农群众的社会主义核心价值素养的提高完全依赖于人民群众自身价值认知力、认同力和践行力的提高,依靠人民群众在社会实践中不断加强自身价值修养。就社会主义核心价值体系建设的理论本体建设而言,社会主义核心价值体系理论源自人民群众的社会生活实践,人民群众是理论本体建设的主体。人民群众实践中积累的经验,提供理论建设的直接思想材料,也是理论建设、创新的过程。领袖人物和理论工作者在理

---

① 《马克思恩格斯全集》第2卷,人民出版社1956年版,第118-119页。

② 胡锦涛:《在"三个代表"重要思想理论研讨会上的讲话》,《人民日报》2005年7月1日第1版。

③ 《马克思恩格斯选集》第1卷,人民出版社1995年版,第194页。

④ 《毛泽东选集》第3卷,人民出版社1991年版,第1031页。

⑤ 《马克思恩格斯全集》第2卷,人民出版社1956年版,第1980页。

⑥ 《列宁选集》第3卷,人民出版社1995年版,,第446页。

论形成中的作用也只是把人民群众的实践经验加以总结和提炼,其最终的源泉也是来自群众的实践、来自人民群众在实践中的能动性发挥。正如邓小平在审阅党的十四大报告送审稿时所言:“改革开放中许许多多的东西,都是由群众在实践中提出来的。报告讲我的功绩,一定要放在集体领导范围内,绝不是一个人的脑筋就可以钻出什么新东西来,是群众的智慧,集体的智慧。我的功劳是把这些新事物概括起来,加以提倡。”①否定人民群众在社会主义核心价值体系理论本体创建中的根本作用,夸大英雄人物等个体在社会主义核心价值体系理论建设中的作用,是唯心史观的表现。就社会主义核心价值体系建设的载体建设而言,“我们的一切工作都要依靠人民,相信人民,汲取人民的智慧,尊重人民的创造力”,②人民群众是实践活动的参与者,是实践结果——物质财富和精神财富的创造者。人民群众是社会主义核心价值体系载体建设的主体。就社会主义核心价值体系建设的成果而言,人民群众是社会主义核心价值体系建设成果的检验主体。社会主义核心价值体系建设过程也是一个理论从实践中来又回到实践中去接受检验的过程,“全部社会生活在本质上是实践的,凡是把理论引向神秘主义的神秘东西,都能在人的实践中以及对这个实践的理解中得到合理的解决”,③人民群众是实践的主体决定了人民群众是社会主义核心价值体系建设成果的检验主体,“只有千百万人民的革命实践,才是检验真理的尺度”。④ 历史唯物主义的群众观指明了社会主义核心价值体系建设要依靠群众实践,社会主义核心价值体系建设要坚持“一切为了群众,一切依靠群众,从群众中来,到群众中去”的群众路线,因此,人民群众是社会主义核心价值体系建设的根本主体。

4. 历史唯物主义的人学观为社会主义核心价值体系建设指明了根本取向

历史唯物主义的人学观认为“人始终是一切实体性东西的本质”,⑤“‘历史’并不是把人当作达到自己目的的工具来利用的某种特殊的人格。历史不过是追求着自己目的的人的活动而已”。⑥ 历史唯物主义的人学观以“现实的人”为研究的逻辑出发点,认为人的需要是人的全部活动的内在动力,以人的全面而自由发

---

① 《邓小平关于建设有中国特色社会主义的论述专题摘编》,人民出版社 1995 年版,第 21 页。

② 《三中全会以来重要文献选编》(下),人民出版社 1982 年版,第 865 页。

③ 《马克思恩格斯选集》第 1 卷,人民出版社 1995 年版,第 56 页

④ 《毛泽东选集》第 2 卷,人民出版社 1991 年版,第 663 页。

⑤ 《马克思恩格斯全集》第 3 卷,人民出版社 1956 年版,第 223 页。

⑥ 《马克思恩格斯全集》第 2 卷,人民出版社 1956 年版,第 342 页。

展是人类历史发展的最终归宿。历史唯物主义的人学观为社会主义核心价值体系建设指明了根本取向表现为以下三个方面。

一方面,“现实的人”是社会主义核心价值体系建设要面临的根本对象取向。历史唯物主义是“关于现实的人及其历史发展的科学”的理论,“现实的人”是深刻理解与把握历史唯物主义与马克思主义人学的前提和基础。“我们的出发点是从事实际活动的人”,但“不是处在某种虚幻的离群索居和固定不变状态中的人,而是处在现实的、可以通过经验观察到的、在一定条件下进行的发展过程中的人”,①“从现实的、有生命的个人本身出发”,而且这是一种“符合现实生活的考察方法”②“现实的人”是历史唯物主义的逻辑出发点,也是马克思主义人学研究的逻辑起点和主要对象,要求社会主义核心价值体系建设要面临的根本对象是“现实的人”。唯物史观认为,“现实的人”是“有生命的人”,是“自然的、肉体的、感性的、对象性的存在物”,③人来源于自然,依赖于自然,对自然有各种需要,是具有多种自然属性和生物性需求的人。要求社会主义核心价值体系建设必须满足人现实的价值利益需要,而不是坐而论道、虚无缥缈的抽象空谈。“现实的人”是具有社会属性的人,人“天生是社会动物”,④“个人是社会存在物。因此,他的生命表现,即使不采取共同的、同其他人一起完成的生命表现这种直接形式,也是社会生活的表现和确证。”⑤所以,马克思主义认为人的本质在其现实性上,“是一切社会关系的总和”。⑥ 要求社会主义核心价值体系建设不是反映自然人所谓的“人道价值”,而是从人的社会存在及其关系中发掘社会主义核心价值,尤其是在当前阶级存在的条件下,社会主义核心价值体系建设要着重反映的是无产阶级和人民大众的价值取向和追求。“现实的人”是“有意识的类存在物”,⑦人是有意识的能动存在物,具有精神属性,人的意识或精神不仅能反映客观世界,还能创造世界。“日益丰富、高雅的精神追求是人区别于动物的重要标志。”⑧要求社会主义核心价值体系建设不仅反映人民群众对物质追求的价值,还要反映人民群众对精神追

① 《马克思恩格斯选集》第1卷,人民出版社1995年版,第73页。
② 《马克思恩格斯选集》第1卷,人民出版社1995年版,第73页。
③ 《马克思恩格斯全集》第42卷,人民出版社1979年版,第167页。
④ 《马克思恩格斯全集》第23卷,人民出版社1979年版,第363页。
⑤ 《马克思恩格斯全集》第42卷,人民出版社1979年版,第122-123页。
⑥ 《马克思恩格斯选集》第1卷,人民出版社1995年版,第56页。
⑦ 《马克思恩格斯选集》第1卷,人民出版社1995年版,第46页。
⑧ 袁贵仁:《人的哲学》,工人出版社1988年版,第95页。

求的价值。"现实的人"是一种实践存在物,实践是人存在和发展的根本方式。随着实践的发展,人总是不断超越自我、提升自我、面向未来不断发展。要求建设的社会主义核心价值体系不是既成的、封闭的体系,而是动态、开放的体系,保证社会主义核心价值体系与时俱进的活力和张力。"现实的人"还是具体的历史存在物,"要从费尔巴哈的抽象的人转到现实的、活生生的人,就必须把这些人作为在历史中行动的人去考察。"①要求社会主义核心价值体系建设要从特定的社会历史条件下,从人这样或那样的具体社会实践活动中提炼具有时代特色的价值观念,体现社会主义核心价值体系反映、指导社会现实生活的针对性。

另一方面,价值利益是社会主义核心价值体系建设必须满足民众的根本需要取向。马克思主义认为人的需要是人的全部活动的内在动力。"作为确定的人,现实的人。你就有规定,就有使命,就有任务,至于你是否意识到这一点,那都是无所谓的。这个任务是由于你的需要及其与现存世界的联系而产生的。"②人的需要是客观存在,"他们的需要即他们的本性"。③ 社会主义核心价值体系建设要充分调动人民群众建设的积极性,体现其人民性的价值取向,就必须满足人民群众的价值需要。由于人是自然属性、社会属性和精神属性的统一体,人的价值需要也相应包括自然生理方面的价值需要、社会方面的价值需要和精神方面的价值需要等不同种类和层次的需要。人的本质属性是其社会性,在其现实性上是一切社会关系的总和。因此,人民群众社会方面的价值需要是其最根本的价值需要。需要产生利益(利益在本质上属于社会关系范畴),对利益的追求,成为推动人们活动的动力。人民群众众多的价值需要集中起来表现为自身的价值利益,满足自身的价值利益是人民群众最根本的价值需要。"人们奋斗所争取的一切,都同他们的利益有关。"④"思想离开利益就一定会使自己出丑"。⑤ 利益是人民群众建设社会主义核心价值体系内在驱动力。人民群众不仅是社会主义核心价值体系建设的主体,更重要的是人民群众也是价值享受、价值受益的主体。"过去一切运动都是少数人的或者为少数人谋利益的运动。无产阶级的运动是绝大多数人的,

① 《马克思恩格斯选集》第4卷,人民出版社1995年版,第241页。
② 《马克思恩格斯全集》第3卷,人民出版社1960版,第329页。
③ 《马克思恩格斯全集》第3卷,人民出版社1960版,第514页。
④ 《马克思恩格斯全集》第1卷,人民出版社1995年版,第187页。
⑤ 《马克思恩格斯全集》第2卷,人民出版社1995年版.,第103页。

为绝大多数人谋利益的独立运动”,①革命导师的话用在社会主义核心价值体系建设上为我们指明了历史唯物主义群众观的价值取向。社会主义核心价值体系建设,关键是要与人民群众的价值需求相契合,根本要求是满足人民群众的价值利益。

再一方面人的自由而全面发展是社会主义核心价值体系建设的根本价值取向。马克思主义把人的解放、全面发展和自由个性作为唯物史观的理论归宿,《共产党宣言》明确指出“代替那存在着阶级和阶级对立的资产阶级旧社会的,将是这样一个联合体,在那里,每个人的自由发展是一切人的自由发展的条件”。② 未来的社会主义社会和共产主义社会是以“每个人的全面而自由的发展为基本原则的社会形式”,③人的自由而全面发展作为人发展过程的历史必然和价值追求并非空想,而是建立在历史唯物主义的坚实基础之上,是人类社会历史发展的必然趋势。马克思是从人与社会历史发展的互动过程出发考察了人的主体发展过程,认为人的发展要经历最初的“人的依赖关系”阶段,后来“以物的依赖为基础的人的独立性”阶段,到最后“建立在个人全面发展和他们共同的社会生产能力成为他们的会财富这一基础上的自由个性”。④ 人的全面自由发展发展包括人的全面发展和人的自由发展的双重内涵。人的全面发展从根本上看是指人的本质得到全面发展和展示,表现为人对自身本质的全面占有。共产主义使“人以一种全面的方式,也就是说,作为一个完整的人,占有自己的全面的本质!”⑤“人是类存在物,不仅因为人在实践上和理论上都把类——自身的类以及其他物的类——当作自己的对象;而且因为……人把自身当作现有的、有生命的类来对待,当作普遍的因而也是自由的存在物来对待。”⑥人的本质“在其现实性上,它是一切社会关系的总和。”⑦可见,人是具有类本质和社会本质的存在,人对自身本质的全面占有就表现为对自身类本质和社会本质的全面占有。“生产生活本来就是类生活。这是产生生命的生活。一个种的全部特性、种的类特性就在于生命活动的性质,而人的

---

① 《马克思恩格斯选集》第1卷,人民出版社1995年版,第431页。

② 《马克思恩格斯选集》第1卷,人民出版社1995年版,第294页。

③ 《马克思恩格斯全集》第23卷,人民出版社1972年版,第649页。

④ 《马克思恩格斯全集》第46卷(上),人民出版社1979年版,第104页。

⑤ 《马克思恩格斯全集》第42卷,人民出版社1979年版,第123页。

⑥ 《马克思恩格斯全集》第42卷,人民出版社1979年版,第95页。

⑦ 《马克思恩格斯选集》第1卷,人民出版社1972年版,第18页。

类特性恰恰就是自由的自觉的活动。"①人全面占有自身的类本质意味着消除劳动异化,实现真正的人的劳动来全面实现自己的类本质;"社会关系实际上决定着一个人能够发展到什么程度",②人全面占有自身的社会本质意味着人充分占有社会关系从而全面实现人的社会本质,只有人的社会关系得到高度的丰富和发人的全面发展才有可能。人的全面发展的核心内容是人的素质或者能力的全面发展。"任何人的职责、使命、任务就是全面地发展自己的一切能力,其中也包括思维的能力",③"每个人都无可争辩地有权全面发展自己的才能",④个人的全面发展"使自己的成员能够全面发挥他们的得到全面发展的才能",⑤人的自由发展是"建立在个人全面发展基础上的自由个性"的发展,是每个人的自由发展与一切人的自由发展的统一。"任何人类历史的第一个前提无疑是有生命的个人的存在。"⑥"人们的社会历史始终只是他们的个体发展的历史"。⑦ 个人的自由离不开真实的集体,"只有在集体中,个人才能获得全面发展才能的手段,也就是说,只有在集体中才可能有个人自由"。"在真实的集体的条件下,各个个人在自己的联合中并通过这种联合获得自由",⑧人的自由发展就是联合起来的个人共同控制和支配他们的社会关系,从而使人得到自愿、自主、自觉的发展。人的全面发展和自由发展是互为前提、相互促进的关系。只有个人普遍得到全面发展,人类才能真正获得驾驭自然界和人类社会的自由,成为自由发展的人;同样,也只有充分具备自由发展的条件,才可能实现个人的全面发展。人的自由而全面发展是是人类社会发展的终极目标和最高理想,是社会主义和共产主义的本质规定,也是社会主义核心价值体系建设所追求的根本价值取向。

3.2.4 观点凝练简洁凸现价值内核

核心价值是价值体系的内核和精神之魂,体现价值体系的指导思想和价值取向,决定社会意识的性质和方向,为人们的思想观念和行为规范提供依据,是社会

---

① 《马克思恩格斯全集》第42卷,人民出版社1979年版,第96页。
② 《马克思恩格斯全集》第3卷,人民出版社1960年版,第295页。
③ 《马克思恩格斯全集》第3卷,人民出版社1960年版,第330页。
④ 《马克思恩格斯全集》第2卷,人民出版社1979年版,第61页。
⑤ 《马克思恩格斯选集》第1卷,人民出版社1995年版,第243页。
⑥ 《马克思恩格斯选集》第1卷,人民出版社1972年版,第24页。
⑦ 《马克思恩格斯选集》第4卷,人民出版社1955年版,第532页。
⑧ 《马克思恩格斯选集》第1卷,人民出版社1972年版,第82页。

系统得以运转的基本精神依托和规范力量。在意识形态领域的斗争日益激烈的情势下,核心价值是掌握斗争话语权和主动权的关键,是国家软实力的集中体现。因此,凝练社会主义核心价值势在必行。近年来,核心价值凝练研究成为学界关注的理论热点,"就这一理论热点的求解,就其所引起的参与广度、思考深度而言,俨然已在当代中国社会掀起了一场广泛的社会动员。"①"但是,迄今被'海选'为核心价值观的价值词语或表述(实际上连不少'事实词语'也被当成'价值词语''凝练'了出来)已多达百余个,这些词语和表述的相互组合又'理所当然'地成为了学者们的智力游戏。"廖小平:《论核心价值体系的三大关系》,《天津社会科学》2012 年第 6 期。核心价值凝练领域研究热闹异常而又出现各说各话的倾向和现象,究其原因是"这些表述多着眼于价值规范的层面,力求凝炼经典,陈述精华,有将其归纳成四字、八字的,也有十六字、二十四字、三十二字的……一时众说纷纭,琳琅满目。但这种'公选'式的提炼,言之者越是字斟句酌,真诚而自信,就越是表现出人们在'核心价值'的理解上存在着标准多元、层次不一、取舍失度的问题,从而更加陷入莫衷一是、难以决断的尴尬局面。""对于这种局面说明了什么,我想恐怕首先要超越那种仅限于规范层面的视野和急于求成的心态,注意从元理论和思维方式高度加以反思和突破,才能做出清醒的判断。"②本文认为从元理论和思维方式高度加以反思和突破主要先完成两大澄清:一是相关概念澄清,二是凝练前提澄清,方可进行社会主义核心价值凝练。

1. 相关概念澄清

相关概念内涵模糊甚至出现较大歧义是核心价值凝练各说各话,难以达成广泛共识、取得较高认同的关键因素。在社会主义核心价值凝练研究过程中,"价值"、"价值观"、"价值观念"、"价值理念"和"核心价值"的概念内涵需要细加区分;"价值体系"、"核心价值体系"、"社会主义价值体系"和"社会主义核心价值体系"概念也要详加梳理,才能为核心价值凝练扫清概念障碍。价值概念内涵研究根据价值所指对象主要可概括为主体说、实体说、属性说、功能说、关系说和意义说等,正如本文导论部分相关概念分析所言,这些价值概念内涵尽管各有侧重,但均有失偏颇。本文认为从广义上看,所谓价值就是价值评价体对价值对象体之间相互作用所产生效应的判断性评价。价值是客观性、主体性、实践性和历史性的

① 沈壮海:《解开凝练社会主义核心价值观的思维之结》,《思想理论教育》2011 年第 21 期。

② 李德顺:《社会主义核心价值与普世价值》,《学术探索》2011 年第 10 期。

内在统一,价值的表现和存在具有二重性,即价值是物质决定性(决定于价值对象体之间相互作用的效应)和精神表现性(表现为以概念为主要形式的判断性评价)的统一体,物质决定性和精神表现性是价值同一存在的不可分割的两个方面,当具体说明某事物的价值时,则是强调价值的物质决定性,即决定于对象体相互作用关系中的效应。当笼统谈论某一价值时,则是偏重价值的精神表现性,即表现于评价体的观念中判断性评价。因此,当撇开具体的价值对象关系,笼统、抽象谈论价值这一概念时主要就是谈论作为精神表现性的价值,即是以判断性评价表现出来的精神客体(这一精神客体以语言的形式表现出来,与物质客体一样具有客观性,本质上当然是主体在实践中对客观存在的反映)。在社会主义核心价值体系的语境中,价值概念抛开了具体的价值对象关系,表达的是一种精神客体。价值观的常见定义是指"一个人对周围的客观事物(包括人、事、物)的意义、重要性的总评价和总看法"。价值观一方面表现为价值取向、价值追求,凝结为一定的价值目标;另一方面表现为价值尺度和准则,成为人们判断价值事物有无价值及价值大小的评价标准。这种常见定义值得商榷,价值观人对周围的客观事物的意义、重要性的总评价的说法实际上是把价值观等同于价值。价值观一方面表现为价值取向、价值追求的表述是把价值观混同于价值的功能,价值观可以影响甚至决定人的价值取向、价值追求,但价值观不能表现为人的价值取向、价值追求。同样价值观表现为价值尺度和准则,成为人们判断事物价值的评价标准也是把价值标准混同了,人的价值观可以影响、左右其价值判断标准,但价值观绝不是价值标准。本文认为价值观是人们对价值的总的看法和根本观点,是人们关于什么是价值、怎样评判价值、如何选择价值等问题的判断依据,规定着人们价值创造的方向和目标,左右着人们价值践行的态度。价值观属于个性倾向性的范畴,不同的人可以有不同的价值观。价值观具有长期性、稳定性的特点,一个人的价值观一旦形成往往不易改变。十八大报告中"积极培育和践行社会主义核心价值观"的提法也有值得商榷的余地:价值观可以培育,可以养成,但不能说践行。价值观念是人对价值事物是否有价值而进行判断后形成的主观看法。零碎、不完整是价值观念的特征,价值观是价值观念的高级形式,理论化、系统化的价值观念就形成了价值观。在价值观不变的情况下,一个人的价值观念会发生变化,针对同一价值关系和价值现象,不同的人可以有不同的价值观念。价值理念关于价值及其取向的思想观念、精神向往、理想追求和哲学信仰的抽象概括,是价值理性的集中体现,具有导向性、前瞻性、规范性的特征。核心即中心、主要部分,核心又主要分为结构的核心和功能的核心。因此,核心价值一是指处于价值体系结构中心的价值,一是指在价值体系中发挥主要功能的价值。通过对“价值”、“价值观”、“价值观念”、“价值理念”和“核心价值”概念内涵的分析,可以看出“价值”、“价值理念”和“核心价值”是较多倾向精神客体属性的概念,“价值观”和“价值观念”是较多倾向主体属性的概念。“价值”和“核心价值”概念内涵最为接近,其本质属性相同,只是作用程度不同。“价值理念”与“价值”、“核心价值”区别较大,“价值理念”是“价值”、“核心价值”内在理性的体现,是比“价值”、“核心价值”更为深层的概念。当前社会主义核心价值研究中常见的通病是把“价值”、“价值观”、“价值观念”、“价值理念”和“核心价值”混为一谈,一起视为核心价值观或核心价值观念,核心价值观和核心价值观念也是互为替换的,有的研究把核心价值观念视为核心价值观,有的研究把核心价值观视为核心价值观念,以上概念边界不清、内涵不明是造成社会主义核心价值凝练混乱的一大原因。因此,本文认为“价值”就是价值,“价值”不能等同于价值观、价值观念或价值理念。核心价值自然也不是与核心价值观、核心价值观念或核心价值理念等同的概念。

“价值体系”、“核心价值体系”、“社会主义价值体系”和“社会主义核心价值体系”概念内涵也需进一步澄清。“价值体系”研究目前主要有社会意识说、价值观念说、精神要素说、价值世界说和上层建筑说等内涵定性。这几种关于价值体系的理解都是从价值体系的特性和属性等方面来界定,适合解释价值体系的功能、作用,用于回答价值体系“何以能”及“能怎样”的疑问。但并没有涉及价值体系的本原和本体,无法回应价值体系“是什么”的追问。基于上文对价值概念的分析,本文认为所谓价值体系就是指撇开价值的具体物质决定性,若干以精神表现性为形式的精神客体按相应内在逻辑要求,以一定的结构和层次而构成的具有特定理念指向的有机系统。价值体系具有整体性和层次性、冲突性与兼容性、稳定性和可变性的特点。核心价值体系是指在诸多价值体系中,体现社会主导价值取向,对其他价值体系起着统领作用的价值体系。在中国语言习惯下,社会主义价值体系一是指社会主义性质的价值体系,二是指社会主义社会的价值体系。第一种意指含义很明确,无须赘言。第二种意指含义就比较模糊,就包括社会主义性质的价值体系和非社会主义性质的价值体系(封建主义性质的价值体系和资本主义性质的价值体系等)。社会主义核心价值体系是指在当代社会主义中国存在的诸多价值体系中,充分体现社会主义价值取向,起着核心作用引导人们建设中国特色社会主义的价值体系。“价值体系”、“核心价值体系”、“社会主义价值体系”

和“社会主义核心价值体系”其概念共性是都较多倾向精神客体属性的概念，是主体认识、加工的对象。强调主要从精神客体属性出发而不是从主体观念出发，事实上也吻合了中央的精神。从党的十六届六中全会首次明确提出建设社会主义核心价值体系的重大命题和战略任务以来，历经党的十七大和十八大报告论述，提到的都是“社会主义核心价值体系建设”和“建设社会主义核心价值体系”的提法。因为“建设”本质上是主体的一种对象性的实践活动，把社会主义核心价值体系视为精神客体，成为主体建设的对象则顺理成章。如果把社会主义核心价值体系视为社会主义核心价值观念体系，而价值观念体系的本质是观念，观念是一个主观倾向性明显的概念，不适合做建设的对象。往往是“形成观念”、“概括观念”以及“倡导观念”而不能说“建设观念”，因此，“建设社会主义核心价值观念体系”的说法在语义上存在矛盾。当然，不同概念的区别是所处的地位和作用不同，代表的价值理念不同，在凝练社会主义核心价值时也要加以区分。通过以上相关概念分析，可以理顺社会主义核心价值凝练涉及概念之间的包含关系，即社会主义核心价值包含于社会主义核心价值体系，社会主义核心价值体系包含于社会主义价值体系，社会主义价值体系包含于社会主义社会的价值体系，便于社会主义核心价值凝练时有效缩小范围，增强凝练的科学性和针对性。

通过以上概念梳理和定性，我们可以看出价值就一般而言是具有精神表现性形式的精神客体。价值体系是若干以精神表现性为形式的精神客体按相应内在逻辑要求，以一定的结构和层次而构成的具有特定理念指向的有机系统。核心价值是指在一定价值体系中处于体系结构中心，决定价值体系的整体性能，对价值体系内其他价值发挥统领作用的价值。客观性和客体性是其共有属性，因此社会主义核心价值体系凝练出来的是具有社会主义性质的核心价值，而不是社会主义性质的核心价值观或核心价值观念。

2. 凝练前提澄清

社会主义核心价值凝练必须澄清以下前提，才能为科学凝练核心价值创造条件和打下基础。

一是凝练逻辑前提澄清。社会主义核心价值凝练的逻辑是遵循“实践的逻辑”还是“理论的逻辑”，或是二者兼而有之，是社会主义核心价值凝练必须澄清的首要前提。“从核心价值观的凝练来看，分歧的实质在于是从历史自身的内在逻辑即‘实践的逻辑’、‘行动的逻辑’来进行概括和抽象呢？还是从一种理想的先验的逻辑原则即‘思想的逻辑’、‘理论的逻辑’来进行概括和抽象？由于对这个问题缺乏清醒的认知，结果在凝练上就出现了这样的‘矛盾’现象”。① 从学界的研究情况来看，主流的观点倾向认为“理论的逻辑”固然在理论构建和抽象凝练社会主义核心价值中的重要作用，但核心价值的凝练必须遵循“实践的逻辑”，只有立足价值的客观生成过程和主体的具体历史实践中，社会主义核心价值的凝练才有可能，凝练出的核心价值才能实际发挥出作用，真正名副其实。若是凌驾于历史实践之上、置身于“实践的逻辑”之外，从所谓先验的“理论的逻辑”出发，企图把一种异于“实践的逻辑”所运演的社会主义核心价值呈现于社会，这种历史唯心主义的做法最终难免于失败。本文认为这种说法不无道理，遵循“实践的逻辑”，从历史实践出发凝练社会主义核心价值是马克思主义理论观的要求和体现。但言之凿凿的背后忽视了一个前提：社会主义核心价值凝练是在社会主义核心价值体系初步建成的条件下开展的理论凝缩提炼工作，社会主义核心价值体系自党的十六届六中全会首次明确提出以来，社会主义核心价值体系的性质、内涵、内容、结构以及层次等方面的研究已相当深入、透彻，取得了较为广泛的共识，成为引领社会思潮，凝聚民族精神的核心力量。社会主义核心价值凝练是在社会主义核心价值体系的已有基础上水到渠成的工作，不必苛求一定要遵循“实践的逻辑”等理论产生的本原性逻辑要求，遵循“理论的逻辑”就能胜任社会主义核心价值凝练工作。事实上，“任何一种真正的理论，都具有三重基本内涵：其一，它以概念的逻辑体系的形式为人们提供历史地发展着的世界图景，从而规范人们对世界的自我理解和相互理解；其二，它以思维逻辑和概念框架的形式为人们提供历史地发展着的思维方式，从而规范人们如何去把握、描述和解释世界；其三，它以理论所具有的普遍性、规律性和理想性为人们提供历史地发展着的价值观念，从而规范人们的思想与行为。理论的三重内涵表明：理论不仅是解释性的，而且是规范性的；理论不仅是实践性的，而且是超实践性的。”②在理论与实践的关系中，我们固然强调理论对实践的“依赖”，但也不能忽视理论对实践的“超越”。理论对实践的超越在于理论能够把握到实践的“规律”，从而“缩短”并且“减轻”实践过程中的“阵痛”（马克思语）。理论不仅规范和引导人们“做什么”，而且规范和引导人们“不做什么”。因此，本文强调社会主义核心价值凝练的逻辑主要是遵循“理论的逻辑”。

---

① 左亚文：《社会主义核心价值观提炼时机还不成熟》，《学习月刊》2012 年第 8 期。

② 孙正聿：《理论及其与实践的辩证关系》，《光明日报》2009 年 11 月 24 日第 11 版。

二是凝练原则前提澄清。社会主义核心价值凝练面临的一个重要原则是理论的普遍性与特殊性孰为第一性的问题,以及二者能否兼顾。大多数研究认为把普遍性与特殊性结合起来是社会主义核心价值凝练的重要原则,少数研究强调特殊性是社会主义核心价值凝练的重要原则。把普遍性与特殊性结合起来作为社会主义核心价值凝练的原则确实是把握了马克思主义辩证法的精髓,矛盾的普遍性与矛盾的特殊性是互为依存的关系,普遍性存在于特殊性之中,特殊性中包含着普遍性。矛盾的普遍性与特殊性的辩证关系原理是社会主义核心价值凝练的重要哲学基础,既体现了社会主义的共性又显示了中国特色的个性,应该是富于学理,无懈可击的。但由于社会主义核心价值的高势能地位决定了社会主义核心价值凝练只能坚持理论的普遍性原则,把最具科学社会主义本质的价值提炼出来。凝练的社会主义核心价值

应当是揭示社会主义所追求的最本质的精神要义,而不能为了涵盖全面,而面面俱到,亦或是照顾当下现实而体现其特殊性。因为,特殊性的东西在社会主义核心价值体系中就已体现,社会主义核心价值要站在人类价值文明的制高点上,体现其崇高性、普适性和超越性,就必须把社会主义最一般、最共性的价值体现出来,而不是为了眼前权宜之计,去附和现实短期需要以及中国特色而体现其特殊性。因此社会主义核心价值凝练的一个重要原则是坚持核心价值凝练的的普遍性。

三是凝练方法前提澄清。社会主义核心价值凝练的方法关涉到唯物辩证法的"重点论"和"两点论"。当前社会主义核心价值凝练方法比较一致,是坚持"两点论"。典型做法是"在构建核心价值观的过程中,必须把整个社会文明积淀下来的最具本质的价值准则结合进去,既应当揭示社会主义所包含的最本质的、永恒的精神要义,避免为短期目标服务,又应当关注时代和人民大众的现实需求,体现公民思想道德建设上的广泛性要求,在尊重差异包容多样的前提下,最大限度涵盖不同社会群体和社会阶层的不同诉求,最大广度地形成广大人民群众的思想认同和全社会共识。"①这样比较全面看待问题,是马克思主义矛盾分析方法的要求,但还要具体问题具体分析。对社会主义核心价值凝练而言,显然满足"最大限度涵盖不同社会群体和社会阶层的不同诉求"的凝练方法与核心价值的精神是背道而驰的。正如上文所言,核心价值是处于价值体系结构核心和发挥核心功用的

① 李宗艳、肖祥:《关于凝练社会主义核心价值观的思考》,《延边党校学报》,2011 年第 5 期。

价值,不可能很多,也不可能体现在方方面面。因此,社会主义核心价值凝练的方法只能是坚持“重点论”的凝练方法,把科学社会主义最本真、最核心的价值提炼出来。

四是凝练性质前提澄清。社会主义核心价值凝练研究中,在传统情结、民族心理驱使下,在马克思主义中国化学术导向下,不少研究者把视角转向中华民族传统价值和中国特色社会主义实践中产生的价值上,并“凝练”出诸如“仁爱”、“公忠”等所谓社会主义核心价值;在面向未来的视角中“凝练”出诸如“发展”、“进步”等所谓社会主义核心价值。这些核心价值或蒙着民族传统的面纱,或披着中国特色的外衣,或打着普世价值的旗号,好像是社会主义核心价值,其实稍加分析就可以看出,这些所谓社会主义核心价值都偏离了社会主义属性,是封建主义和资本主义价值的翻版。本文认为,保证社会主义性质是社会主义核心价值凝练的又一前提。在面向传统、现实和未来的时间纬度上,社会主义核心价值凝练的传统价值资源只能是世界范围内社会主义运动中积淀的社会主义性质的价值资源,包括马克思主义经典作家、经典著作中的社会主义价值论述,历次共产国际活动和西方工人运动的社会主义价值实践,苏联及其他社会主义国家实践中的社会主义价值经验,中国社会主义革命和建设中社会主义价值探索和经验。其他传统价值虽然像梦魇一样纠缠着我们的头脑,但这只是传统的惯性,并不意味着这些价值具有先进性,值得社会主义核心价值借鉴。即便一些“价值”听上去很美,很具有普适性,实质上只是价值符号听上去很好,并不具有社会主义价值内涵。社会主义核心价值凝练的现实价值资源只能是当代社会主义实践中产生的具有社会主义性质的价值资源,因为在社会主义初级阶段,在公有制为主体多种所有制并存的经济条件下,在“摸着石头过河”的探索实践中,非社会主义性质的实践尤其是资本主义性质的实践占很大比重。因此,当代社会主义实践中产生的价值资源并非都是社会主义性质的价值资源,这也是很多研究者所忽视的,认为只要是中国特色社会主义实践中产生的价值资源都是社会主义核心价值凝练的对象,这是实践崇拜、不加区分的结果。社会主义核心价值凝练的未来指向价值只能是在马克思主义唯物史观指导下科学社会主义高级阶段的价值,不能是所谓资本主义抽象人性论衍生出来的所谓永恒价值。凝练性质前提澄清保证社会主义核心价值凝练的社会主义性质。

五是凝练视野前提澄清。凝练视野封闭与开阔决定着社会主义核心价值的涵养和气度,社会主义核心价值凝练研究中民族性和世界性是社会主义核心价值凝练绕不开的话题。有的研究着重社会主义核心价值民族性的探讨,有的研究强调社会主义核心价值世界性的思考,也有学者力求在民族性和世界性的通约中凝练社会主义核心价值。其实社会主义核心价值凝练中民族性研究是一个伪命题,具备科学社会主义理论常识的人都知道,马克思主义立足唯物史观的科学社会主义尤其其高级阶段——共产主义社会的设想是阶级、国家、民族消亡的“自由人联合体”,每个人得到自由而全面的发展。社会主义核心价值必须有这样的理论自信,因此,社会主义核心价值凝练中民族性研究是凝练视野不够开阔的局限所致。社会主义核心价值凝练中世界性研究是符合科学社会主义发展要求和理念的,马克思主义理论的崇高理想和宏大抱负就是打破国界和民族限制,实现全人类的解放。《共产党宣言》中“全世界无产者联合起来”的豪迈宣言告示我们社会主义核心价值凝练研究的视野必须是世界性的宏阔视野,惟有如此,才能配称是社会主义核心价值。

六是凝练本旨前提澄清。当前社会主义核心价值凝练研究中存在着明显偏离本旨误区。一大误区是偏离价值本旨,表现为凝练出来的词语不是价值词语而是事实词语、状态词语或程度词语。如很多研究者把“发展”、“进步”、“和谐”、“文明”、“富强”、“团结”和“富裕”等视为社会主义核心价值,事实上“文明”、“富强”和“富裕”等词语表述的是社会发展进步的事实。拿“文明”来说,从方位上看有东方文明和西方文明之分,从性质上看有先进文明和落后文明之别,“文明”表述的就是事实,价值蕴含并不明显,以其作为社会主义核心价值显然不对。“富强”和“富裕”作为社会主义核心价值也面临同样问题,即价值与事实错位。“和谐”和“团结”等词语表述的是社会发展进步的状态。从哲学上讲“和谐”是矛盾的一种特殊表现形式,体现着矛盾双方的相互依存、相互促进和共同发展。“和谐”的本质就在于协调事务内部各种因素的相互关系,促成最有利于事物发展的状态。“团结”表示的也是状态,“和谐”和“团结”的价值含义并不鲜明。“发展”、“进步”是程度词语,表述的是事物变化的程度,也与价值含义相异。十八大报告中也提到积极培育和践行富强、文明、和谐的社会主义核心价值观,本文认为也是值得商榷的。另一大误区是偏离目的价值本旨,表现为凝练出来的核心价值不是目的价值而是工具价值、规范价值或操作价值。在目的价值、工具价值、规范价值和操作价值的价值谱系中,目的价值是核心价值,工具价值、规范价值和操作价值是外围价值和边缘价值。在当前社会主义核心价值凝练研究中炙手可热的价值词语如“劳动”、“仁爱”、“互助”、“法制”等,细加分析就可以看出“劳动”是工具价值,"仁爱"、"互助"是规范价值,"法制"是操作价值,这些价值是实现目的价值的工具、手段或要求,不能视为核心价值。又一大误区是偏离国家价值本旨,表现为凝练出来的核心价值不是国家价值,而是公民生活价值或行业职业价值。"社会主义核心价值体系是兴国之魂,决定着中国特色社会主义发展方向。"①社会主义核心价值就要发挥安邦定国的作用,就要标示科学社会主义的核心价值取向。一些核心价值用语诸如"爱国"、"奉献"、"敬业"、"公忠"等就是行业职业价值。"诚信"、"友善"、"团结"、"互助"等就是公民日常生活价值,这些价值即便是行业职业和公民生活的核心价值,也不能成为社会主义核心价值,因为他们遮蔽了社会主义制度实质的价值取向,弱化了社会主义核心价值的功能和意义。再一大误区是偏离原生价值本旨,表现为凝练出来的核心价值不是原生价值,而是次生价值或再生价值。如"民主"、"公平"和"人本"等价值在当前的语境下应无疑问是社会主义核心价值,但本文还是认为,既然是社会主义核心价值,就要力求向社会主义价值的原初性和本原性方面努力,探究统领社会主义价值体系的基元。"民主"、"公平"和"人本"的价值只是在当前社会存在"专制"、"不公"和"物本"化倾向严重的条件下人的价值理念,商不具备穿越时空的魅力,与科学社会主义价值要求相差甚远,在社会主义价值谱系中是次生价值或再生价值,因此,还不能算是社会主义最核心的价值。最后一大误区是偏离价值内涵本旨,表现为凝练核心价值的研究在价值符号(价值名词)和价值内涵方面用力偏颇。表现为对相关核心价值的内涵缺乏深入剖析,热衷于价值符号的推演论证。或引经据典陈述某一价值符号古已有之,或旁征博引论证某一价值符号在马列经典著作中的出处,或悉数梳理某一价值符号在领导人讲话中被多次强调,或以世界眼光认为某一价值符号是普适价值。这种'公选'式的提炼价值符号,又以四字、八字、十六字、二十四字、三十二字等排列形式出现,看起来对仗工整,读起来朗朗上口,听起来颇具意味。在琳琅满目的价值符号面前,由于标准多元、层次不一,反而更加茫然失措,不知所取。"其实,古今中外人们拿到桌面上的东西,如仁义礼智信、科学民主自由平等博爱、公平正义和谐等等,都不是价值观,而是通用的价值符号,没有人会公开反对这些东西。"②比如"公平"这一价值符号,到目前为止,至少穿越了封建

① 胡锦涛:《坚定不移沿着中国特色社会主义道路前进 为全面建成小康社会而奋斗》,《人民日报》2012 年 11 月 18 日第 1 版。

② 刘福垣:《必须把价值观和价值符号区别开来》,《中国延安干部学院学报》2012 年第 4 期。

主义社会、资本主义社会和社会主义社会三种形态的社会,其价值内涵由封建时代按等级分配就是公平转变为资本主义时代按资分配就是公平,再转变为社会主义按劳分配就是公平。可见不变的是价值符号,易变的是价值内涵。因此,社会主义核心价值凝练研究偏重于价值符号的遴选,追求价值符号形式的完美意义不大,关键是价值符号下所赋予的价值内涵。如此也可以在中西方价值交流、交融和交锋中化被动为主动,面对西方意识形态大旗上“自由”、“平等”、“人权”等价值符号,我们大可不必有意回避,而应在“自由”、“平等”、“人权”等人类美好的价值符号上赋予社会主义价值更崇高的内涵。普世的只是价值符号,没有普世的价值内涵。

3. 核心价值凝练

本文认为“简言大义”是凝练社会主义核心价值的关键,所谓简言一是指表述社会主义核心价值的语言形式简洁,二是指表述社会主义核心价值的语言内涵简明。语言形式简洁是古今中外社会核心价值的共同表现形式,主要是便于民众识记,便于核心价值传播。如中国封建社会的核心价值——仁、义、礼、智、信等,西方资本主义社会的核心价值——民主、自由、平等、博爱等都具有语言形式简洁的共同特征。语言内涵简明是指表达的核心价值内涵清楚准确,鲜有歧义。目的是便于社会核心价值的理解和践行。在一个核心价值被牢固树立的社会中,对社会核心价值的理解是不会有异议的。中国传统社会仁、义、礼、智、信等核心价值不同阶层的人都能理解,即使不同的西方资本主义国家,民众对民主、自由、平等等资本主义核心价值的理解是不会有太大分歧。所谓大义一是指凝练出来的社会主义核心价值充分体现科学社会主义的追求的价值本义,体现社会主义价值的本质性。二是从历史唯物主义的社会发展观出发,在过去、现实和未来的时间纬度中把握社会主义核心价值的凝练,使社会主义核心价值体现超越性。三是立足马克思主义关于人的自由全面发展的理论和科学社会主义对真、善、美的追求价值理想,使社会主义核心价值体现崇高性。四是抓住社会主义价值发展的主要矛盾,使凝练出来的社会主义核心价值体现统领性。

从价值哲学来看,价值是一个关系的范畴,从关系入手为我们打开了凝练社会主义核心价值的理路。作为唯物史观的前提的“现实的人”是一个关系的存在,总体上存在着人与自身、人与人、人与社会和人与自然的多重关系。人与自身的关系是发展、超越的关系,是一个不断挣脱自身局限性获取自由的过程,因此,从人与自身的关系来看,最核心的价值是自由。人与人的关系是交互关系,因此,从人与人的关系来看,最核心的价值是平等。人与社会关是体认关系,人的本质从现实性上看是一切社会关系的总和,因此,从人与社会的关系来看,最核心的价值是公正。人与自然的关系是一种互为依存的关系,因此,从人与自然的关系来看,最核心的价值是共生。历史唯物主义关于人与自身、人与人、人与社会和人与自然的关系为我们揭示了社会主义运动中的最根本的关系,是我们凝练社会主义核心价值的根本依据,所以本文认为"自由"、"平等"、"公正"、"共生"是社会主义最为核心的价值。如果一定要在"自由"、"平等"、"公正"、"共生"的价值中找到一个最终极的价值,那就是"自由"。因为一部马克思主义学说就是一部关于人的解放的学说,"人的自由而全面的发展",是社会主义社会的本质要求和人类社会发展的终极追求。自由表现为:适应自然和改造自然的能力(人与自然的关系)、规则框架内应享有的权利(人与他人的关系)和个人全面发展(人与自身的关系)。因此,社会主义最终极的价值是自由。"民主"和"公平"之所以不能与以上价值并列,是因为"民主"和"公平"相对"公正"而言是次生价值。因为在人与社会的总体关系层面下又具体表现为人在政治领域的关系和人在经济领域的关系,人在政治领域的关系主要是参与的关系,即公民参与各种社会政治事务,因此政治领域的核心价值是民主。人在经济领域的关系最主要是分配关系,即如何分配劳动产品,因此经济领域的核心价值是公平。综上所述,"自由"、"平等"、"公正"和"共生"是社会主义最为核心的价值。

3.3 社会主义核心价值体系载体建设

载体本是化学、生物学等自然科学领域的一个科技术语,"科学技术上指某些能传递能量或运载其他物质的物质。如工业上用来传递热能的介质,为增加催化剂有效表面,使催化剂附着的浮石、硅胶等都是载体。"①随着学科之间综合化、交叉化的发展,载体的概念又被引入到社会科学领域,成为社会科学广为借鉴、引用的词汇。由于不同社会学科关照说明的对象不同,对载体的多维涵义的取舍也各有侧重,因此对载体涵义的界定及其运用存在很大差别。如信息学认为"语言文字是信息的载体",是从信息的存在和运动形式角度来界定其载体的。思想政治

① 《现代汉语词典》,商务印书馆 1996 年版,第 1568 页。

教育学认为"所谓思想政治教育的载体,是指在实施思想政治教育的过程中,能够承载和传递思想政治教育的内容或信息,能为思想政治教育主体所运用,促使思想政治教育主客体之间相互作用的一种活动形式和物质实体。"①则是从思想政治教育作为一种育人活动的特性入手来规定其载体。社会主义核心价值体系本身具有"三重蕴含":即从理论的角度看,社会主义核心价值体系是关于社会主义主导价值的理论体系;从价值的角度看,社会主义核心价值体系自身体现了社会主义倡导的主导价值(观念);从意识形态角度看,社会主义核心价值体系是社会主义意识形态的本质体现。社会主义核心价值体系自身精神性、理念性和价值性的特质决定了社会主义核心价值体系载体要以是否具备有效承载精神价值为依据。因此所谓社会主义核心价值体系的载体,是泛指具有蕴含社会主义核心价值体系的价值理念、承载社会主义核心价值体系的价值精神和体现社会主义核心价值体系的价值功能的实体和形式。社会主义核心价值体系体现的是精神理念,其自身建设只是理论和观念层面的建设,为避免"魂不附体"的建设缺陷,即社会主义核心价值体系作为精神之"魂"一定要有"体"来依附,只有体全魂健才能有效发挥社会主义核心价值体系的作用,如果无体可附,社会主义核心价值体系理论建设无论多么美妙,其结果只能是"魂飞魄散",难有实效。社会主义核心价值体系要表现其存在、体现其属性、发挥其功能必须借助于一定的实体和形式才能表现出来,故要加强社会主义核心价值体系载体建设。一个社会的精神价值往往体现在社会的精神文化气质中、组织制度设计中、媒体活动理念中和意识心理积淀中,因此,社会主义核心价值体系载体建设主要表现为精神载体建设、文化载体建设、制度载体建设等方面。

3.3.1 精神载体建设

精神是一个比较复杂的概念,"精"的原义是精华、精妙、精粹、精神、智慧。"神"在古代典籍中含义颇广,但主要是指神灵、精神作用和微妙变化、奇妙作用。"精神"二字连成一词在中国哲学和传统文化中主要是指与人的肉体相对的心灵作用及状态含有精华的意义。在西方精神也是包含心灵、灵魂、潮流、勇气、思想、才智和心理等在内的复合词汇。"何谓精神"的分歧归纳起来主要表现为哲学的

---

① 张耀灿、郑永廷、吴潜涛、骆郁廷等著:《现代思想政治教育学》,人民出版社 2006 年版,第 392 页。

精神观与心理学的精神观的区别。哲学上的精神是与“物质”相对应,不同的是辩证唯物主义认为,物质第一性,精神第二性,精神现象是人类所特有的,它的产生和发展制约于社会物质资料生产活动,同人们的相互交往和语言的产生、发展紧密联系。唯心主义则认为精神第一性,物质第二性,认为精神可以脱离物质而存在,否认精神是对客观现实的反映,是在实践活动中发生、发展和形成的。心理学的精神观认为精神是由无意识与意识组成的,精神是无意识与意识协调活动的集中体现。其关系是关系是:“心理—意识(无意识)—精神,即在整个精神或心理系统中,心理是第一层次(基础层),意识是第二层次(中介层),精神是第三层次(最高或调节层);而这三个层次既依次发展,又是交互作用的。”①本文分析哲学的精神观与心理学的精神观的区别的目的在于深入说明精神是人在实践基础上形成的心理现象,“一般地认为,‘精神’是指人类的意识、思维活动和一般心意历程、心理状态,是人类的认识、情感和意志的总体。”②不同的民族在社会发展过程中由于生存条件的差异往往形成不同的精神气质,同一社会在不同的历史时期形成的精神气质也差异,同一社会在同一时期不同的地域或行业其精神气质也有所不同,于是依据不同的划分标准就形成不同的精神。如依据人的存在形式,精神可划分为个体精神与群体精神;依据价值关怀的对象,精神可划分为人文精神与科学精神;依据时间的指向,精神可划分为民族精神与时代精神;依据事业分途,精神可划分为行业精神与职业精神。如此等等,不一而足。每一种精神都代表着不同的气质神韵,体现着人们不同的人格理想、行为方式和价值追求。社会主义核心价值体系作为先进价值的代表,体现着社会主义的精神气韵,要接近地气,落地生根,就必须以诸如民族精神、时代精神、城市精神、行业精神和职业精神等不同的精神为载体,有效融入其中,发挥社会主义核心价值在精神领域中的作用。“伟大的民族精神和时代精神是凝聚亿万人民、鼓舞人们奋发进取的旗帜,是中国人民精神风貌的集中写照,是激发社会活力的强大力量。”③民族精神和时代精神相辅相成、相得益彰,民族精神是精神基础,着重于对历史的传承;时代精神则是精神导引,着重于对未来的拓展。二者共同构成社会主义的强固精神支柱。职业是每一个健全的人都要从事的事业,职业精神与每个人的事业息息相关,社会精神

---

① 燕国材:《精神论——以心理学为视角》,《上海师范大学学报(哲学社会科学版)》,2011年第5期。

② 方立天:《民族精神的界定与中华民族精神的内涵》,《哲学研究》1991年第5期。

③ 本书编写组:《科学发展观若干重要问题读本》,人民出版社2006年版,第110页。

很大程度上是通过具体的职业精神表现出来。为此,社会主义核心价值体系精神载体建设主要体现在民族精神载体建设、时代精神载体建设和职业精神载体建设等方面。

民族精神是一个民族在长期的历史发展中形成的精神风貌,是一个民族生命力、创造力和凝聚力的集中体现,是一个民族赖以生存、共同生活、共同发展的核心和灵魂。民族精神有广义和狭义之分。广义的民族精神是既包括积极、优秀、进步、精粹的民族精神,又包括消极、落后,甚至粗俗、劣根的民族精神,精华与糟粕并存的精神形态。狭义的民族精神是指在长期历史发展过程中形成的,为本民族绝大多数成员所认同的,推动民族进步的精神。民族精神是一个历史的概念,与本民族成员的社会实践同步发展,在不同的历史时期有不同的具体表征。社会主义核心价值体系民族精神载体建设就是深入发掘刚健自强、厚德崇礼、贵和用中、务实尚仁的优秀民族精神资源,摈弃因循守旧、重虚求玄等糟粕精神。尤其是"在五千多年的发展中,中华民族形成了以爱国主义为核心的团结统一、爱好和平、勤劳勇敢、自强不息的伟大民族精神。"①更需要挖掘整理,打造承载社会主义核心价值体现的精神载体。需要说明的是自党的十六届六中全会提出社会主义核心价值体系这一科学命题以来,社会主义核心价值体系的内容是清楚的,即包括四个方面的基本内容——马克思主义指导思想、中国特色社会主义共同理想、以爱国主义为核心的民族精神和以改革创新为核心的时代精神、以"八荣八耻"为主要内容的社会主义荣辱观。这四个方面的基本内容相互联系、相互贯通,共同构成辩证统一的有机整体。不同内容的地位和作用也是明确的,没有灵魂——马克思主义指导思想,社会主义意识形态就失去了方向;没有主题——中国特色社会主义共同理想,社会主义意识形态就失去了内核;没有精髓——民族精神和时代精神,社会主义意识形态就失去了主旋律;没有基础——社会主义荣辱观,社会主义意识形态就失去了价值坐标和道德标准。但如果深入剖析可以看出,马克思主义指导思想提供的是科学的世界观和方法论,为社会主义核心价值体系及其建设提供立场、观点、方法,保证核心价值体系的社会主义性质,马克思主义指导思想本身有价值,严格讲马克思主义指导思想不是价值,它就是指导价值及其建设的思想。中国特色社会主义共同理想集中体现了现阶段我国社会发展的目标和

---

① 江泽民:《全面建设小康社会,开创中国特色社会主义事业新局面(二)》,《人民日报》2002年11月18日。

要求,共同理想中包含社会主义特定时期的价值追求,但共同理想就是理想追求,不是价值。以爱国主义为核心的民族精神和以改革创新为核心的时代精神是社会主义发展的精神动力,民族精神和时代精神具有社会主义价值蕴含,但民族精神和时代精神就是精神,不是价值。同样,社会主义荣辱观提供了社会的价值坐标和道德标准,荣辱观中含有社会主义价值,荣辱观不是价值。本文认为社会主义核心价值体系四个方面的内容是社会主义核心价值体系及其建设的要求和外在表现,社会主义核心价值体系是隐含在四个方面内容背后的社会主义性质的核心价值所组成的体系。因此,包括以爱国主义为核心的民族精神在内的优秀民族精神是承载社会主义核心价值体系的精神载体,加强民族精神载体建设,利用民族精神的凝聚力、传承力和亲和力,发挥民族精神对社会主义核心价值体系的传承和促进作用。

"时代精神是一个在社会最新的创造性实践中孕育和激发出来的,反映社会进步的方向、引领时代进步的潮流、为社会成员所普遍认同和接受的思想观念、道德规范、行为准则和价值取向,是一个社会最新的精神气质、精神风貌和社会时尚的综合体现。"①时代精神是一个时代的精神文明的标志,集中体现该时代人们的精神气质、精神风貌和精神时尚。正如上文所言,社会主义核心价值体系是隐含在以改革创新为核心的时代精神内容背后的社会主义性质的核心价值所组成的体系,因此社会主义核心价值体系可以以时代精神为载体。社会主义核心价值体系不仅要引领时代精神风尚,还要以时代精神为载体,融入其中,以时代精神为依托,利用时代精神的感召力推进社会主义核心价值体系建设及传播。当前社会时代精神的核心是改革创新,本质是以人为本,特征是与时俱进,表现是和谐精神、竞争精神、法制精神、开放精神等,社会主义核心价值体系时代精神载体建设就是强化上述时代精神载体研究,把社会主义核心价值体系融入其中。

"所谓职业精神,是指人们在一定的职业生活中能动地表现自己,反映职业性质和特征的思想、观念和价值取向。"②职业精神内在表现为人们对职业理念、职业责任、职业使命和职业荣誉等职业理性认知及其崇尚景仰的心理状态,又外在表现为人们在从业过程中对职业的热爱、敬重、严谨、负责、细致、高效的行为及风

① 包心鉴:《时代精神与当今人类文明》,《江汉论坛》2007 年第 5 期。

② 邱吉:《培育职业精神的哲学思考——从职业规范的视角看职业伦理》,《中国人民大学学报》,2012 年第 2 期。

貌。在功效上,职业精神一方面使社会的精神原则"职业化";另一方面又使个人精神"成熟化"。职业精神以其稳定性和连续性的特征导引着人们的职业心理和职业习惯,影响着人们的精神风貌,为从业者在敬业、勤业、创业和立业的职业实践中提供精神动力。职业精神的基本要素包括职业理想、职业态度、职业责任、职业纪律、职业良心、职业信誉和职业作风。① 社会主义核心价值体系职业精神载体建设就是不同行业依据自身职业实际,完善以上职业精神要素,搭建适合容纳社会主义核心价值的平台,把社会主义核心价值精神有效体现进去。

3.3.2 文化载体建设

文化一词的含义可谓广远浩博,纷繁多样。世界上关于文化的定义据统计已有260余种之多。在中国古代典籍中,"文"字的本义是指各色交错的纹理,《易·系辞下》云:"物相杂,故曰文。"《礼记·乐记》云:"五色成文而不乱。""化"字的本义是指事物动态的变化过程,《易》曰,"男女构精,万物化生",《礼记》曰:"赞天地之化育"。② "问""好"合用,汉代刘向《说苑·指武》云:"凡武之兴,谓之不服;文化不改,然后加殊"。这里的"文化"即"文治教化"之义。③ "文化"的词义在现代有了很大的改变,文化"广义指人类在社会实践过程中所获得的物质、精神、的生产能力和创造的物质、精神财富的总和。狭义指精神生产能力和精神产品,包括一切社会意识形式。有时又专指教育、科学、文学、艺术、卫生、体育等方面的知识与设施。"④《现代汉语词典》中对文化的解释是"人类在社会历史发展过程中所创造的物质财富和精神财富的总和,特指精神财富,如文学、艺术、教育科学等。"⑤西方学者对文化的代表性认识表现为:"文化是由外层的和内隐的行为模式构成;这种行为模式通过象征符号而获致和传递;文化代表了人类群体的显著成就,包括它们在人造器物中的体现;文化的核心部分是传统的(即历史地获得河选择的)观念,尤其是它们所带的价值。"⑥虽然在文化的理解上歧义众多,若加以

① 马斌:《高职生现代职业精神培育的方法、原则和路径》,《职业时空》2008年第4期。

② 金元浦等主编:《中国文化概论》首都师范大学出版社1999年版,第2-3页。

③ 参引刘宁:《思想政治教育文亿载体概念探析》,《四川文化产业职业学院学报》2008年第3期。

④ 夏征农主编:《辞海》上海辞书出版社1999年版,第1356页。

⑤ 中国社会科学研究所:《现代汉语词典》,商务印书馆1996年版,第1318页。

⑥ 转引傅铿:《文化:人类的镜子——西方文化理论导引》,上海人民出版社1990年版,第12页。

梳理,人们对文化的理解主要体现在三个层次。第一个层次主张从大文化观来理解文化,认为文化涵盖人类所有文明成果。如穆勒来埃尔认为,"文化是包括知识、能力、习惯、生活以及物质上与精神上的种种进步与成绩。换句话说,就是人类入世以来所有的努力与结果。"①我国学者钱穆也主张:"文化即是人类生活的大整体,汇集起人类生活之全体即是'文化'。"②第二个层次主张文化应主要是指人类精神文化方面的成果,不包括物质生产及其器物性、实体性成果。第三个层次大大缩小了文化的范围,将文化理解为以文学、艺术、音乐、戏剧等为主的艺术文化。本文从马克思主义的文化观入手去理解文化,文化即自然的人化,是人类社会实践的产物。文化一词有多重含义,一是指人化的过程,如各种具体文化建设;一是指人化的状态,如人或社会有无文化以及文化程度的高低;一是指人化的形态,如以物质形态、精神形态和制度形态存在的各种物质文化、精神文化和制度文化;一是指人化的成果,如从涉及的社会领域可划分为政治文化、经济文化和法制文化等。从涉及的社会区域可划分为社区文化、村镇文化、企业文化、军营文化、校园文化等。

一般而言,文化主要是由符号和语言、价值观、规范等因素所构成。符号和语言是文化积淀和贮存的主要手段,价值观及其具体化的规范是文化尤其是精神文化的核心,一定的价值思想总是蕴涵在一定的文化之中,一定的文化总是承载着一定的价值思想。载体从根本上说是能够承载他者的自体,文化载体就是以文化为承载体来承载他者。社会主义核心价值体系自身是社会主义价值精神的集中体现,以文化为载体来承载是理所当然的事情。需要强调的是,文化载体就是以文化为承载体,文化载体不能泛化为把文化建设和文化活动等视为文化载体,如思想政治教育领域常见的说法是"所谓文化载体,即以文化为思想政治教育载体之意,是指思想政治教育者充分利用各种文化产品并将思想政治教育的内容寓于文化建设之中,借此对人们进行教育,以达到提高人们的思想道德素质的目的。"③文化建设是体现文化特质的活动,在载体分类上应属于活动载体。有的研究把文化产品视为文化载体,本文认为也混淆了文化和文化产品的区别,文化产品是包含体现某种文化精神的生产品或是在某种文化影响作用下形成的生产品,

---

① 转引曹锡仁:《中西文化比较导论》,中国青年出版社 1992 年版,第 4 页。

② 转引金元浦等主编:《中国文化概论》,首都师范大学出版社 1999 年版,第 6 页。

③ 陈万柏:《论思想政治教育文化载体的特征和功能》,《求索》,2005 年第 5 期。

是文化概念的衍生概念,与文化没有完全等同的含义,应是习惯误用。社会主义核心价值体系的文化载体就是具有有效承载社会主义核心价值理念和精神的各种文化。具体表现为各种形态的文化,如物质文化、精神文化和制度文化;也表现为不同社会领域的文化,如政治文化、经济文化和法制文化等;又表现为不同社会区域的文化,如社区文化、企业文化、校园文化、村镇文化、军营文化等。

社会主义核心价值体系的文化载体建设在横向层面上就是针对以上文化载体展开建设,由于社区文化、企业文化、校园文化和村镇文化与人民群众的生产、生活息息相关,是社会主义核心价值体系的文化载体建设的主要方面。社会主义核心价值体系的文化载体建设在纵向层面上表现为三个层次的建设:一是"就地取材"式建设,就是充分利用已有文化资源,发掘其对社会主义核心价值体系精神理念的承载性,使社会主义核心价值体系很好地体现在相应文化特质中;二是"移花接木"式建设,改造原有文化资源中不适合承载社会主义核心价值体系精神理念或承载效果不显著的文化资源,使社会主义核心价值体系有效承载其中;三是"另起炉灶"式建设,结合文化建设的实际和要求,重新建设适合承载社会主义核心价值体系精神理念的文化资源。通过不同类型社会主义核心价值体系文化载体建设,充分发挥各类文化载体具有表现形式大众性、价值观念影响渗透性和精神消费共享性的优势特性,有效承载、体现、传播社会主义核心价值体系,发挥社会主义核心价值体系在意识形态领域的主导作用。

3.3.3 制度载体建设

探讨社会主义核心价值体系制度载体建设的前提是廓清制度的内涵及外延,唯其如此才能为制度载体建设提供合法性依据和合理性证明。"制度"这一概念因研究的侧重不同存在的多重语义。《辞海》的解释是"(1)要求成员共同遵守的、按一定程序办事的规程或行动准则。如工作制度、学习制度。(2)在一定的历史条件下形成的政治、经济、文化等各方面的体系。如社会主义制度。"①《现代汉语词典》的解释是"(1)要求大家共同遵守的办事规程或行动准则:工作制度;财政制度。(2)在一定的历史条件下形成的政治、经济、文化等各方面的体系:社会主义制度制度;封建宗法制度。"②这两种权威性的定义指明制度既是一种"规程"

---

① 转引董仁忠:《职业教育制度论纲》,《河北师范大学学报》2008年,第3期。

② 《现代汉语词典》,商务印书馆2002年版,第1622页。

或“准则”,又是一种“体系”。西方英语国家对于“制度”通常使用 System、Institution 和 Regime 这三个词。关于“System”,《新牛津英语词典》的语义解释有两重意思:第一重意思是指一种“系统”、“体系”,是从机械和生理的意义上转换过来的;第二重意思主要指体制和社会规则系统,而且还含有秩序与规律的意思。对于“Institution”,《新牛津英语词典》的语义解释也是多重的,第一重意思是指一种有组织的机构或形态;第二重意思指一种既定的法律规则和风俗习惯。对于“Regime”,《新牛津英语词典》的语义解释一是指一种治理,特别是权威性的治理;二是指关于做某件事情的一种体系或者说一种计划安排,特别带有自上而下的强制性的意味。① 可见,中西方词典中对制度的定义存在一定认识分歧。不同学科由于研究的出发点不同对制度的定义也有差异:一种是制度规则论。“制度是一个社会的游戏规则,更规范地说它们是为决定人们的相互关系而人为设定的一些契约。”②“制度是至少在特定社会范围内统一的、对单个社会成员的各种行为起约束作用的一系列规则。”③“制度的本质内涵不外乎两项,即习惯和规则”。④ 一种是制度习惯习惯论。“制度实质上就是个人或社会对有关的某些关系或某些作用的一般思想习惯。”⑤一种是制度组织论。制度是一种运行的机构,“这种运行中的机构,有业务规划使得它们运转不停;这种组织,从家庭、公司、工会、同业协会、直到国家本身,我们称为‘制度’。”⑥一种是制度模式论。“制度就是稳定的、受珍重的和周期性发生的行为模式。”⑦一个是制度系统论。“制度是关于博弈任何进行的共有信念的一个自我维系系统。”⑧“社会制度指的是在特定的社会活动领域中围绕着一定目标形成的具有普遍意义的、比较稳定和正式的社会规范体系。”⑨不同学科对制度的定义也各有侧重。本文赞成辛鸣博士关于制度所下的定义:“制度,就是这样一些具有规范意味的——实体的或非实体的——历史性存在物,

---

① 参引辛鸣:博士论文《制度论——哲学视野中的制度与制度研究》2002 年,第 15 - 17 页。

② [美]道格拉斯·C·诺斯:《制度、制度变迁与经济绩效》,上海三联书店 1994 年版,第 3 页。

③ 黄少安:《产权经济学》,山东人民出版社 1995 年版,第 90 页。

④ 张宇燕:《经济发展与制度选择:对制度的经济分析》,中国人民大学出版社 1992 年版,第 120 页。

⑤ [美]凡勃伦:《有闲阶级论——关于制度的经济研究》,商务印书馆 1997 年版,第 138 页。

⑥ [美]约翰·康芒斯:《制度经济学》,商务印书馆 1962 年版,第 86 页。

⑦ [美]塞缪尔·P·亨廷顿:《变化社会中的政治秩序》,三联书店 1989 年版,第 12 页。

⑧ [日]青木昌彦:《比较制度分析》,上海远东出版社 2001 年版,第 28 页。

⑨ 郑杭生:《社会学概论新论》,中国人民大学出版社 1987 年版,第 253 页。

它作为人与人、人与社会之间的中介，调整着相互之间的关系，以一种强制性的方式影响着人与社会的发展。”①这一定义从社会和人之间的相互关系入手，抓住了制度的本体内涵实质，具备相当高度的哲学抽象，因而具备最为广泛的涵盖性。

社会主义核心价值体系从根本上看是社会主义意识形态的本质体现，是社会意识的集中体现，社会存在决定社会意识，社会意识反映并体现在社会存在中是马克思主义唯物史观根本要求，因此把制度抽象为历史性存在物，为作为社会意识的社会主义核心价值体系的承载体成为可能，故这一定义是社会主义核心价值体系制度载体建设借鉴的制度含义。由于制度是这样一些具有规范意味的历史性存在物，以一种强制性的方式影响着人与人、人与社会之间的关系，制度就具有非常广泛的涵盖性。从不同的层次和侧面划分，就会呈现一个对社会生活产生广泛影响的纵横交错的制度谱系。从制度的内涵上即纵向层次上看，依据制度的不同运行形态，可划分为制度、体制与机制；依据制度在其制度体统中的地位与作用不同，可划分为基本制度与非基本制度。从制度的外延上即类型上来看，制度可分为正式制度与非正式制度。正式制度一般是在国家或组织强制力作用下实施的、有形的、成文的制度。如国家层面上的法律，社会层面上各种组织（行业协会、商会、学会、专业团体、宗教组织等）的章程等。非正式制度是人们在长期交往中无意识形成的制度，主要要包括价值信念、伦理规范、道德观念、风俗习惯等。从制度本体上来看，制度可分为内在制度和外在制度。内在制度主要包括风俗习惯、道德和礼节仪式。其特点是实施依靠自律，以一种非正式的约定俗成的方式起着作用。外在制度主要由政治权力机构自上而下地设计出来，具有明确的目标指向和操作方面的强制性法律法规等。从系统角度看，整个社会的规则构成了一个负责的社会制度系统，由经济制度、政治制度、法律制度和思想文化制度等构成，每一制度又包含为数众多的子制度，如经济制度又表现为产权制度、分配制度、市场交易制度和货币制度等，政治制度则包括选举制度、权力的继承、分配与制衡的制度等。从更广泛意义上看，意识形态也是一种特殊形态的制度。因为意识形态是在一定的社会经济基础上形成的占统治地位的思想观念，“占统治地位的思想不过是占统治地位的物质关系在观念上的表现，不过是表现为思想的占统治地位的物质关系；因而，这就是那些使某一个阶级成为统治阶级的各种关系的

① 辛鸣:《制度论——哲学视野中的制度与制度研究》，博士论文2004年，第33页。

表现,因而这也就是这个阶级的统治的思想。"①意识形态反映了现实社会中人与人之间的相互关系,代表了某一阶级或社会集团(包括国家和国家集团)的利益。因此,意识形态是一种没有正式制度形态的正式制度。可见制度涉及社会的方方面面,制度是社会化的制度,社会是制度化的社会。

制度是由规则、对象、理念、载体四大要素构成系统。② 规则是指一些相应的准则、标准和规定等,规则是制度的内容。对象是制度所指向的范围与领域。理念是制度规则所体现出来的价值判断与目标定位,不同理念引导下的制度就会体现出不同的性质。载体是制度的形式,有什么样的载体就有什么样的制度形式。可见,制度理念是一定的制度得以产生的观念先导,是某种制度赖以产生和存在的价值所在。从制度的具体安排上看,制度的具体安排都要受一定的制度理念的支配。甚至可以说,制度不过是一定价值理念的实体化和具体化,是结构化、程序化了的价值观。因此,制度的理念要素是承载和体现社会主义核心价值体系价值精神的关键,是社会主义核心价值体系制度载体建设的切入点和突破口。社会主义核心价值体系制度载体建设表现为在法律和组织章程等社会各项正式制度制订时,充分考虑社会主义核心价值体系的价值理念精神和要求,使所制订制度的理念要素充分体现和蕴含社会主义核心价值精神。在价值信念、伦理规范、道德观念、风俗习惯等非正式制度形成过程中要加强社会主义核心价值的引导,使其体现社会主义核心价值理念。在经济制度、政治制度、法律制度和思想文化制度等社会宏观制度的改进和完善时,以社会主义核心价值精神理念为依据,以代表社会主义核心价值体系在相关领域的要求。在各项制度的具体安排上以社会主义核心价值精神为参照,体现社会主义核心价值要求。

---

① 《马克思恩格斯全集》第 3 卷,1956 年版,第 52 页。

② 参引辛鸣:《制度论——哲学视野中的制度与制度研究》,博士论文 2004 年,第 58 页。

4. 社会主义核心价值体系系统建设的过程

所谓过程是事物发展在时间上的持续和空间上的延伸，表明事物产生、发展和灭亡的历史。马克思主义过程观认为，一方面世界是过程的集合体。“一个伟大的基本思想，即认为世界不是既成事物的集合体，而是过程的集合体。”①“统一的物质世界是一个发展的过程。”要“把世界当作发展，当作过程去考察。”②另一方面事物总是作为过程而向前发展的。“自然界中的一切运动都可以归结为一种形式向另一种形式不断转化的过程。”③从根本上说过程源于物质的运动属性，过程是事物运动在时间上的持续和空间上的伸延，是事物存在的基本状态，是事物、运动、时间和空间的辩证统一，任何过程都包括互为对立的两重性，“任何过程，都是有矛盾着的两个侧面互相联系又互相斗争得到发展的”，“任何一个过程无不包括两重性”，“一切过程都有始有终，一切过程都转化为它们的对立物。”④过程的两重性主要包括有限性和无限性、静态性和动态性、阶段性和持续性等对立属性。事物总是作为过程出现的，过程具有客观性和普遍性、动态性、转化性、阶段性、连续性、秩序性和可调性的特征。自然、社会、精神等领域的一切事物都是作为过程而存在、作为过程而向前发展的，过程蕴含着事物的本质，过程反映着事物的矛盾，过程体现着事物发展变化的规律，要求把社会主义核心价值体系系统建设视为一个过程，从社会主义核心价值体系系统建设的过程中把握其建设的实质、矛盾和规律，增强社会主义核心价值体系系统建设的科学性、合理性和有效性。

---

① 《马克思恩格斯选集》第4卷，人民出版社1995年版，第244页。
② 毛泽东：《辩证法唯物论提纲》，人民出版社1937年版，第20页。
③ 《马克思恩格斯选集》第4卷，人民出版社1995年版，第245页。
④ 《毛泽东选集》第1卷，人民出版社1991年版，第332页。

4.1 社会主义核心价值体系系统建设过程的实质

过程表征的是事物在时空上的延续存在状态,显示的是事物运动、变化、发展的集合,标志着事物发展的方向和路径,以其动态性、转化性、阶段性、连续性等特征体现了事物的存在状态和发展趋势。但事物过程的研究不能仅停留在过程的宏观的、整体的和历时态等外在表现上,还要研究过程发生和进展的实质,从根源上把握过程进而深入认识事物。社会主义核心价值体系系统建设过程的研究也必须深入分析社会主义核心价值体系系统建设过程的实质,才能更好把握社会主义核心价值体系系统建设的过程,促进社会主义核心价值体系系统建设。

4.1.1 主体与客体互为对象化的过程

"全部社会生活在本质上是实践的",①社会主义核心价值体系系统建设从根本上说是主体的一项实践活动。"实践是主体和客体之间能动而现实的双向对象化的过程",②所谓对象化其实质是在对象性的实践活动中,实践主体和实践客体彼此之间存在的相互规定、依赖、转化和实现的过程。一方面对象化是指对象人化,即主体把自己的本质力量"化"于对象,使对象成为主体自己的作品和现实,主要表现为对对象的占有和支配;另一方面对象化还包含人对象化,即客体也以物质的、能量的和信息的方式直接或间接地反作用于主体,把自身因素、能量"化"于主体,从而现实地成为主体性结构系统中的一个有机的组成部分。因此,对象化是客体的主体化和主体的客体化的能动而现实的统一。社会主义核心价值体系系统建设实质是主体和客体之间能动而现实的双向对象化过程。在社会主义核心价值体系系统建设的三大主要领域——主体建设领域、本体建设领域和载体建设领域中主体容易确定,因为"人始终是主体"③人民群众是社会主义核心价值体系系统建设的领域的主体。当然人民群众是一个整体的概念,根据不同的人群在社会主义核心价值体系系统建设中的作用,还可细化理论研究主体、理论宣传主

---

① 《马克思恩格斯选集》第2卷,人民出版社1995年版,第85页。

② 王永昌:《论实践本质》,《中国社会科学》1991年第4期。

③ 《. 马克思恩格斯全集》第42卷,人民出版社1979年版,第130页。

体、政策执行主体和价值践行主体等。客体是主体实践的对象,依随社会主义核心价值体系系统建设的不同领域而有所不同。在社会主义核心价值体系系统建设的主体建设领域,建设的客体是人体内精神意识中的价值素养,表现为提高主体的社会主义价值意识,增强其价值判断、价值选择和价值践行的能力。在社会主义核心价值体系系统建设的本体建设领域,建设的客体是社会主义核心价值体系理论自身,通过创建社会主义核心价值体系理论的概念和范畴,梳理、挖掘和创新社会主义核心价值理念,建立科学完善的社会主义价值理论体系,实现其科学化、理论化。在社会主义核心价值体系系统建设的载体建设领域,建设的客体是包括精神、文化和制度在内的能够蕴含、承载和体现社会主义核心价值的载体,使社会主义核心价值"魂"有所附。社会主义核心价值体系系统建设过程中主客体的双向对象化总体上表现为一方面主体把自己的本质力量"化"于对象,实现对对象的占有和支配;另一方面客体也以自身的方式反作用于主体,化为主体的力量。社会主义核心价值体系系统建设主体存在诸如需求一目的结构、机能一体力结构、认知一智能结构、方法一技巧结构、社会一规范结构、审美一体验结构和情感一意志结构,社会主义核心价值体系系统建设客体体存在效用性结构、规律性结构、自在性结构、效力结构和形象性结构,社会主义核心价值体系系统建设主客体之间彼此的规定和制导通过各自的内在结构来实现。社会主义核心价值体系系统建设过程中主客体的双向对象化具体表现为主客体各自结构中对称同构的互生关系:"一般说来,客体主体化的效用性结构大致与主体客体化的需求一目的结构相对应;客体的规律性结构大致同主体的认知一智能给构相对应,客体的自在性结构大致同主体的情感一意恋幼构和社会一规范给构相对应,客体的效力结构则同主体的体力劫构、方法一技巧幼构大致相对应,而客体的形象性结构也许同主体的审美一体脸结构共有更多的相关性。"①社会主义核心价值体系系统建设主客体互为对象化的过程就具体表现为以上主客体各自结构中对称同构的互生作用过程。

4.1.2 理论具体与实践具体相契合的过程

社会主义核心价值体系系统建设是一个复杂的系统工程,其中就包括理论体系自身的建设和理论体系指导实践的建设这两个重要的建设方面。因此,社会主

① 王永昌:《论实践对象化的基本内容和过程》,《中国社会科学》1992 年第 2 期。

义核心价值体系系统建设过程的实质也是理论建设和实践建设相统一的过程,即主要是理论具体与实践具体相统一的过程。社会主义核心价值体系系统建设过程首先是社会主义核心价值体系理论具体的过程,理论具体过程包括理论抽象和理论具体两个阶段。社会主义核心价值体系理论抽象阶段就是理论建设主体依靠科学的思维方式,"从最顽强的事实出发",①借助概念、范畴等理论术语对事物及其现象的一般的、共性的、普遍的的规定加以萃取,"从表象中达到越来越稀薄的抽象",②实现对"生动的直观的感性的具体"的否定与超越。社会主义核心价值体系理论抽象的直接对象是中国社会主义现代化建设中价值探索的经验和教训,理论抽象的间接对象主要是以苏联为代表的其他社会主义国家在社会主义价值探索中的经验和教训,然后概括出社会主义价值的相关规定并以相对零散的概念和观点表现出来。社会主义核心价值体系理论具体阶段就是理论建设主体在对感性具体科学、合理抽象的基础上,借助一定的理论创建范式,创建相关范畴、命题和原理等理论要素,建构诸如概念、判断和推理等逻辑形式体系,形成反映社会主义价值本质和规律、带有稳定性、具有内在逻辑的观点体系。社会主义核心价值体系理论具体实质是主体"思维的具体"、"精神的具体"的体现,可简言之形成了较为完备的价值理论体系。社会主义核心价值体系理论具体过程是主体对社会主义价值及其运动的本质进行了解和把握的过程,是对社会主义价值及其运动的高层次认识的过程。

社会主义核心价值体系系统建设不会满足于遁入抽象的理论王国进行纯粹的逻辑演绎,不会滞后于现实实践而亦步亦趋,还要发挥社会主义核心价值体系理论对实践的指导作用,在具体实践中呈现自身的价值,社会主义核心价值体系系统建设过程还是实践具体的过程。所谓实践具体就是把抽象的社会主义核心价值理念融汇于确定的实践活动中,以特定的实践活动内容和形式表现出来。社会主义核心价值体系系统建设的实践具体过程既在宏观上表现为精神载体、文化载体和制度载体等载体的建设过程,又在微观上表现为把社会主义核心价值体系融入国民教育、精神文明建设和党的建设全过程,贯穿改革开放和社会主义现代化建设各领域,体现到精神文化产品创作生产传播各方面的过程。

① 《马克思恩格斯选集》第2卷,人民出版社1972年版,第120页。

② 《马克思恩格斯选集》第2卷,人民出版社1972年版,第103页。

4.1.3 核心价值发掘与体现相统一的过程

人是有目的的动物，人的活动都具有一定的目的指向。“有意识的生命活动把人同动物的生命活动直接区别开来。”①“在社会历史领域内进行活动的，是具有意识的、经过思虑或凭激情行动的、追求某种目的的人；任何事情的发生都不是没有自觉意图，没有预期的目的的。”②人的意向性目的活动主要表现为三种不同层次的活动：既自然合目的性的本能活动、功利性目的的生产劳动和超功利性目的的审美活动。因此，从根本上说，社会主义核心价值体系系统建设过程是主体有目的性的功利性和超功利性的活动。历史唯物主义认为，利益是推动人类进行社会历史活动的根本动因。“人们为之奋斗的一切，都同他们的利益有关。”③主体对社会主义核心价值体系进行系统建设的根本目的就是为追求和满足自身的价值利益，对主体而言，社会主义核心价值体系系统建设过程是人追求其价值利益的过程。相对于社会主义核心价值体系而言，社会主义核心价值体系系统建设过程是社会主义核心价值被发掘和体现的过程。社会主义核心价值被发掘的过程主要包括三个方面的过程：一是实践经验的提炼过程。社会主义核心价值的一大来源是社会主义运动中的价值实践经验，如前文社会主义核心价值体系理论抽象所言，中国社会主义现代化建设中价值探索的经验，苏联为代表的其他社会主义国家在社会主义价值探索中的经验和教训，是社会主义核心价值提炼的实践经验，社会主义核心价值被发掘的过程就是对世界社会主义运动中价值实践经验的提炼过程。二是经典论述的总结过程。社会主义核心价值的另一大来源是马克思主义经典作家和领袖人物关于社会主义价值的论述，经典作家和领袖人物以其对社会历史和人的发展的准确把握往往比一般人站得高、看得远，有关他们对社会主义价值的经典论述是总结社会主义核心价值的宝贵资源，社会主义核心价值被发掘的过程也是对马克思主义经典作家和领袖人物关于社会主义价值的经典论述的总结过程。三是理论逻辑的推演过程。科学的理论一方面以概念的逻辑体系的形式为人们提供事物发展着的图景，另一方面以思维逻辑和概念框架的形式为人们提供事物发展着的方式。理论不仅是现实的反映还是对实践的超越，从

---

① 《马克思恩格斯全集》第 42 卷，人民出版社 1979 年版，第 96 页。

② 《马克思恩格斯选集》第 4 卷，人民出版社 1995 年版，第 247 页。

③ 《马克思恩格斯全集》第 1 卷，人民出版社 1995 年版，第 187 页。

而像马克思所说的那样,"缩短"并且"减轻"实践过程中的"阵痛。因此,理论体系内概念、范畴、推理和判断等内在的逻辑运演是把握事物运动的重要方面,理论逻辑的推演也是发掘社会主义核心价值内容的一个方面,社会主义核心价值被发掘的过程也是对社会主义核心价值体系理论逻辑运演形成理论的过程。社会主义核心价值体系系统建设过程也是社会主义核心价值的体现过程。社会主义核心价值体系是社会主义价值的集中体现,是社会主义制度的内在精神和生命之魂,价值本身并不是实体的范畴,其自身不会自动体现和产生作用,必须蕴含在一定的载体内,通过一定的载体发挥作用。社会主义核心价值体系建设的应有之意是通过加强价值主体建设以提高主体践行核心价值的能力,通过完善价值载体建设以提高社会主义核心价值体系被承载的能力,发挥社会主义核心价值的作用。因此,社会主义核心价值体系系统建设过程也是社会主义核心价值的体现过程。

4.2 社会主义核心价值体系系统建设过程的矛盾

矛盾"是一切自己运动的原则"。① 矛盾"存在于一切过程中,并贯穿于一切过程的始终,矛盾即是运动,即是事物,即是过程,也即是思想。"②"辩证法的实质"就是"要认识世界上一切过程的'自己运动'、自身的发展和蓬勃的生活,就要把这些过程当作对立面的统一来认识。"③矛盾是过程的根源,过程是矛盾存在和发展的形式。研究社会主义核心价值体系系统建设的过程必然要对其产生根源——系统建设过程的矛盾进行分析,从本源上廓清过程发生发展的实质。矛盾是反映事物内部和事物之间对立和同一及其关系的哲学范畴。对立性和同一性是矛盾所固有的基本属性,两者之间的相互依存、相互斗争和相互转化推动着事物向矛盾双方规定的方向发展。当前有关过程的矛盾的研究中,也存在矛盾界限不清,矛盾关系不明,以致于出现矛盾泛化甚至误用的现象。过程矛盾研究界限不清表现为把事物之间的不同和差异全部看作是过程的矛盾,如有关思想政治教育过程的矛盾研究中常见的提法是把教育主体和教育接受主体之间存在的思想

① 列宁:《哲学笔记》,人民出版社 1974 年版,第 146 页。
② 《毛泽东著作选读》(上册),人民出版社 1986 年版,第 159 页。
③ 列宁:《哲学笔记》,人民出版社 1974 年版,第 408 页。

观念、知识结构、价值取向、人格倾向以及行为习惯等方面的差异和区别一概视为教育过程中的矛盾。事实上矛盾确实表现为一定的差异和区别,但差异和区别并不都是矛盾。一个矛盾体一要有互为对立的双方,即存在极性关系。互为对立的双方还要彼此吸收对方的有利因素,互为转化,即存在运演关系。因此,只看到过程中因素之间的差异和区别,不考虑对立因素之间的互为依存和彼此转化,就没有看到事物过程中矛盾问题的实质。过程矛盾研究关系指向不明表现为如思想政治教育过程中矛盾的提法:思想政治教育接受过程中,存在着接受主体与教育主体之间的矛盾;接受中介与教育主体、接受主体及接受客体之间的矛盾等,这些矛盾的提法太笼统,只是指出了相关矛盾存在的范围,并没有指明是那些对立面之间的矛盾。

基于过程矛盾辩证法和系统矛盾辩证法的原理,社会主义核心价值体系系统建设过程的矛盾体系包含三个层次的矛盾:即宏观上系统建设过程与建设环境层次的矛盾,中观上系统建设过程之中的矛盾,微观上系统建设要素自身内在矛盾。本文为突出研究重点,选择中观上系统建设过程之中的矛盾为研究对象。唯物辩证法的矛盾观认为,事物发展过程中存在着许多矛盾,这些矛盾成为一个动态的、复杂的矛盾体系。依据其在事物发展过程中的地位、作用及对事物根本性质的影响不同,可分为基本矛盾和非基本矛盾,主要矛盾和次要矛盾等。基本矛盾,也叫根本矛盾,是“规定事物的根本性质并对事物的全过程运动发展起支配作用的矛盾”。① “主要矛盾侧重揭示该矛盾在矛盾体系的发展过程中所占的主导地位与作用,同时,它往往只是表现于根本矛盾发展过程中的某一阶段,而不一定是全过程。”②社会主义核心价值体系系统建设过程是一个复杂复杂矛盾推动的过程,在系统建设过程内部矛盾体系中,本文选取建设过程的基本矛盾为研究对象。由于“基本矛盾则侧重于揭示其在矛盾体系发展过程中始终所具有的根本性质,它总是表现于矛盾体系发展的全过程。”③本研究从社会主义核心价值体系系统建设过程的方向和性质出发,以能否贯穿社会主义核心价值体系系统建设过程的始终为依据,以是否是产生其他矛盾的根源和规定、影响社会主义核心价值体系系统建设过程的其他矛盾为参照,确定理论可能与现实可行之间的矛盾、应然追求与

① 冯契主编:《哲学大词典》(修订本),上海辞书出版社 2001 年版,第 584 页。

② 冯契主编:《哲学大词典》(修订本),上海辞书出版社 2001 年版,第 2040 页。

③ 冯契主编:《哲学大词典》(修订本),上海辞书出版社 2001 年版,第 2040 页。

实然要求之间的矛盾、理性应当与价值正当之间的矛盾为社会主义核心价值体系系统建设过程的基本矛盾。

4.2.1 理论可能与现实可行之间的矛盾

社会主义核心价值体系系统建设是理论和实践辩证统一的过程。一方面,实践总是在"理论"的统摄下进行,实践总是是在一定的理论预设的前提下的实践。另一方面理论总是在"实践"的支配下进行建构,理论总是把实践作为自身的内在规定,在实践中得到完善和验证。再一方面,理论和实践统一起来才能扬弃各自的片面性。理论具有抽象性的特点,是对事物本质和规律的把握,扬弃的是主观世界的片面性。实践具有直接现实性的品格,扬弃的是客观世界的片面性。理论和实践都具有"部分性",理论和实践的统一构成了社会主义核心价值体系系统建设的过程的"完整性"。但理论是把"完整的表象蒸发为抽象的规定",理论与实践不是天然具备统一性,二者之间始终存在着矛盾。因为从在属性上看,理论具有"观念性"而实践具有"物质性"。理论是用抽象概念建构起来的具有普遍性的观念体系,理论必须保持自身逻辑上的同一性,这样才是逻辑自洽、体系严谨、普遍有效的理论。因此理论是对事物内在的、本质的、规律性的把握,是对一类事物整体的、一般的、共性的反映,不会、不可能、也不应该包含所有个体的具体情况。从而造成"源于实践的理论,并不仅仅是对实践经验的概括和总结,更重要的是对实践活动、实践经验和实践成果的批判性反思、规范性矫正和理想性引导。"①实践具有"物质性"决定了实践的直接"现实性",必须依靠具体的实践条件展开相应的实践活动。因此抽象的建设理论并不等于具体的建设实践,从理论上探讨建设问题和从实践上解决建设问题是两回事。但物质性的实践还离不开观念性的理论的指导和规范,"理论首先是作为实践活动中的新的世界图景、思维方式、价值观念和目的性要求而构成实践活动的内在否定性。这种内在否定性就是理论对实践的理想性引导。"②在社会主义核心价值体系系统建设过程中理论上的建设可能与现实上的建设可行之间的矛盾始终存在,正是在不断解决理论可能与现实可行之间的矛盾的过程中推动了社会主义核心价值体系系统建设不断向前发展。

---

① 孙正聿:《理论及其与实践的辩证关系》,《光明日报》2009年11月24日第11版。

② 孙正聿:《理论及其与实践的辩证关系》,《光明日报》2009年11月24日第11版。

4.2.2 应然追求与实然要求之间的矛盾

社会主义核心价值体系系统建设是一项有目的、有计划的实践活动，寄托着主体建设的主观要求和预期愿景。社会主义核心价值体系系统建设又是一个多方合力共同作用创造、生成的过程，有相应建设的要求。因此，社会主义核心价值体系系统建设过程是包含主体应然追求与实然要求的实践过程。但应然追求与实然要求注定不会完全吻合，原因在于主体追求的应然性和实践过程的实然性。“应然”指的是“应当怎样”，“实然”指的是“实际怎样”。“应然”是从价值层面上关注“事物应该呈现和发展的状况”，“实然”是从现实层面上讨论“事物实际上是怎样的状态和情况”。“应然”表明了主体的价值取向，是一个主体性概念。“实然”揭示了客观事实，是一个客体性概念。“应然”是主体站在规律的角度对事物发展的判断，是主体主观性与客体客观性的统一。“实然”是对事物的客观描述，说明事物的存在状态。应然与实然之间存在差异的原因从主体方面来看主要是源于主体自身是能动性与受动性的统一。“人作为自然存在物，而且作为有生命的自然存在物，一方面具有自然力、生命力，是能动的自然存在物；这些力量作为天赋和才能，作为欲望存在于人身上；另一方面，人作为自然的、肉体的、感性的、对象性的存在物，和动植物一样，是受动的，受制约的和受限制的存在物。”①主体的能动性促使对事物的应然追求具有价值性和理想性等前瞻特征，主体的受动性即受限制性和受制约性限制了主体能动性发挥，造成事物的实际要求与事先预期出现差距。应然与实然之间存在差异的的原因从客体方面来看主要是源于客体属性的变化。属人客体自身兼有客观物质性和主观精神性的两重属性。属人客体是两方面的构成：一方面是客体自身的物质、能量和信息；一方面是主体自身的、能够对象化的本质力量。主体的对象性活动总是不断深入发展，主体自身的、能够对象化的本质力量必然越来越多地融入客体，客体自身的物质、能量和信息不断被发掘利用。造成属人客体随主体及其对象性认识的变化而变化。客体的客观物质性和主观精神性的两重属性造成事物的结果与事先预期出现差异。社会主义核心价值体系系统建设过程中主体追求的应然性和实践过程的实然性使其建设的内容、建设的形式甚至建设所体现的精神都会发生变化，人化的建设过程是“应然”与“实然”辩证统一的过程。应然追求与实然要求之间的矛盾伴随社

---

① 《马克思恩格斯全集》第42卷，人民出版社1979年版，第167页。

会主义核心价值体系系统建设过程的始终。

4.2.3 理性应当与价值正当之间的矛盾

理性和价值是人掌握世界的两种不同方式。理性(Reason)一词,来自希腊文Loros(逻各斯)、nous(努斯),其基本含义是心灵,转义为理性,具有规律、理念等含义。近代以来,"理性"一词趋向泛化,人们在不同层面和意义上使用"理性"概念,理性成为正义、理想、价值、人道等的代名词。在本体论意义上,理性与物质性相对应,指的是一种特殊的实体,即规律。在认识论中,理性是指人的概念、判断、推理等思维形式和思维活动的能力。在价值论意义上,理性是"人们根据工具理性提供的知识,从主体需要和意志出发进行价值活动的自控能力和规范原则"。① 理性就等同于"价值理性"、"实践理性"。可见,"理性"是一个充满歧义的概念。但总体而言,作为一个哲学概念,其基本内涵则是相对稳定:一是指事物本身的必然性,即事物之合规律性及合必然性;二是指理论逻辑上的必然性,即人对事物之合规律性的认识和把握。因此,就一般的意义而言,理性是指合客观性与合逻辑性。所谓"应当",即应然当有之意,反映了事物发展的应有预期。理性应当即反映事物或过程合客观性与合逻辑性的应有预期。价值也是一个含义众多的词汇,本文认为价值从广义上看是价值评价体对价值对象体之间相互作用所产生效应的判断性评价。狭义上看价值是价值评价体对价值对象体之间相互作用所产生积极效应的判断性评价。一般而言,价值是"客体对于主体需要、欲望、目的的效用性"。② 在此意义上,价值就成为一个表达主体本质即主体内在尺度的概念。价值就成为人内在的一种法则,一种事先的意向和判定。常表现为是从主体的需要和客体能否满足主体的需要以及如何满足主体需要来评价事物的意义。正当原指人的行为、要求、愿望等符合社会的政策和行为规范的要求,在此强调的是对人的现实利益的维护。价值正当就是事物满足人的现实需要的适当性。理性应当和价值正当的对立统一关系从表现上看是人的对象性活动中"两种尺度"的矛盾反映。人的对象性活动中始终存在"两种尺度",即内在的主体尺度和外在的客体尺度。"动物只是按照它所属的那个种的尺度和需要来建造,而人懂得按照任何一个种的尺度来进行生产,并且懂得处处都把内在的尺度运用于对象;因此,人

① 王炳书、张玉堂:《价值理性简论》,《哲学原理》1999 年第 5 期。

② 王海明:《伦理学原理》,北京大学出版社 2001 年版,第 21 页。

也按照美的规律来构造。"①内在尺度是指人以是否满足自身的需要、利益或愿望作为判断的标准或规范;外在尺度是按照事物的属性、本质和规律性来进行判定定的尺度或标准。内在尺度就表现为人的价值的尺度,外在尺度就表现为合规律性与合逻辑性即理性的尺度。这两种尺度是本质和属性上完全不同的尺度,其对立性在所难免。理性应当与价值正当的辩证关系本质上是人的对象性活动中两种尺度之间应当与正当关系的对立统一。理性应当和价值正当的矛盾性从根本上说是合目的性与合规律性的背离。在一定程度上,理性反映了人的对象性活动的合规律性,价值体现了人的对象性活动的合目的性。合目的性与合规律性也不会完全一致,主要原因一是主观与客观不会完全一致,人的主观认识可以无限接近对客观事物的认识,但不能穷尽所有认识。二是由于目的不合理造成的主观性迷失。人的活动都有相应的动机和目的,"历史不过是追求着自己的目的的人的活动而已",②人们在追求历史过程中,"总是通过每一个人追求他自己的、自觉预期的目的来创造他们的历史"。③ 但人的实践活动的动机和目的并非都是正当的、合理的,合乎事物自身的内在逻辑和规律的。合规律性与合目的性的背离造成了主客体之间理性应当和价值正当的矛盾。社会主义核心价值体系系统建设过程是遵循内在的主体尺度和外在的客体尺度的"两种尺度"的过程,是合规律性与合目的性辩证统一的过程,始终存在着理性应当与价值正当之间的矛盾。

4.3 社会主义核心价值体系系统建设过程的规律

规律是客观事物本身所固有的、本质的和必然的联系,反映了事物运动变化的必然趋势。规律首先具有客观性,即规律是客观事物本身所固有的内在联系,意指这种联系不以人的主观意志为转移。第二规律是事物本质的联系,说明规律具有深刻性的特点,是事物本质的而非现象的联系。第三规律是事物必然的联系,是说规律不是偶然的联系,只要条件具备规律就一定会发挥作用。因此,规律具有客观性、深刻性、必然性、重复性等特点。规律是客观事物内部的联系,表明

---

① 《马克思恩格斯全集》第 3 卷,人民出版社 2002 年版,第 274 页。

② 《马克思恩格斯全集》第 2 卷,人民出版社 1979 年版,第 118 - 119 页。

③ 《马克思恩格斯选集》第 4 卷,人民出版社 1995 年版,第 248 页。

规律是一个关系的范畴,“规律就是关系……本质的关系或本质之间的关系。”①规律不是实体的范畴,不能用实体的属性等来表现规律。规律反映了事物运动变化的秩序和趋势,是说规律又是一个运动的范畴,要从事物发展变化的动态过程中把握规律。当前关于过程规律的研究中存在以下误区:一是把特征或特点等同规律,如把过程的社会性、可控性、实践性和渐进性等等同过程的规律;二是把应然或愿望等同规律,如把“协调与控制各种影响因素使之同向发挥作用的规律”作为过程的规律,协调与控制说明主体主观应然愿望的意图就比较明显,违背了规律客观性必然性的原则。三是把原则等同规律,如把过程中的“知”与“行”的统一当作过程的一个规律,并成为“知行统一律”,事实上规律存在人的意识之外,人只能发现和利用规律,而不能创造和消灭规律。知行统一是过程中的一个原则,具有规范性和价值倾向。四是把规律的价值性运用等同规律,如把主体对过程的控制和协调等同规律,认为过程还要有控制协调律。为了避免社会主义核心价值体系系统建设过程规律的研究出现误解,就必须从系统建设过程的本质入手,以过程规律是否具有客观性和必然性为观照,梳理社会主义核心价值体系系统建设过程的规律。从社会主义核心价值体系系统建设是一个有诸多要素组成的复杂系统来看,要素之间的协同是建设过程的规律。从社会主义核心价值体系系统建设是一个渐进的过程来看,层次递进是建设过程的规律。从社会主义核心价值体系系统建设是一个由不同阶段和环节的过程来看,过程充分是建设过程的规律。

4.3.1 要素协同律

现代系统论认为系统是由相关要素构成的复杂体系,系统要素之间不是“麻袋装土豆”式的机械拼凑,也不是“台球式”的孤立存在,而是一个彼此关联,有机协同的体系。系统的演进变化和功能的发挥在很大程度上取决于构成要素的协同性,要素协同律是系统演化过程的重要规律。“要素”一词在德文为 eelmenie,在英文为 esesntialiyt,具有基本性、实质性和本质的蕴含。在系统的特定语境中,要素是指构成一定系统的相对稳定、不可再分的组成部分(要素的不可再分只是相对相应系统及其层次而言的,事实上任何要素总是具有潜在的可分性)。要素不是静态的,而是不断发展变化的,要素的发展变化形成了系统的发展变化过程。构成社会主义核心价值体系建设系统的要素只能是那些相对稳定,相对不可再分

① 《列宁哲学笔记》,人民出版社 1956 年版,第 135 页。

的部分。由于社会主义核心价值体系系统建设本质上是主体的一项实践活动,实践的要素就是体系系统建设的最简练概括。实践的要素可高度概括为主体、客体和手段三大要素,因此社会主义核心价值体系建设系统的要素可为建设主体、建设客体和建设手段三大要素构成。社会主义核心价值体系建设主体如上文所言,主要包括理论创建主体、理论宣传主体、政策执行主体和价值践行主体四大主体。社会主义核心价值体系建设客体比较特殊,是人的价值精神素养。社会主义核心价值体系建设手段是联系主体和客体的中介,主要包括建设内容和建设形式。社会主义核心价值体系建设的内容主要包括主体建设、本体建设和载体建设三大方面,社会主义核心价值体系建设的主体建设形式主要是提高四大建设主体的理论创建力、真理阐释力、政策执行力和价值践行力为代表的主体能力。本体建设形式主要是社会主义核心价值体系理论自足建设和理论彻底建设。协同是指元素对元素的相干能力,表现了元素在整体发展运行过程中协调与合作的性质。结构元素各自之间的协调、协作形成拉动效应,推动事物共同前进,对事物双方或多方而言,协同的结果使个个获益,整体加强,共同发展。导致事物间属性互相增强、向积极方向发展的相干性即为协同性。要素协同意味着诸要素在空间上保持一致性,在时间上保持连续性,故包括横向要素协同与纵向要素协同。社会主义核心价值体系系统建设的过程就是建设主体、建设客体和建设手段三大要素作用变化的过程,就是三大要素彼此协作和顺同的过程。横向要素协同总体上表现为建设主体、建设客体和建设手段三大要素的匹配与一致,具体表现为建设客体和建设手段的相互适应与顺同。纵向要素协同是指在过程的连续性与阶段性的统一中要素也要做到彼此之间的协调和顺同。社会主义核心价值体系建设系统要素之间的协调、协作形成的拉动效应,推动社会主义核心价值体系建设向前发展,形成体系系统建设过程。因此,要素协同律是社会主义核心价值体系系统建设过程的重要规律。

4.3.2 层次递进律

现代系统论认为,系统是由层次之分的。“层次是客观事物普遍联系与相互渗透的各种因素的深浅不同的排列组合方式。任何事物内部都有若干层次,每个层次里头又具有许多更深的层次。系统具有多层次的特点。”①普遍性是层次的

① 王昌国:《系统与层次应是唯物辩证法的范畴》,《江汉论坛》1983 年第 2 期。

重要特性,“在理论上,任何事物或系统,不论是横向结构,还是纵向过程,都是连续性和间断性的统一。事物或系统连续性的中断,就形成相互异质的层次。横向结构连续性的中断,形成的是横向层次或平行层次;纵向过程的中断,形成的是过程层次。中断的关节点,是相邻层次的分界线。事物或系统连续性的中断是不可穷尽的、无限的,所以层次是普遍的。”①从哲学上看,层次具有以下共性:层次具有相对独立性。不管是横向层次还是纵向过程层次,虽然依存于系统整体,服从于系统的整体制约,但都是系统中相对独立的部分。层次自身具有相应的结构和功能,能发挥相对独立的作用和功能。层次具有中介性,不同层次通过自身的中介作用而有序地联结起来。层次具有梯级等级性,构成了不同层次之间在结构、功能等方面的差异性和序列性。一句话,“层次是事物中具有一定结构、功能及梯级等级的相对独立的中介部分。”②

社会主义核心价值体系建设是一项复杂的系统工程,其系统建设过程中纵向的中断形成过程层次。社会主义核心价值体系系统建设从根本上看是人的一种实践活动,其系统建设过程也是一个人为的和为人的建设过程。从社会主义核心价值体系理论自身来看,其虽然源自人民群众的生产、生活实践,但它是以较为完备的理论形式由中央提出并采取自上而下的方式进行宣传教育,因此社会主义核心价值体系系统建设过程就存在一个让理论被人民群众知晓的建设层次,即认知层建设。从社会主义核心价值体系理论的功用来看,社会主义核心价值体系理论建设过程决不会停留在民群众知晓的建设层次,还要发挥社会主义核心价值体系作为主导价值的功能,因此社会主义核心价值体系系统建设过程还存在一个让理论发挥功能的建设层次,即践行层建设。从人的全面发展来看,社会主义核心价值体系系统建设过程还是一个不断满足人的价值需用,促进人的全面发展的过程,即发展层建设。其中,认知层建设是社会主义核心价值体系系统建设过程的基础层次,没有认知层建设,社会主义核心价值体系就难以被群众了解,并最终深入人心,完成社会主义核心价值内化的准备。践行层建设是社会主义核心价值体系系统建设过程的中级层次,没有践行层建设,社会主义核心价值就难以被群众外化,发挥其价值功用。发展层建设是社会主义核心价值体系系统建设过程的高级层次,没有发展层建设,社会主义核心价值体系就难以体现促进人全面发展的

① 刘锋:《论系统和层次》,《学习与探索》1984 年第 2 期。
② 刘锋:《论系统和层次》,《学习与探索》1984 年第 2 期。

功能。可见过程层次之间的中介性和梯级等级性使社会主义核心价值体系建设过程呈现序列性,从而使系统建设过程具有层次递进的规律性。

4.3.3 过程充分律

过程是事物发展在时间上的持续和空间上的延伸,是事物存在的基本状态。过程蕴含着事物的本质,过程反映着事物的矛盾,过程体现着事物发展变化的规律,事物的属性、功能和价值是以过程的形式得以体现、发挥和实现。过程产生的根源在于事物内部矛盾的运演变化性,推动事物发展变化矛盾又是一个多种矛盾组成的矛盾体系,事物不同的矛盾在对立统一的作用态势下,体现不同的持续性和延伸性,从而形成不同的过程,因此过程是一个复杂的过程系统,一个总过程包含若干子过程。从过程发展的共时态来看,过程系统由横向的子过程体系构成,每一子过程相对独立的在空间上延伸,在总过程的规约下体现着相对独立的属性,发挥着相对独立的功能。从过程发展的历时态来看,过程所属子过程相对独立的在时间上持续,各自经历自身应有的发展阶段和联系环节。事物要充分体现其属性,发挥其功能,就必须有充分的演化过程,即保证过程的充分性。过程的充分又具体表现为过程系统的子过程在空间上的延伸充分和纵向时间上的持续充分,因此,过程充分是过程发展的重要规律。社会主义核心价值体系系统建设过程也是一个复杂的过程系统,其过程充分从过程发展的共时态来看,社会主义核心价值体系系统建设过程系统主要包括主体建设过程、本体建设过程和载体建设过程。横向建设子过程的充分意味着主体建设过程、本体建设过程和载体建设过程在空间上的延伸充分,主体、本体和载体属性和功能同时得到充分展示和发挥,促进社会主义核心价值体系系统建设过程体系中子过程之间的协调与匹配,避免社会主义核心价值体系系统建设过程在子系统方面顾此失彼、盲目推进。从过程发展的历时态来看,社会主义核心价值体系系统建设过程充分是其整体建设过程和子过程在时间上的持续充分,表现为各个过程纵向发展阶段充分,经历环节充分。过程充分是过程发展的要求和必然趋势,过程充分律是社会主义核心价值体系系统建设过程要把握和遵循的规律。

4.4 社会主义核心价值体系系统建设过程的机制

机制是事物内在运行机理的外在制式化表现,简言之,就是事物的作用机理和方式。在某种程度上,机制也是事物要素和部分之间彼此作用和联系的具体表现形式。事物的发展变化是一个过程,机制存在事物过程的始终。事物过程的充分程度,也取决于其运行机制的完善程度,机制在事物过程中起着进程导向、维系稳态和信息传递等作用,社会主义核心价值体系系统建设的过程是多种机制参与并发生作用的过程。社会主义核心价值体系系统建设过程是具有属人过程和自然过程的双重属性,一方面是人创造条件,发挥人的主观能动性,按人的应然愿望去实践的过程;另一方面是系统建设要素之间自然发挥作用的过程。即社会主义核心价值体系系统建设过程是合目的与合规律相统一的过程。因此,社会主义核心价值体系系统建设过程的机制就要从属人过程和自然过程的双重过程属性中去探讨,本文认为社会主义核心价值体系系统建设过程的机制从其在过程中的作用来看主要是导向机制、动力机制和调控机制。

4.4.1 导向机制

所谓导向机制,是指基于一定引导机理的外在制式。社会主义核心价值体系系统建设过程是合目的与合规律相统一的过程,合目的意味着人总是带着一定的目的和愿望创造条件影响建设过程中要素的作用和联系方式,因此社会主义核心价值体系系统建设过程的导向机制表现为人为的导向机制。合规律是指社会主义核心价值体系系统建设过程遵循组织系统自身发展演化规律,建设过程具有自然性的特征,社会主义核心价值体系系统建设过程的导向机制表现为自然导向机制。因此,社会主义核心价值体系系统建设过程的导向机制可分为人为导向机制和自然导向机制两大类。当然人为导向机制和自然导向机制的分类方法只是相对而言的,人为导向机制意在说明该导向机制是人创造条件而形成的机制,自然导向机制更多强调系统建设过程中自组织的作用。社会主义核心价值体系系统建设过程的人为导向机制主要有目标导向机制、利益导向机制、舆论导向机制和评估导向机制组成,目标导向机制保证社会主义核心价值体系系统建设过程的价值追求方向,利益导向机制以满足需要的形式调动主体向应然的要求追求,舆论导向机制为社会主义核心价值体系系统建设过程提供良好的舆论氛围,评估导向机制适时反馈评价社会主义核心价值体系系统建设过程,保证建设顺利进行。人类社会本质上是系统自组织演化与人为设计的辩证统一体。现代自组织理论认为,"系统的开放性是系统产生自组织行为的先决条件,非线性机制是系统产生自组织行为的根本依据,远离平衡态是系统产生自组织行为的必要条件,涨落是调整系统自组织行为的重要契机。"①社会主义核心价值体系建设系统具有开放性、非线性作用、远离平衡态和存在涨落等以上特点,具有自组织的特性。自组织的含义之一是指系统不是源于外在的强制作用,而是依靠自身组成要素之间的相互作用,就能够自我组织、自发运动,按自组织的规律运行,自组织内部具有自发生、自生长、自复制、自适应和自衰退等多种机能,因此社会主义核心价值体系系统建设过程的导向机制又表现为作为自组织本身的自然导向机制。社会主义核心价值体系系统建设过程的导向机制是人为的导向机制和自然导向机制共同作用的机制体系。

4.4.2 动力机制

唯物辩证法认为矛盾是事物发展的根本动力,事物的发展都是由内部矛盾和外部矛盾共同起作用的结果。社会主义核心价值体系系统建设过程是各种矛盾共同作用、形成合力推动的过程。社会主义核心价值体系建设系统不同的要素因动因机理不同而形成不同的动力机制,动力机制伴随社会主义核心价值体系系统建设过程并促进过程发发展。由于事物发展变化的动力一是源于事物内因即事物内部的矛盾运动,二是源于事物的外因即事物外部的矛盾运动。因此动力机制包含两个层次——内因动力机制和外因动力机制。内因动力机制指由事物内部矛盾为动因机理而形成的外在制式,即诸要素之间相互作用的机理与方式。内因动力机制对事物的运动、发展和变化起主导作用。外因动力机制指由事物外部矛盾为动因机理而形成的外在制式,即系统与外界环境之间相互作用的机理与方式。外因动力机制对事物的运动、发展和变化起制约作用。在社会主义核心价值体系系统建设过程中内因动力机制就表现为建设主体、建设客体、建设手段诸要素之间基于对立统一运动机理的制式,外因动力机制就表现为社会主义核心价值体系建设系统与外界环境之间基于对立统一运动机理的制式。由于内因动力机

① 于海波、孟凡丽:《论教学系统的自组织机制》,《教育科学》2002 年第 5 期。

制是事物发展变化过程中的主导动力机制,有必要深入分析社会主义核心价值体系系统建设过程内因动力机制的具体表现形式。现代自组织理论认为自组织系统演化的动力是系统内部各要素之间的竞争和协同,所谓协同是指系统要素之间的联合作用,即系统各要素之间在演化过程中存在着连接、合作、协调与同步的行为。所谓竞争是指系统要素之间的斗争,系统要素之间发展的不平衡性是竞争存在的基础,竞争的结果可能造成系统要素之间更大的非均匀性和不平衡性。竞争使系统区域非平衡,为自组织的演化创造条件。协同使非平衡条系统中的联系和作用联合起来并加以放大,以至占据优势地位进而支配系统整体的演化。社会主义核心价值体系系统建设过程中内因动力机制就具体表现为自组织内在的竞争机制和协同机制。当然竞争机制和协同机制仍是系统内因动力机制的表现。社会主义核心价值体系系统建设过程是人参与的过程,还要关注人为因素在其动力机制形成中的影响,各种激发主体需要、满足主体利益、调动主体行为的激励机制也是社会主义核心价值体系系统建设过程的动力机制。为便于区分和说明,社会主义核心价值体系系统建设过程中内外因动力机制可称为自然动力机制,各种调动主体积极性的激励机制可称为人为动力机制,人为动力机制是从属于内因动力机制,受内因动力机制的制约,在内因动力机制统驭下发生作用。社会主义核心价值体系系统建设过程的动力机制是包含自然动力机制和人为动力机制在内的机制体系。

4.4.3 调控机制

社会主义核心价值体系系统建设过程从根本上说是人的实践活动过程,但凡人的实践作用之处,实践结果总会表现出正负两重效应,也就是说实践既给主体带来满足需要的正价值也可能违背主体利益和愿望的负价值。实践主体性的有限性以及实践主体本质力量的异化是实践负价值产生的根源。实践负价值的产生是不可避免的,正价值与负价值是同步产生、相伴而行伴随实践活动的全过程。主体在实践中不可能杜绝副价值的产生,主体努力追求的是实现实践正价值的最大化和实践负价值的最小化,为此实践过程中就要有调控实践要素和方式的机制。社会主义核心价值体系系统建设过程同样是实践正价值与负价值产生的过程,为实现系统建设过程中实践正价值的最大化,社会主义核心价值体系系统建设过程要有实践调控机制。从总体上来看,社会主义核心价值体系系统建设过程的调控机制包括反馈机制、评判机制、纠偏机制和强化机制构成,实现了对系统建设过程从实践信息的收集、实践结果的评判、实践偏差的补偿到正向价值的强化的完整机制流程。由于此调控机制是离不开主体的参与与设计,故把此调控机制称之为人为调控机制。社会主义核心价值体系系统建设过程是一个自组织的演化过程,其自组织内部具有自发生、自生长、自适应等多种机能,因此自组织发展变化过程中要素之间存在自我调控机制——博弈替代机制,系统要素自发通过博弈和替代完成自生长和自适应。社会主义核心价值体系系统建设过程还要与外界环境进行物质、能量和信息的交流,并受到外界环境的影响,因此社会主义核心价值体系建设系统又是一个他组织,具有他组织的特征。据此,社会主义核心价值体系系统建设过程又是一个与外界环境进行能量信息交换和受环境制约的过程,其与环境之间存在供养机制和约束机制。社会主义核心价值体系系统建设过程本身要素之间的博弈替代机制和其与环境之间的供养机制和约束机制都是自发进行并起作用的,故称之为自然调控机制。社会主义核心价值体系系统建设过程的调控机制也是包括人为调控机制和自然调控机制在内的调控机制系统。

5 社会主义核心价值体系系统建设的评价

从哲学上看,“评价”源于“为我关系”,“世界不会满足人,人决心以自己的行动来改变世界。”①“建构物质形态为我关系的实践活动必然要内化到主体意识中,从而形成为我关系的意识活动。这种为我关系的意识活动总是从主体的需要出发,来看待客体对于主体的关系,来反映客体属性满足主体需要的情况”。② 主体根据客体能否满足自身需要而赋予客体肯定或否定的意义即为评价。“评价”是一个多义词,作动词用即是“评定价值”之义;做名词用即是“评定的价值”的简称。作动词用的“评价”从本质上看“评价是人类的一种认识活动。它与认识世界‘是什么’的认知活动不同,它是一种以把握世界的意义或价值为目的的认识活动,即它所要揭示的不是世界是什么,而是世界对于人意味着什么,世界对人有什么意义。”③揭示事物的意义或价值的评价和反映事物的本真面目的认知构成了主体认识活动的双重纬度。做名词用的“评价”意味着主体对事物价值评定的结果。结合当前评价的不同使用语境,评价主要有两重含义:一是指价值判断的过程。如“德育评价是人们依据一定的评价标准,通过科学的方法和正确的途径,多方面搜集适切的事实性材料,对德育活动及其效果的价值作出判断的过程。”④二是指价值判断。“所谓思想政治教育价值评价,是指按照一定的价值标准和培养目标,对受教育者的思想品德形成和发展变化及构成其变化的诸种因素所进行的价值判断。”⑤从认识论上看,无论是价值判断的过程或是价值判断表达了价值的

① 《列宁全集》第55卷,人民出版社1990年版,第183页。

② 陈新汉:《评价论导论——认识论的一个新领域》,上海社会科学院出版社1995年版,第2-3页。

③ 冯平:《评价论》,东方出版社1995年版,第30页。

④ 鲁洁、王逢贤:《德育新论》,江苏教育出版社1994年版,第434页。

⑤ 项久雨:《论思想政治教育价值评价的特点及其功能》,《学校党建与思想教育》2004年第3期。

动词和名词之意。社会主义核心价值体系系统建设既是“为我关系”的存在又是主体认识的对象,因此评价是社会主义核心价值体系系统建设的重要环节和应有之意。但评价也是一个包括评价要素、评价手段、评价方法、评价过程等项目在内的复杂系统,这显然不是本文所能全面关照的。由于社会主义核心价值体系本身具有理论体系、意识形态和价值观念的三重蕴含,同时社会主义核心价值体系系统建设又是包括主体建设、本体建设和载体建设在内的复杂建设体系,因此本文关于社会主义核心价值体系系统建设评价的旨趣集中在社会主义核心价值体系系统建的内涵评价、功能评价、状态评价和条件评价四个方面。

5.1 社会主义核心价值体系系统建设的内涵评价

社会主义核心价值体系作为社会主义的价值理论,是社会主义价值精神的提炼和概括。科学回答了我国社会主义发展进程中的指导思想、共同理想、精神动力和道德标准等社会主义必须回答和解决的根本问题。社会主义核心价值体系是一个包含价值层次梯级的体系,从安邦定国的国家层面,到立身处世的社会层面,再到安身立命的个人层面,因此,社会主义核心价值体系系统建设的内涵评价就体现在立国价值、经世价值和树人价值三个层面价值评价上。

5.1.1 立国价值

“核心价值体系概念是指一个民族的价值观念体系,是指一个国家的立国价值,是确保一个国家和民族有序发展的思想条件。”①核心价值体系是衡量一种社会制度是否完善和成熟的重要标志,一个国家往往通过建设和确立核心价值体系来实现其政治主张,巩固其执政地位,维护其统治秩序。因此,“社会主义核心价值体系的命题,已经远远超出了精神文明建设的范围,成为当代中国的发展道路、发展模式问题。”②社会主义核心价值体系系统建设在国家层面上的内涵评价体现为是否具备安邦定国的立国价值。社会主义核心价值体系作为立国价值又依

① 孙明泉:《核心价值体系是立国之基——访中国社会科学院学部委员李景源教授》,《光明日报》2011 年 1 月 10 日第 11 版。

② 孙明泉:《核心价值体系是立国之基——访中国社会科学院学部委员李景源教授》,《光明日报》2011 年,1 月 10 日第 11 版。

据四项评价指标:一是具有有效抵御西方资本主义价值渗透的能力。社会主义核心价值体系作为社会主义的立国价值意味着在全球化的背景下与西方资本主义主流价值理念的交流、交锋中能有效抵御西方资本主义所谓普世价值的渗透,并以自身高势能的价值品位优于西方资本主义主流价值得到人民群众的高度认同。二是社会主义核心价值体系成为社会主义制度的内在精神。"社会主义核心价值体系是社会主义制度的内在精神和生命之魂,它决定着社会主义的发展模式、制度体制和目标任务,在所有社会主义价值目标中处于统摄和支配地位。"①表现为社会主义核心价值体系在价值层面体现社会主义制度的实质,社会主义的各项政治、经济、文化制度以社会主义核心价值理念为构建依据,并以制度化的形式体现社会主义核心价值。三是从本质上体现社会主义意识形态。"社会主义核心价值体系是社会主义意识形态的本质体现"。意识形态是"系统地、自觉地反映社会经济形态和政治制度的思想体系。是特定阶级或社会集团根本利益的体现。是社会意识诸形式中构成思想上层建筑的部分"。② "一个阶级是社会上占统治地位的物质力量,同时也是社会上占统治地位的精神力量。支配着物质生产资料的阶级,同时也支配着精神生产资料"。因此,意识形态是集中反映统治阶级思想观念,是"制度化的思想体系"和"观念形态的国家机器",为以思想和价值观念形态社会制度的合法性提供辩护和论证,目的在于使社会成员认同现存的社会制度和生活。社会主义核心价值体系是社会主义意识形态的本质体现就是其成为我国社会主义的"制度化的思想体系"和"观念形态的国家机器",成为国家的重要"软权力",有效引领、整合社会意识,牢牢掌握意识形态领域的指导权、主动权、话语权。四是社会主义核心价值体系成为兴国之魂。"社会主义核心价值体系是兴国之魂",这是党的十七届六中全会做出的一个全新判断。具体表现为社会主义核心价值体系为社会发展提供统一指导思想,成为国家振兴、民族进步、社会发展的"思想之魂"。社会主义核心价值体系为社会发展提供共同理想信念,成为国家振兴、民族进步、社会发展的"理想之魂"。社会主义核心价值体系为社会发展提供强大精神力量,成为国家振兴、民族进步、社会发展的"精神之魂"。社会主义核心价值体系为社会发展提供基本道德规范,成为国家振兴、民族进步、社会发展的

① 罗国杰、邢久强:《我们党思想上精神上的一面旗帜——关于"建设社会主义核心价值体系"的对话》,《前线》2007 年第 3 期。

② 冯契:《哲学大辞典》,上海辞书出版社 2001 年版,第 1817 页。

"道德之魂"。①

5.1.2 经世价值

"经世"一词有多种含义,"经世,就是经国济世,可以简为'经济',和我们今天所说的'经济'不同,相当于我们所说的'政治'。"②在这里"经世"有治理国事、治理世事的内涵。"'经世'作为儒学传统中的重要内容具有丰富的内蕴。首先,它反映的是中国儒学(包括理学)所特有的与佛道消极遁世观相异趣的入世观。""当他们以'经世'针对'出世'时,'经世'无异于'入世'"。③ "经世"又有阅历世事之意。本文借用"经世"一词取义更为宽泛,意味参与社会之意。经世价值泛指主体参与社会管理或交互活动的价值。"人的本质并不是单个人所固有的抽象物,在其现实性上,它是一切社会关系的总和。"④社会性是人的本质属性。经世价值表征着社会化的人在社会交互活动中对事物效用和意义的判断,是其社会行为规范的内在依据。社会主义核心价值体系系统建设的内涵评价之一是社会主义核心价值理念成为经世价值的理念内核。经世价值主要有两种存在形式,一种是规则化的经世价值,即作为精神内核存在于各种制度、规章、条例、风俗中的经世价值;一种是关系化的经世价值,即作为精神内核存在于人与人、人与社会和人与自然的各种关系中的经世价值。社会主义核心价值理念成为经世价值的理念内核主要表现为成为规则化的经世价值的理念内核和成为关系化的经世价值的理念内核。具体表现为社会主义核心价值体系的法制、敬业、诚心、友善等价值理念成为制定各种制度、规章、条例、风俗的精神内核,成为人们交往共处的内心律令。社会主义核心价值体系的平等、公正、共生等核心价值理念成为处理人与人、人与社会和人与自然各种关系的价值准则,体现在人与人、人与社会和人与自然的关系以及由此衍生的关系中。

---

① 韩振峰:《社会主义核心价值体系是兴国之魂——学习十七届六中全会精神系列谈》,《人民日报》2011 年 12 月 9 日第 7 版。

② 赵园:《经世与救世———关于明清之际士大夫的一种姿态的考察》,《社会科学论坛》2005 年第 6 期。

③ 沈艳:《理学经世路线与曾国藩的理学经世》,《湖北大学学报(哲学社会科学版)》1998 年第 1 期。

④ 《马克思恩格斯选集》第 1 卷,人民出版社 1972 年版,第 18 页。

5.1.3　树人价值

“在社会历史领域内进行活动的，全是具有意识的、经过思虑或凭激情行动的、追求某种目的的人”。① “人的精神需要就像人体需要维生素一样，没有意识、理性、意志等精神活动的生命就是缺乏人性的动物的生命。”②精神追求是人独有的特性，彰显着人的本质。尤其在当前人与自然的矛盾、人与社会的矛盾、人与他人的矛盾和人与自我的矛盾日益加剧的情况下，追求精神坐标和心灵秩序就显得尤为迫切，确立安身立命的立人价值就显得十分重要。“安身”一词，最早出现在《易·系辞下》第五章，孔子云：“精义入神，以致用也。利用安身，以崇德也。”意思是说，用个人所学，安顿好自身，并以此来提高德行。“立命”一词最早出现在《孟子·尽心上》，孟子云：“殀寿不贰，修身以俟之，所以立命也。”意思是说：短命也好，长寿也好，我都不三心二意，只有修养身心，等待天命，即通过主观努力以求“立命”，获得生命之果。这就是“安身立命”的思想。“安身立命”讲的是人应如何安排自己的生命以及在社会中实现生命的价值，它探讨的是“人生的方向”。它触及的是人的生命中最深的层次——“心灵”与“心性”的根本问题。③ “安身”主要是从“身”——世俗世界的生存、生活的角度来规定人生的存在状态的。“立命”主要探讨的是于生命、生活之中寻求人生终极目标和超越价值的问题。“安身”与“立命”合二为一意味着只有身有所安命才有所立，同样只有命有所立身才能得其安。因此，人的存在始终需要建立一种意义世界，以此作为其精神家园来支撑人在现实世界中安身立命。价值本身是主体对事物效用的判断和评价，是意义世界的美丽花朵，安身立命的立人价值是主体精神世界的坐标，可以弘扬主体的至善禀赋，调动主体的自觉性，解决主体“我该怎样”的生命诘问。社会主义核心价值体系系统建设的内涵评价的重要方面就是使其成为人民群众安身立命的立人价值，表现为把国家层面富强、民主、文明、和谐的价值观念，社会层面自由、平等、公正和法制的价值观念，个人层面爱国、敬业、诚信和友善的价值观念内化为个人主导价值，内在优化人的心灵秩序，外在统摄、指导人的行为，使社会主义核心价值成为人行动中自觉、自愿、自律、自为的价值评判标杆，成为人自我创造、

① 《马克思恩格斯选集》第4卷，人民出版社1972年版，第321页。

② 袁贵仁：《人的哲学》，中国工人出版社1987年版，第102页。

③ 郭齐家：《“安身立命”说与大学教育改革》，《河北师范大学学报(教育科学版)》，1998年第1期。

自我实现、自我超越的精神力量。

5.2 社会主义核心价值体系系统建设的功能评价

功能是指事物或方法发挥作用所产生的功用或效能,功能评价是事物平价的重要方面。梳理党的报告和决议,可以帮助我们明晰社会主义核心价值体系系统建设的功能评价依据。党的十六届六中全会上提出“坚持以社会主义核心价值体系引领社会思潮,尊重差异,包容多样,最大限度地形成社会思想共识。”①党的十七大报告强调“积极探索用社会主义核心价值体系引领社会思潮的有效途径”,“要巩固马克思主义指导地位,坚持不懈地用马克思主义中国化最新理论成果武装全党、教育人民,用中国特色社会主义共同理想凝聚力量,用以爱国主义为核心的民族精神和以改革创新为核心的时代精神鼓舞斗志,用社会主义荣辱观引领风尚,巩固全党全国各族人民团结奋斗的共同思想基础。”②可以看出,引领社会思潮、形成社会思想共识、用共同理想凝聚力量、用民族精神和时代精神鼓舞斗志、用社会主义荣辱观引导风尚和巩固共同思想基础是社会主义核心价值体系系统建设功能评价的主要方面。

5.2.1 引领思潮

从党的十六届六中全会上首次提出“坚持以社会主义核心价值体系引领社会思潮”的命题,到党的十七大进一步提出“积极探索用社会主义核心价值体系引领社会思潮的有效途径”的要求,可以看出,引领社会思潮是社会主义核心价值体系建设的应有之意,有效引领社会思潮是社会主义核心价值体系作为价值理论所应该发挥的重要功能。因此,社会主义核心价值体系系统建设的功能评价之一就是看经过系统建设后的社会主义核心价值体系能否有效引领多样社会思潮。社会思潮作为一种社会意识,从本质上讲是社会存在的反映。“社会思潮”是一外来词语,“中国古典文献中没有‘社会思潮’这一概念。辞典中将‘思潮’翻译为‘trend

① 《中共中央关于构建社会主义和谐社会若干重大问题的决定》,人民出版 2006 年版,第 23 页。

② 胡锦涛:《高举中国特色社会主义伟大旗帜　为夺取全面建设小康社会新胜利而奋斗》,人民出版社 2007 年版,第 34 页。

of thought ideological trend',并解释为'某一时期内在社会上流行的思想倾向'。'社会思潮'是由英文 Social IdeologicalTrend 翻译过来的。要全面理解其含义,我们要看这些词的具体含意。Trend 一词的意思为'趋势'、'趋向', Ideological 一词的意思为'意识形态的',Social 则是指人的交往。由此看来,社会思潮即引导社会发展方向的大众思维运动。"①该界说梳理了社会思潮概念的缘起,在揭示概念本质上尚显薄弱。本文倾向于"社会思潮,是根源于一定历史时期社会存在的社会意识现象,反映着一定阶级、阶层或一定规模群体的利益和愿望,是一定规模群体中比较趋同的社会心态、社会心理以及得到广泛传播和认同的思想观念、价值取向等思想潮流的综合表现。"②的这一定义,该定义从社会意识的根源上说明了社会思潮的实质。社会主义核心价值体系是社会意识的本质体现,"引领"又意味着引导、带领,要求社会主义核心价值体系引领社会思潮,不是靠强迫而是靠引导;不是靠支配而是靠影响;不是靠压制而是靠感染;不是靠一统而是靠共生。要求社会主义核心价值体系相对于其他社会思潮而言,处于"高势位"的优势地位,从而具有引领多样社会思潮的合法性。由于不同社会思潮性质各有不同,我国当前的非主流社会思潮按性质可分为积极、消极和反动三大类,即以"新左派"思潮为代表的近马克思主义思潮,以生态主义思潮为代表的非马克思主义思潮,以民主社会主义思潮为代表的反马克思主义思潮。近马克思主义思潮和"尊重差异"相对应,是合作性为主的引领,非马克思主义思潮和"包容多样"相对应,是竞争性为主的引领,反马克思主义思潮和"有力抵制"相对应,是斗争性为主的引领。与此相对应,把社会主义核心价值体系引领社会思潮分为三种类型:即协调型引领、兼容型引领和排除型引领。③ 协调型引领、兼容型引领要求社会主义核心价值体系引领近马和非马克思主义思潮时采取包容、对话和整合的方式进行引领,排除型引领要求社会主义核心价值体系引领反马克思主义思潮时采取排斥、消除、制止、取代的方法和手段,以抵制错误和腐朽思想的影响。通过以上有针对性的引领,确保主导意识形态在多元社会意识"大合唱"中成为"主声部",使社会意识呈现马克思主义意识形态一元指导与多样社会思潮并存的和谐局面。

---

① 吴成:《社会思潮研究》,河南人民出版社 2007 年版,第 3 - 4 页。

② 刘艳:《社会主义核心价值体系引领社会思潮深层次解读》,《学术论坛》2010 年第 2 期。

③ 王占锋:《社会主义核心价值体系引领社会思潮的类型探析》,《学校党建与思想教育》2011 年第 9 期。

5.2.2 形成共识

“共识”作为一个比较抽象的概念,在异质社会中并不是一个新话题。在《社会科学百科全书》中,共识是指“一种社会风俗和道德观念的凝聚模式,这种模式是关于一些异质系统的汇集所导致的观念和行为的同质性。”①这一定义说明了共识是观念、行为同质性的凝聚模式。共识是指“在一定的时代生活在一定的地理环境中的个人所共享的一系列信念、价值观念和规范”。② 该定义强调共识是共享的对象。托马斯从政治学的角度认为共识的基本含义包括三个方面:“第一,共识可以被视为一种政治运作方法,其特点是通过妥协寻求互相冲突的各种利益间的相互协调;第二,共识是一个政治系统内已有和谐状态的一种现实应用,因此共识可以指在一个社会中由于共同接受的基本价值和信仰系统而形成的一致意见,具体来说就是针对公共政策问题的一致意见;第三,共识是互相竞争的利益群体间讨价还价过程导致的平衡”。③ 该定义强调共识体现的是各种利益间的相互协调,表现为形成的一致意见,达到的状态是平衡。本文将共识定义为不同利益主体在相异思想观念下围绕一定议题,通过彼此说服、沟通、调整或妥协所达成的一种各方都较为合意的认识。由此可见,差异和分歧是共识产生的前提,共识的达成是利益调整的结果,共识描述的是一种平衡的状态,随着社会情境的变化共识常处于变动之中。共识具有历史性、变化性、公共性、主体间性、绝对性和相对性等特点。在当前全球化的背景下,我国传统同质性的社会被逐渐打破,社会异质化日益加剧。表现为社会结构、主体利益、文化属性、意识形态、生活方式等方面出现差异性。正如学者所说:“各民族、各地区、各群体的文化对话、交流已成为一种普遍现象。各种价值观念的碰撞、冲突更加激烈,增加了个体价值目标的选择自由度,激发了价值主体个体性特征的张扬,从而使得社会价值多元化更趋于明显。人们不再习惯于一种声音,‘嘈杂’成了我们这个时代的一个特征。”④形成

---

① 转引颜学勇、周美多:《基于共识的治理:后现代情境下政策共识的可能性及其限度》,《电子科技大学学报(社科版)》2011 年第 4 期。

② 戴维·米勒、韦农·波格丹诺、布莱克维尔:《政治学百科全书》邓正来译,中国政法大学出版社 2002 年版,第 166 页。

③ 转引颜学勇、周美多:《基于共识的治理:后现代情境下政策共识的可能性及其限度》,《电子科技大学学报(社科版)》2011 年第 4 期。

④ 侯惠勤等著:《冲突与整合:如何认识我国社会主义改革实践过程对人们思想的影响》,中国人民大学出版社 2004 年版,第 229 页。

共识已成为现代社会的迫切要求和规范标准。因此,社会主义核心价值体系系统建设的功能评价之一就是在尊重差异,包容多样的要求下社会主义核心价值体系能有效发挥功能,在社会范围内最大限度地形成共识。社会主义核心价值体系引领指导下形成的共识主要包括理论共识、思想共识和行为共识三大共识。理论共识就是通过社会主义核心价值体系系统建设,社会主义核心价值体系理论得到广泛的传播和认同,民众对社会主义核心价值体系理论认识一致,尤其是在社会主义核心价值体系内容方面在民众中取得广泛的灵魂共识、主题共识、精髓共识和规范共识。由于"思想作为人的主观世界对外部客观对象的意识反映和心理情感,在外延上它与意识现象(思维、思想态度、思想观念)、精神状态(思考、思索、思虑)、心理活动(思绪、思慕、思想感情)等构成逻辑上的全同关系。"①因此,思想共识又包括信念共识和价值共识,社会主义核心价值体系指引民众所形成的社会思想共识就表现为在民众中广泛形成共产主义和中国特色社会主义的理想信念共识和集体主义的价值共识。行为共识是民众对社会主义核心价值体系理解、认同基础上践行价值和规范行为的共识。通过社会主义核心价值体系系统建设,社会主义核心价值理念不仅得到民众的广泛共识而且成为民众行为的价值依据,最终在外在行动上成为规范民众的行为共识。

5.2.3 凝聚力量

社会主义核心价值体系系统建设的重要功能之一是中国特色社会主义共同理想充分确立,成为有效凝聚社会各阶层的力量的共识理想。理想作为一种精神现象,是人类社会实践的产物。"理想是人们在实践中形成的、有可能实现的、对未来社会和自身发展的向往与追求,是人们的世界观、人生观和价值观在奋斗目标上的集中体现。"②理想是一定社会关系的产物,一方面受时代条件的制约,另一方面随社会的进步,人们不断调整、丰富和发展自己的理想。

理想源于现实,又高于现实。理想不是对现状的简单描绘,而是人们的要求和期望的集中表达。理想能成为推动人和社会进步的巨大力量,在于它不仅具有现实性而且具有预见性,实践产生理想,理想指引实践,推动人们既立足现实又着眼未来,在奋斗中追求,在追求中奋斗。理想于国家是走向富强的精神动力,理想

① 熊建生:《思想政治教育内容结构论》,中国社会科学出版社2012年版,第8页。

② 本书编写组;《思想道德修养与法律基础》,高等教育出版社2006年版,第14页。

于政党是治国理政的旗帜。理想和信仰都是对现实的反思,但反思的根据却决然不同,信仰是对"超验存在"信守,理想是对现实必然性的合理把握,信仰不同的人也可以有共同的理想,因此,理想可以是公开和共享的。"我们搞社会主义,最重要的是人的团结,要团结就要有共同理想和坚定的信念。……有了共同理想和信念,我们才能团结和动员最广大的人民群众,叫作万众一心。有了这样的团结,任何困难和挫折都能克服。"①当前"这个共同理想,就是在中国共产党的领导下,走中国特色社会主义道路,实现中华民族的伟大复兴。"②一种社会理想能否得以实现以及在多大程度上实现,取决于它是否符合以及在多大程度上符合社会发展的客观规律和人民群众的根本利益。中国特色社会主义共同理想立足于社会发展的根本要求,集中体现了工人、农民、知识分子和其他劳动者、爱国者的利益和愿望,是保证人民团结奋斗的强大精神武器。中国特色社会主义的共同理想凝聚力量是指在共同理想作为奋斗的精神共识目标招引下,"使共产党员和非共产党员,马克思主义者和非马克思主义者,无神论者和宗教信仰者,国内同胞和国外同胞,总之,使全体劳动者和爱国者,都紧密地团结起来,积极地行动起来"。③ 发挥工人、农民、知识分子为主体的社会主义劳动者、建设者和拥护社会主义和祖国统一的爱国者等各种力量建设有中国特色社会主义而奋斗的合力作用,为实现富强、民主、文明、和谐的社会主义现代化国家而迸发出强大凝聚力,为建设小康社会和中华民族的伟大复兴而共同奋斗。社会主义核心价值体系系统建设的功能评价表征——中国特色社会主义的共同理想凝聚力量具体表现为社会各阶层的人们拥有"三信",即坚定对中国共产党的信任,坚定在中国特色社会主义道路的信念,坚定实现中华民族伟大复兴的信心。坚定对中国共产党的信任是指通过社会主义核心价值体系系统建设,社会主义核心价值体系深入人心,人民群众坚信中国共产党是中国工人阶级的先锋队、中国人民和中华民族的先锋队,是中国社会主义事业的领导核心,中国共产党是全心全意为人民服务的政党,一定不负人民和历史的重托,能够率领人民建设中国特色社会主义,实现中华民族的伟大复兴。坚定在中国特色社会主义道路的信念是指人民群众明白中国特色社会主义是符合中国国情、符合各族人民利益的走向富强繁荣的必由之路,"民主法治、公平正

---

① 《邓小平文选》第 3 卷,人民出版社 1993 年版,第 190 页。

② 李长春:《全面准确理解社会主义核心价值体系的深刻内涵牢牢把握和谐文化建设的正确方向》,《党建》2007 年第 1 期。

③ 《中共中央关于社会主义精神文明指导方针的决议》,《新华日报》1986 年版,第 9 期。

义、诚信友爱、充满活力、安定有序、人与自然和谐相处”的社会主义和谐社会是中国社会的必然选择。坚定实现中华民族伟大复兴的信心是指在社会主义核心价值体系昭示的指导思想、奋斗目标、精神动力和行为规范有理由让人民群众相信中华民族的伟大复兴不仅可能而且可行,民族伟大复兴的前景指日可待。因此,以共同理想来凝聚力量是社会主义核心价值体系系统建设的应有功能评价。

5.2.4 鼓舞斗志

用以爱国主义为核心的民族精神和以改革创新为核心的时代精神鼓舞斗志是社会主义核心价值体系在精神层面上外显功能的表现。“民族精神是一个民族在长期的共同生活和共同的社会实践基础上形成和发展的,为本民族大多数成员所认同和接受的思想品格、价值取向和道德规范,是一个民族的理想信念、价值观念、文化传统、道德情感、心理特征和生活方式的精神浓缩和综合反映,是一个民族生命力、创造力和凝聚力的集中体现。”①民族精神集中体现了一个民族在特定的自然环境和社会历史条件下形成的心理特征、文化传统和精神气质。时代精神是指“在新的历史条件下形成和发展的,体现民族特质、顺应时代潮流的思想观念、行为方式、价值取向、精神风貌和社会风尚的总和。”②民族精神与时代精神既有区别,又有联系。区别是民族精神相对稳定,时代精神经常变动;民族精神间接反作用于社会存在,时代精神直接反作用于社会存在。联系是“今天的民族精神是昨天的时代精神,今天的时代精神是明天的民族精神。”③“如果民族精神是时代精神的源头,那么时代精神就是民族精神的‘潮头’。时代精神是民族精神发展的线索、路径和最活跃的部分,它以最革命的方式规划民族精神的现状、引导民族精神发展的方向。”④民族精神和时代精神交相辉映,为中国特色社会主义建设提供强大的精神动力和智力支持。是“中华民族生命机体中不可分割的重要组成部分,是中华民族共有精神家园的内核”。⑤ 社会主义核心价值体系系统建设在精神层面鼓舞斗志的功能一方面表现为以爱国主义为核心的团结统一、勤劳勇敢、自强不息、爱好和平的伟大的民族精神大力弘扬,深入人心,成为民众建设中国特

---

① 熊建生:《思想政治教育内容结构论》,中国社会科学出版社 2012 年版,第 168 页。

② 本书编写组:《思想道德修养与法律基础》,高等教育出版社 2006 年版,第 37 页。

③ 邢云文:《论当代中国的时代精神》,《理论探索》2007 年第 5 期。

④ 刘曙光:《民族精神、时代精神和文化自觉》,《学术论坛》2007 年第 1 期。

⑤ 中共中央宣传部:《社会主义核心价值体系学习读本》,学习出版社 2009 版,第 13 页。

色社会主义继往开来的精神支柱，成为维护民族团结、奋发进取的精神纽带，成为爱我中华、建我中华、强我中华的精神动力，成为个人实现人生价值的力量源泉。另一方面，社会主义核心价值体系系统建设在精神层面鼓舞斗志的功能表现为以改革创新为核心的解放思想、与时俱进、艰苦奋斗、无私奉献的时代精神深深融入民族品格、民族意识和民族气质之中，成为各族人民团结一致、奋发向上的精神取向，成为民族生命力、凝聚力和创造力的不竭源泉，成为我们不断开创中国特色社会主义事业新局面的强大精神力量。

5.2.5 引导风尚

社会主义核心价值体系系统建设在道德层面上的功能评价是用社会主义荣辱观引导社会风尚。社会风尚俗称社会风气，是社会成员的思想认识、价值判断、行为意向、行为方式等在形式上趋于相近的情形的一种总称。社会风尚是人们精神活动的反映，具有明显的趋向性、传播性、共振性和模仿性。社会风尚的作用在于“社会风尚是社会意识向社会心理转化的中间环节，一方面社会心理作为思想体系的来源，它经过社会风尚、社会思潮等环节进行蒸馏、提炼、凝聚，升华为思想体系；另一方面思想体系作用于社会心理，又经过社会风气和社会思潮等环节进行灌输、影响、传播、积淀、扩展、普及，把思想体系转化为某一群体乃至全社会的心理。”①社会风尚俗称社会风气，是社会意识与社会心理变化的“风向标”。“社会风气是社会文明程度的重要标志，是社会价值导向的集中体现。树立良好的社会风气是广大人民群众的强烈愿望，也是经济社会顺利发展的必然要求。”②荣辱观是人们对荣誉和耻辱的根本看法和态度，集中反映社会的价值导向、人们的精神状态和社会的文明程度。荣辱观既是一个历史的范畴，又是一个阶级的范畴。“每个社会集团都有它自己的荣辱观。”③荣辱观是社会风尚的潜在价值基础，社会风尚是荣辱观的外在形式表现。社会风尚的传播过程有两种形式：一是自发。由少数人率先兴起更多的人模仿而成。二是倡导。政府或正式组织有目的、有组织地宣传和提倡某种社会风尚。因此，社会风尚既可以在自发的社会心理基础上产生，是一个自然的消长过程，又可以在自觉的思想观念的诱导下形成，是一个可

---

① 朱力：《社会风尚的理论蕴含》，《学术交流》1998年第4期。
② 胡锦涛：《牢固树立社会主义荣辱观》，《求是》2006年第9期。
③ 《马克思恩格斯全集》第39卷，人民出版社1965年版，第251页。

以抑扬的过程。由于社会主义荣辱观在语义上是关于荣辱的理性认知和价值取向,是明辨是非、趋美避丑的基本内容和框架;在语用上是一种国家意志的体现,是对主流价值话语的一种积极调适,是新时期重建社会风尚的一种价值理念。在内涵上蕴含爱国主义、集体主义、社会主义思想,是社会主义社会倡导的价值观、人生观、世界观的集中体现,包含着社会主义思想道德建设的指导思想、方针原则。因此,政府或正式组织有目的、有计划的以社会主义荣辱观引导社会风尚既顺理成章又势在必行。社会主义核心价值体系系统建设就是要充分发挥价值体系在社会道德层面引导社会风尚的功能。具体要求是在当前社会价值多元化趋势和主流价值边缘化趋势明显加剧的情势下,以“八荣八耻”为核心的社会主义荣辱观所规范的国家观、人民观、科学观、劳动观、人我观、义利观、法纪观和生活观充分渗透到日常工作和生活中,融入精神文明创建活动中,贯穿到各项制度的制定和执行过程中,体现到市民守则、社区规章、乡规民约和职业规范等行为准则中。引导人们明白荣辱观念,明晰荣辱界限,明辨荣辱行为。① 判断标准是社会主义荣辱观以其鲜明是非、善恶、美丑界限在社会不同行业和领域对坚持什么、反对什么、倡导什么、抵制什么做出明确划分,成为引导社会风尚的一面旗帜,为全体社会成员判断行为得失、分清是非曲直、明辨真善美假丑恶的基本准绳,最终在全社会形成“知荣辱、讲正气、树新风、促和谐”的文明风尚。

5.2.6 巩固基础

从理论层面看,社会主义核心价值体系理论的重要功能是巩固全党全国各族人民团结奋斗的共同思想基础。思想的含义主要体现在两个方面:一是世界观层面的思想意识,是指人的动机、理想和意识观念等;二是方法论层面的思想认识,是指人们观察、分析事物的能力和方法。共同思想基础的实质是指社会群体拥有相同的看待事物的世界观和解决问题的方法论。在阶级社会里共同思想基础带有明显的阶级性,它的目的是把该组织力量凝聚起来,最大限度地形成社会思想共识,形成合力。不同性质的思想基础根据其在事物发展进程中所起的作用是不同的可分为积极、先进的共同思想基础和消极、落后甚至反动的共同思想基础。先进的共同思想基础能够代表社会发展的前进方向,对社会生产力发展起促进作用,充分代表人民群众的根本利益。一种思想能否成为人们共同的思想基础,绝

① 熊建生:《思想政治教育内容结构论》,中国社会科学出版社 2012 年版,第 172 – 173 页。

不是偶然,也不是靠外力强加,而是靠这种思想真正符合社会发展的规律和满足人民的需求。共同的思想基础,是一个党、一个国家、一个民族赖以存在和发展的重要前提,如果没有共同的思想基础作精神支柱,就等于没有灵魂,就会失去凝聚力和生命力。用社会主义核心价值体系巩固全党全国各族人民团结奋斗的共同思想基础的根本是巩固社会主义核心价值体系所倡导的马克思主义世界观和方法论,其外在表现正如党的十七大报告所指出,"要巩固马克思主义指导地位,坚持不懈地用马克思主义中国化最新理论成果武装全党、教育人民,用中国特色社会主义共同理想凝聚力量,用以爱国主义为核心的民族精神和以改革创新为核心的时代精神鼓舞斗志,用社会主义荣辱观引领风尚,巩固全党全国各族人民团结奋斗的共同思想基础。"①因此,在我国当前经济体制深刻变革、社会结构深刻变动、利益格局深刻调整、思想观念深刻变化的背景下,社会主义核心价值体系系统建设在内在本质上的功能评价是全党全国各族人民团结奋斗建设社会主义的伟大实践中自觉以马克思主义世界观和方法论以及由此衍生出来的人生观、价值观和具体方法作为看待事物和解决问题的思想观念基础,自觉抵制和清除非马克思主义世界观和错误方法论的影响,保证社会主义建设有科学的世界观和方法论指导。社会主义核心价值体系系统建设在外在表现上的功能评价是作为灵魂的马克思主义指导思想被人民群众充分接受,马克思主义指导地位日益巩固;作为主题的中国特色社会主义共同理想成为人民的共同追求,成为时代的进步的主旋律;作为精髓的民族精神和时代精神鼓舞斗志,为全党全国各族人民的建设实践提供不竭精神动力;作为基础的社会主义荣辱观引领社会风气,形成风清气正、和谐昂扬的社会风尚。

5.3 社会主义核心价值体系系统建设的效度评价

党的十六届六中全会通过的《中共中央关于构建社会主义和谐社会若干重大问题的决定》第一次提出了建设社会主义核心价值体系的历史任务,并要求"坚持把社会主义核心价值体系融入国民教育和精神文明建设全过程,贯穿现代化建设

① 胡锦涛:《高举中国特色社会主义伟大旗帜 为夺取全面建设小康社会新胜利而奋斗》人民出版社 2007 年版,第 34 页。

各方面。"①十七大报告再次作了强调,"切实把社会主义核心价值体系融入国民教育和精神文明建设全过程,转化为人民的自觉追求。"②十七届六中全会报告《中共中央关于深化文化体制改革推动社会主义文化大发展大繁荣若干重大问题的决定》重申"把社会主义核心价值体系融入国民教育、精神文明建设和党的建设全过程,贯穿改革开放和社会主义现代化建设各领域,体现到精神文化产品创作生产传播各方面。"③可以看出,有效融入、全面贯穿和充分体现是社会主义核心价值体系系统建设在社会中应呈现的效度,效度平价是社会主义核心价值体系系统建设的应有评价方面。

5.3.1 有效融入

所谓融入有融合、进入之意,意味着对原有条件的有机结合和渗透。社会主义核心价值体系经系统建设的有效融入状态是指社会主义核心价值体系的价值理念有效融合、进入社会机体中,与社会各系统呈现有机结合和充分渗透的状态。十七届六中全会报告"把社会主义核心价值体系融入国民教育、精神文明建设和党的建设全过程",为社会主义核心价值体系经系统建设后的融入状态提供了方向和依据,即国民教育、精神文明建设和党的建设全过程是评价社会主义核心价值体系融入状态的重点领域。"国民教育是面向全体公民,以提高公民素质、服务社会发展为目标的普适性教育。"④国民教育是全民教育、全程教育和全方位的统一,国民教育从教育对象来看,不仅包括各级在校学生而且而且涵盖全体社会成员。从教育阶段来看,不仅包括学生阶段的教育而且蕴含终身教育。从教育层面来看,国民教育包括学校教育、家庭教育和社会教育三个组成部分。把社会主义核心价值体系融入国民教育全过程意味着社会主义核心价值体系充分融入学校教育、家庭教育和社会教育的各个环节。社会主义核心价值体系融入学校教育全过程表现为要把社会主义核心价值体系融合、进入到学前教育、初等教育、中等教育、高等教育等各级各类学校教育的全过程。纳入普通教育、职业教育、成人教育各种类型的国民教育过程中。社会主义核心价值体系融入家庭教育全过程,就是把社会主义核心价值体系融入家庭教育的理念、方式和方法中,使之与学校教育

① 中共中央宣传部:《社会主义核心价值体系学习读本》,学习出版社 2009 版,第 26 页。
② 中共中央宣传部:《社会主义核心价值体系学习读本》,学习出版社 2009 年版,第 148 页。
③ 中共中央宣传部:《社会主义核心价值体系学习读本》,学习出版社 2009 版,第 237 页。
④ 李泽泉:《把社会主义核心价值体系融入国民教育全过程》,《学习月刊》2012 年第 5 期。

和社会教育充分衔接和互补。社会主义核心价值体系融入社会教育全过程,就是把社会主义核心价值体系融入机关、企事业单位、街道、社区和广大农村社会教育中去,融入诸如成人大学、老年人课堂以及其他各类专门职业培训机构的教育活动中。社会主义核心价值体系融入国民教育全过程又具体表现为把社会主义核心价值体系融入各级国民教育的目标体系,使社会主义核心价值体系成为各级国民教育的自觉价值追求。把社会主义核心价值体系融入各级国民教育的内容体系,成为德育、智育、体育、美育、劳动教育重要内容。把社会主义核心价值体系融入国民教育的不同层次和环节,使国民教育全方位体现社会主义核心价值体系的理念和精神。

精神文明指的是人们精神生活的进步状况,它标志着人类精神生活发展的水平和自身解放的程度。"社会主义精神文明是社会主义社会的重要特征,是现代化建设的重要目标和重要保证。建设社会主义精神文明,关系跨世纪宏伟蓝图的全面实现,关系我国社会主义事业的兴旺发达。"①精神文明的内涵大体体现在三个方面:一是社会的文化、知识、智慧状态;二是社会的政治思想、道德面貌、社会风尚等;三是是非、美丑等审美情操。因此精神文明建设就内容而言主要包括文化建设、思想建设和审美建设。社会主义核心价值体系融入精神文明建设全过程就表现为社会主义核心价值体系有效融入文化建设、思想建设和审美建设过程中。社会主义核心价值体系有效融入文化建设全过程表现为社会主义核心价值理念融入教育、科学、文化、艺术、卫生、体育以及各种群众性的娱乐活动等各项文化事业建设过程中。思想建设又包括思想理论建设、理想信念建设和思想素质建设。社会主义核心价值体系融入思想建设全过程表现为社会主义核心价值理念融入思想理论建设、理想信念建设和思想素质建设全过程,具体表现为融入政治思想、道德面貌、社会风尚和人们的理想、情操、觉悟、信念中。社会主义核心价值体系融入审美建设全过程表现为社会主义核心价值理念融入审美意识、审美活动和审美创造中,成为人们辨别是非、美丑、善恶、真假的能力的标杆。

党的建设的伟大工程从整体上看包括思想、组织、作风、制度和反腐倡廉建设,社会主义核心价值体系建设融入党的建设全过程就是融入以上建设的全过程。在思想建设过程表现为全体党员用社会主义核心价值体系武装头脑,善于运

---

① 《中共中央关于加强社会主义精神文明建设若干重要问题的决议》,《共产党员》1996 年第 11 期。

用社会主义核心价值体系理论的立场观点方法来认识世界、改造世界,抵制各种错误、腐朽思想的侵蚀。在组织建设过程表现为把社会主义核心价值体系理论运用于在党组织的组建、党员队伍建设、干部人才队伍建设过程中,把社会主义核心价值理念转化为党内制度内核,反映在党的制度建设过程中。在作风建设过程表现为把社会主义核心价值体系理论运用于理论联系实际、密切联系群众、批评与自我批评为代表的党的作风建设过程中,体现在党员干部的党性修养、党性意识、党性观念上。在制度建设过程表现为以党的制度建设以社会主义核心价值体系为根本价值导向,遵循科学的制度伦理,把社会主义核心价值体系的指导思想、共同理想信念、强大精神动力和基本道德规范融入党的学习制度、领导制度、党内民主制度、干部人事制度中,使党的规章制度切实反映社会主义核心价值体系的精神实质。在反腐倡廉建设过程表现为以社会主义核心价值体系为指导,党员干部牢固树立马克思主义世界观、人生观、价值观和正确的权力观、地位观、利益观,坚持艰苦奋斗、廉洁奉公,坚持以人为本、执政为民,始终保持共产党人昂扬锐气和浩然正气。

5.3.2 全面贯穿

全面贯穿的状态评价是指社会主义核心价值体系全面贯穿改革开放和社会主义现代化建设各领域。作为强国之路和基本国策的改革开放主要包括对内改革和对外开放的两重含义,对内改革主要指经济体制改革、政治体制改革、文化体制改革和社会体制改革。对外开放主要指我国政治、经济、文化、社会领域展开的全方位、多层次、宽领域的对外开放。社会主义核心价值体系全面贯穿改革开放各领域就主要体现在政治、经济、文化、社会领域的改革和开放中。经济体制通常是指一个国家国民经济的管理制度及运行方式,是一定经济制度下国家组织生产、流通和分配的具体形式。经济体制是所有制和产权结构与一定的资源配置方式的统一,反映了人们在社会中的经济地位和利益关系。经济体制作为资源占有方式与资源配置方式的有机组合,是由三个层次的要素构成的:即核心要素(是所有制或产权制度)、支配要素(包括决策结构和利益结构)和运行要素(包括组织结构、动力结构、信息结构和协调(监督)结构)构成。社会主义核心价值体系全面贯穿经济体制改革的各领域表现为经济体制领域所有制或产权制度改革、决策结构和利益结构调整和组织结构、动力结构、信息结构和协调(监督)结构的改变都要以社会主义核心价值理念为指导和利益价值评判依据,保证经济体制改革满足人民群众的经济利益。政治体制一般指一个国家政府的组织结构和管理体制及相关法律和制度,简称政体,通常也称作政权组织形式。政治体制改革,就是在社会主义政治总格局和权力结构形式不变的前提下,对政权组织、政治组织的相互关系及其运行机制的调整和完善。社会主义核心价值体系全面贯穿政治体制改革的各领域表现为在完善促进人民代表大会制度、政治协商制度、民族区域自治制度、村民自治制度和基层民主制度等政治制度的改革中以及人事制度行政管理体制等管理制度的改革中全面贯穿社会主义核心价值理念,体现社会主义性质,维护好人民当家作主的权利。社会主义核心价值体系全面贯穿文化体制改革的各领域表现为抛弃那些阻碍“二为方向”、“双百方针”和“三贴近原则”的改革中,以社会主义核心价值体系为精神内核完善文化运行机制、规范文化市场市场行为,在文化政策的制定和文化事业规范化、长效化、法制化,产业化、集约化发展中体现社会主义核心价值体系的要求。社会体制是社会物质资源、精神资源的占有与分配的体制,社会体制改革是包括社会事业体制改革、社会管理体制改革、医疗体制改革、行政体制改革等领域的体制改革,社会主义核心价值体系全面贯穿社会体制改革的各领域表现为社会主义核心价值理念深入体现以上社会体制改革诸领域,体现社会主义价值的规范和要求。对外开放主要指我国政治、经济、文化、社会领域展开的全方位、多层次、宽领域的对外开放,社会主义核心价值体系全面贯穿对外开放领域的体现是以国情为基础,以社会主义核心价值体系要求为准绳,在有重点、有层次、引进来、走出去的对外开放过程中坚持社会主义价值取向。

社会主义现代化建设包括经济、政治文化、社会和生态等领域的建设。在经济建设领域,就是要把社会主义核心价值体现在经济发展的目标设定、规划制定和具体政策方面,按照中国特色社会主义核心价值的要求建设利益分配机制和市场竞争机制,坚持以社会主义核心价值体系为指导来谋发展、促繁荣,实现共同富裕,实现社会主义物质文明;在政治建设中,就是要把中国特色社会主义核心价值贯彻到社会主义民主政治的实践中,贯彻到依法治国的各项工作当中,在路线、方针、政策和法律法规之中体现和贯彻落实中国特色社会主义核心价值。切实以社会主义核心价值体系为基本规范来推动政治体制改革,实现社会主义政治文明;在文化建设中,切实以社会主义核心价值体系作为精神纽带来统一意志、凝聚力量,成为党团结带领全国各族人民开拓前进的精神旗帜,实现社会主义精神文明。在社会建设中,是要在解决和保障民生的各项社会事业中体现和贯彻落实中国特色社会主义核心价值观,按照中国特色社会主义核心价值观的要求改进社会管理的体制机制和具体政策。切实以社会主义核心价值体系为基本要求来推动社会建设,维护社会的稳定和谐,实现社会主义社会管理文明。在生态建设中切实以社会主义核心价值体系作为指导,以可持续发展和人与自然和谐共处的理念为要求,实现社会主义生态文明。

5.3.3 充分体现

“精神文化产品是精神文化生产者劳动智慧的结晶,它主要指精神文化生产者通过脑力劳动对生产对象进行思维加工所创造出来的思想观念形态产品。”① 精神文化产品的价值主要在于它蕴含的思想价值、艺术价值、审美价值达到娱乐人、教育人、鼓舞人和塑造人的目的。精神产品不仅能满足人们各种精神文化需求,而且能对人的精神产生各种影响,并通过人将产品所蕴含的能量转化为改造大自然、推动经济社会发展的力量。社会主义核心价值体系体现着社会主义先进文化的精神价值,是文化之“魂”,各种形式的精神文化产品是承载文化精神价值的“体”,精神文化产品担负着弘扬社会主义核心价值体系的责任。精神文化产品创作生产的主要领域是哲学社会科学、新闻舆论、文艺作品以及网络文化;必须把社会主义核心价值体系体现到精神文化产品创作生产的各个领域各个方面,充分发挥文以载道、以文化人的重要功能。社会主义核心价值体系体现在精神文化产品生产创作当中,一是社会主义核心价值体系主导精神文化产品的创作方向。创作方向是精神文化创作生产的首要问题,决定着精神文化产品的价值取向,以社会主义核心价值体系作为精神文化创作生产的“主导向”和“主旋律”。二是社会主义核心价值体系主导精神文化产品创作生产规划,在资金、频道、版面、场地等方面为展演、展映、展播、展览弘扬社会主义核心价值的精品力作提供条件;设立专项艺术基金,支持收藏和推介优秀文化作品,鼓励和引导优秀文化产品创作生产,加大对优秀作品的扶持力度和推广力度,使弘扬社会主义主流价值的精品力作不断涌现。三是社会主义核心价值体系主导精神文化产品的评价,建立公开、公平、公正评奖机制,以社会主义核心价值取向、人民群众满意作为积极健康的文艺批评标准。精神文化产品传播主要表现为通过传媒、网络和文化市场为主的主渠道传播和宣传机构、学校、企事业单位等主阵地宣传。把社会主义核心价值体

① 王莹:《关于精神文化产品的哲学思考》,《学术探索》2012 年第 8 期。

系体现到精神文化产品传播各方面表现为传媒、网络和文化市场等传播主渠道和宣传机构、学校、企事业单位等宣传主阵地自觉以社会主义核心价值体系的理念规范为导向,在精神文化产品传播的政策制定、激励机制的设立以及宣传传播倾向上强调社会主义核心价值的"主导向"、"主旋律"地位,促进精神文化产品传播方面社会主义核心价值体系的要求。

5.4 社会主义核心价值体系系统建设的表征评价

表征是事物显示出来的现象和表现出来的特征,是事物内部矛盾运动和变化规律的外在表现,是研究发现事物本质和属性的客观外在依据。社会主义核心价值体系系统建设的成效如何的直接判断依据就是对其系统建设后的外显表征。社会主义核心价值体系价值本性的特质、理论体系的形式表现和社会化存在属性决定了其表征评价的纬度主要体现在价值承载体系、理论传导机制和社会环境氛围三个方面。

5.4.1 承载体系健全

社会主义核心价值体系从理论的角度看,是关于社会主义主导价值的理论体系;从价值的角度看,是社会主义倡导的主导价值观念;从意识形态角度看,是社会主义意识形态的本质体现。以上三重蕴含决定了承载社会主义核心价值体系的载体是一个复杂的承载系统,社会主义核心价值体系系统建设的一个外在表征评价就是看社会主义核心价值体系承载体系是否健全。承载社会主义核心价值体系的载体主要包括精神载体、文化载体、制度载体,健全的社会主义核心价值体系承载体系就是以上三类载体建设到位,匹配契合,使社会主义核心价值体系充分体现。精神载体健全具体表现为民族精神载体、时代精神载体、职业精神载体建设到位,通过深入发掘以爱国主义为核心的团结统一、爱好和平、勤劳勇敢、自强不息的伟大民族精神的精神内涵,使社会主义核心价值蕴含其中,赋予民族精神新的价值内涵,在民族精神的凝聚力、传承力和亲和力中实现对社会主义核心价值的传承和促进。通过深入弘扬和确立以改革创新为特征的和谐精神、竞争精神、法制精神、开放精神、创新精神等时代精神,把社会主义核心价值融入其中,以崭新的时代精神风貌体现社会主义核心价值体系。通过培育包括职业理想、职业态度、职业责任、职业纪律、职业良心、职业信誉和职业作风为基本要素的职业精神，把社会主义核心价值为导向的价值追求涵容其中，以职业精神的发扬来弘扬社会主义核心价值。文化载体是社会主义核心价值体系作为精神之魂依附的重要躯体，健全的社会主义核心价值体系文化载体从文化的形态上看，反映社会主义核心价值体系的物质文化、精神文化和制度文化并存；从文化的领域上看，反映社会主义核心价值体系的政治文化、经济文化和法制文化齐备；从文化的区域上看，反映社会主义核心价值体系的社区文化、企业文化、校园文化、村镇文化、军营文化等健全。不同类型社会主义核心价值体系文化载体充分发挥其形式大众性、价值观念影响渗透性和精神消费共享性的优势特性，有效承载、体现、社会主义核心价值体系。社会主义核心价值体系制度载体健全表现为反映社会主义核心价值体系的法律、规章、组织章程等社会正式制度制齐全，表现社会主义核心价值体系的伦理规范、道德观念、风俗习惯等非正式制度完备，体现社会主义核心价值体系的经济制度、政治制度、法律制度和思想文化制度等社会宏观制度健全，各项制度以社会主义核心价值精神为参照，构筑一个严密的社会主义核心价值体系制度承载体系。社会主义核心价值体系活动载体根据活动的形式可分为教育类活动载体、文体类活动载体和实践类活动载体。教育类活动主要包括各种主题教育活动、政策宣讲活动、政策理论学习活动、重大节日或重大历史事件庆祝纪念活动和争先创优表彰活动。文体类活动如文艺演出、演讲比赛、体育竞赛、艺术欣赏等活动，实践类活动如青年志愿者活动、科技服务活动、社会公益活动、“三下乡”活动、调研活动等。社会主义核心价值体系活动载体健全意味着以上三类载体齐全丰富，通过精心设计活动载体，突出思想内涵，采取群众喜闻乐见的方式，把社会主义核心价值蕴含于活动载体之中，并以活动的方式体现出来。

5.4.2 传导机制完备

机制是事物内在运行机理的外在制式化表现，在某种程度上，机制也是事物要素和部分之间彼此作用和联系的具体表现形式，机制在事物过程中起着进程导向、维系稳态和信息传递等作用。社会主义核心价值体系是中央提出的理论体系，理论被群众知晓，成为群众社会生活实践的价值共识是社会主义核心价值体系系统建设的重要目的，理论的宣传离不开传导机制的促进作用，传导机制完备是社会主义核心价值体系系统建设表征评价的主要方面。传导机制是包括导向机制、动力机制、调控机制、保障机制和反馈机制在内的机制系统，社会主义核心价值体系传导机制完备就具体表现为以上五个方面机制的齐全。社会主义核心价值体系导向机制主要有目标导向机制、利益导向机制、舆论导向机制和评估导向机制组成,共同组成了一个完整的导向机制系统,保证了社会主义核心价值体系成为社会主义主导意识形态和主流价值取向,实现其引领社会思潮、形成思想共识、凝聚力量、鼓舞斗志、引导风尚和巩固共同思想基础目的。社会主义核心价值体系动力机制主要包括利益引导机制、考核评价机制和社会激励机制。利益导引机制是共同利益凝聚、强化合法利益维护、调节主体利益分配、释放多元利益表达等众多环节在内的复杂耦合机制。考核评价机制是评判、界定管理机制、实施机制、保障机制等机制作用过程和具体成效的机制。社会激励的方式分为物质激励、舆论激励、行政激励三种主要形式。社会主义核心价值体系调控机制包括反馈机制、评判机制、纠偏机制和强化机制构成,实现了对系统建设过程从实践信息的收集、实践结果的评判、实践偏差的补偿到正向价值的强化的完整机制流程。社会主义核心价值体系保障机制主要包括经济保障机制、政治保障机制和文化保障机制等三个部分。依据社会主义核心价值体系四个方面的内容,社会主义核心价值体系反馈机制主要包括指导思想反馈机制、共同理想反馈机制、精神动力反馈机制和荣辱观反馈机制。社会主义核心价值体系导向、动力、调控、保障和反馈等机制系统共同作用,合理控制建设的节奏、力度、广度与深度,协同实施以完成社会主义核心价值体系系统建设整体目标、实现其整体功能,使社会主义核心价值体系由务虚的理论内容成为务实的操作规范,成为社会主流意识形态和根本价值导向。

5.4.3 环境氛围优良

环境在《现代汉语词典》中的解释有两个:一是周围的地方;一是周围的情况和条件。可以看出以上解释较为笼统,对环境的理解还要细化为以下几个方面:第一,环境是与特定中心事物或活动对应而存在。第二,环境是所有外部相关因素和条件的总和。第三,环境是变化发展的。① 围绕中心事物的外部空间、条件和状况,构成中心事物的环境。环境总是相对于某一中心事物而言的。环境因中心事物的不同而不同,随因素和条件的变化而变化。对社会主义核心价值体系

① 张耀灿,郑永廷,吴潜涛,骆郁廷等著:《现代思想政治教育学》,人民出版社 2006 年版,第 295 页。

统建设而言,中心项是社会主义核心价值体系建设,外部的相关因素和条件即为环境。良好的外部环境对社会主义核心价值体系建设起着强化、导向和感染的作用,环境氛围优良是社会主义核心价值体系系统建设的重要评价表征。社会主义核心价值体系系统建设营造的环境按其影响范围可分为宏观环境(如社会环境)、中观环境(如社区环境)和微观环境(如校园环境)。按其内容可分为物质环境(如经济环境)和精神环境(如文化环境)。按其状态可分为开放环境和封闭环境。从现代科技发展的角度来看,环境又可分为媒介环境、虚拟环境和竞争环境。以上环境类型的划分为社会主义核心价值体系系统建设的表征——环境氛围优良提供了依据和思路,社会主义核心价值体系系统建设营造的环境评价主要表现如下:从社会整体看,政治环境、经济环境、文化环境、媒介环境、虚拟环境等环境氛围优良,形成有利于社会主义核心价值体系传播和建设的因素和条件。政治环境氛围优良表现为政治体制和政治生态适合社会主义核心价值体系传播和建设,民众参与热情、法制保障完备、政策制定有力,社会主义核心价值体系成为人们的政治态度、政治信仰和政治情感的主基调和主旋律。经济环境氛围优良表现为经济政策导向、经济价值取向以社会主义核心价值理念为准绳,人们的经济行为和经济生活以社会主义核心价值规范为依据。文化环境氛围优良表现为社会主义核心价值理念广泛渗透教育、科技、文艺、道德、宗教、价值观念、风俗习惯等领域,企业文化、社区文化、村镇文化、校园文化、军营文化和家庭文化等不同层次的文化呈现传播、体系和践行社会主义核心价值体系良好局面。媒介环境氛围优良表现为电视、报纸、广播、手机、互联网等新旧媒体摒弃低俗、媚俗的不良宣传倾向,肩负传播社会主义核心价值体系主渠道的重任,与受众之间形成传播社会主义核心价值体系的良性氛围。虚拟环境氛围优良是指加强对计算机网络主导的网络虚拟空间的管理和指导,借助现代管理技术和手段把社会主义核心价值体系的理念和要求融入其中,形成以社会主义核心价值体系为主导的虚拟环境行为交往规范,进而形成倡导和遵守社会主义核心价值理念的网络虚拟环境。

6. 结语

社会主义核心价值体系建设是探索中国特色社会主义历史进程中提出的重大命题和战略任务，该命题的提出突破了实证化、伦理化认识社会主义的传统思维方式，从价值维度回答了社会主义的实质，是我们党在建设中国特色社会主义伟大实践中价值自觉的表现。社会主义核心价值体系“重在建设”，意味着社会主义核心价值体系不是自然形成，而是在建设有中国特色社会主义的伟大实践中，我们党引导人民依据社会发展的规律，自觉设定的目标和建设的结果，是自觉认识社会主义价值内涵、探索社会主义价值实现形式、发现社会主义价值建设规律和运用社会主义价值为现代化建设服务的体现。社会主义核心价值体系本身从理论的角度看是关于社会主义主导价值的理论体系；从价值的角度看体现了社会主义倡导的主导价值（观念）；从意识形态角度看是社会主义意识形态的本质体现。因此社会主义核心价值体系建设是一项复杂的系统工程，从“系统”的视角入手，才能使社会主义核心价值体系建设的研究避免以偏概全、就事论事的研究弊端和视野局限。本文选择“系统建设”为研究视阈，对社会主义核心价值体系建设的内涵、进路、域分、过程和评价展开探讨。力求借助现代系统理论和工程理论的研究成果为社会主义核心价值体系建设提供科学的研究思路和方法论指导，从系统的整体性、结构性、层次性和与环境的互动性中探讨社会主义核心价值体系建设的内在的、规律性的方式，从工程思维的角度探讨社会主义核心价值体系建设可能和可行之间的辩证关系。基于此，本文将论述分为系统建设的蕴含、系统建设的进路、系统建设的域分、系统建设的过程、系统建设的评价五个部分。

本文五个部分内容既彼此独立又相互关联。相对独立是指论文的五个部分旨趣相异、自成体系，是社会主义核心价值体系系统建设要考察的一个角度。在社会主义核心价值体系系统建设的蕴含分析中，本文侧重从理论分析角度考察社会主义核心价值体系重在建设的缘由，对是一个系统工程进行深入透析，对系统建设的形态进行定性分类，对系统建设进行系统论剖析，从学理层次较为深入挖掘了社会主义核心价值体系的内涵。对社会主义核心价值体系系统建设的内涵、意义、缘由进行了澄清。在社会主义核心价值体系系统建设的进路中，本文选择理论化、社会化、个体化三个角度考察，指明了社会主义核心价值体系系统建设的路向，为系统化建设开阔了思路。在社会主义核心价值体系系统建设的域分中，本文选取主体、本体、和载体三大领域的建设位突破口，把社会主义核心价值体系系统建设建立在坚实的基础之上。在社会主义核心价值体系系统建设的过程分析中，本文对过程的分类进行了分类，对过程的矛盾进行了厘析，对过程的规律进行了探讨，对过程的机制进行了梳理，从而使本研究更富于学理。在社会主义核心价值体系系统建设的评价分析中，本文从系统建设的内涵评价、功能评价、效度评价和表征评价入手，构成了社会主义核心价值体系系统建设过程的一个完整环节，既是对一定建设阶段的回顾和总结，又对下一阶段的建设提出了要求。以上五个部分从理论到实践构成了一个较为完整的研究体系，并取得了较为深入的研究成果。本文对社会主义核心价值体系系统建设的研究，也刚刚起步，只是研究其一隅，并非其全貌。社会主义核心价值体系系统建设作为一项复杂的系统工程，由于受本人学识粗陋等诸多因素的限制，尚须深入发掘。如社会主义核心价值体系建设的质态分类中提到原生性建设、再生性建设和融入性建设三种建设质态，需用深入细致研究，为深入把握社会主义核心价值体系的建设提供指导。再如，社会主义核心价值体系系统建设的进路研究中作为理论化建设的路向还需进一步探讨，社会化建设路向还需完善，个体化建设还需精细分析。又如，在社会主义核心价值体系系统建设的本体建设研究中，限于篇幅的局限在论述“自由”、“平等”、“公正”和“共生”是社会主义最为核心的价值时显得不够系统和丰富，需用以后认真弥补，详加说明。再如，社会主义核心价值体系载体建设本文主要选取精神载体建设、文化载体建设、制度载体建设作为建设的主要方面，尚没有把活动载体等涵盖进去。最后，社会主义核心价值体系系统建设还需广泛比较、深入借鉴古今中外意识形态建设的经验，理论研究还需借鉴西方当代意识形态理论研究的最新成果等来推动社会主义核心价值体系系统建设。由于本文力有不逮，以上诸多遗憾有待于后续研究时弥补。

社会主义核心价值体系系统建设不是一个自我封闭的系统，是一个随实践发展不断与时俱进的过程。在这一扬弃过程中，旧的研究方法、方案可能被抛弃湮没或浴火重生,新的研究方法、方案不断涌现是社会主义核心价值体系建设研究的必然趋势。社会主义核心价值体系系统建设的实践始终伴随中国特色社会主义现代化建设的实践的步伐而前进,实践发展永无止境,理论探索也永不止步。让我们一起继续为社会主义核心价值体系建设尽微薄之力。

参考文献

（一）

[1]《马克思恩格斯选集》第1－4卷，北京：人民出版社1995年版。

[2]《马克思恩格斯文集》第1－10卷，北京：人民出版社2009年版。

[3]《列宁选集》第1－4卷，北京：人民出版社1995年版。

[4]《列宁专题文集》第1－5卷，北京：人民出版社2009年版。

[5]《毛泽东选集》第1－4卷，北京：人民出版社1991年版。

[6]《邓小平文选》第1卷，北京：人民出版社1994年版。

[7]《邓小平文选》第2卷，北京：人民出版社1994年版。

[8]《邓小平文选》第3卷，北京：人民出版社1993年版。

[9]《江泽民文选》第1－3卷，北京：人民出版社2006年版。

[10]《十五大以来重要文献选编》（下），北京：人民出版社2003年版。

[11]《十六大以来重要文献选编》（上），北京：中央文献出版社2005年版。

[12]《十六大以来重要文献选编》（中），北京：中央文献出版社2006年版。

[13]《十六大以来重要文献选编》（下），北京：中央文献出版社2008年版。

[14]《十七大以来重要文献选编》（上），北京：中央文献出版社2009年版。

[15]《十七大报告辅导读本》，北京：人民出版社2007年版。

[16]中共中央宣传部理论局：《社会主义核心价值体系学习读本》，北京：学习出版社2009年版。

[17]中共中央宣传部理论局：《中国特色社会主义理论体系学习读本》，北京：学习出版社2009年版。

[18]中共中央宣传部理论局：《六个“为什么”——对几个重大问题的回答》，北京：学习出版社2009年版。

[19]北京马克思主义理论研究与传播基地:《社会主义核心价值体系建设与首善之区的实践研究文集》,北京:中共中央党校出版社 2007 年版。

[20]红旗大参考编写组:《建设社会主义核心价值体系大参考》,北京:红旗出版社 2007 年版。

[21]《社会主义核心价值体系学习读本》,北京:中共党史出版社 2007 年版。

(二)

[1]陈新汉:《评价论导论》,上海:上海社会科学院出版社 1995 年版。

[2]陈新汉:《社会主义核心价值体系价值论研究》,上海:上海人民出版社 2008 年版。

[3]陈章龙:《冲突与建构——社会转型时期的价值观研究》,南京:南京师范大学出版社 1997 年版

[4]陈章龙、周莉:《价值观研究》,南京:南京师范大学出版社 2004 年版。

[5]陈亚杰:《建设社会主义核心价值体系》,北京:人民出版社 2007 年版。

[6]柴毅龙:《尊道与贵德:中国人的价值观》,昆明:云南人民出版社 1999 年版。

[7]戴钢书:《大学生社会主义核心价值理念培育质性研究》,北京:人民出版社 2008 年版。

[8]冯平:《评价论》,北京:东方出版社 1995 年版。

[9]冯天策:《信仰:人类的精神家园》,济南:济南出版社 2000 年版。

[10]傅治平:《精神的升华:中国共产党的精气神》,北京:人民出版社 2007 年版。

[11]何萍:《生存与评价》,北京:东方出版社 1998 年版。

[12]贺善侃:《价值·文化·科技》,上海:东华大学出版社 2004 年版。

[13]韩震:《社会主义核心价值体系研究》,北京:人民出版社 2007 年版。

[14]兰久富:《社会转型时期的价值观念》,北京:北京师范大学出版社 1999 年版。

[15]黄凯锋:《价值论及其部类研究》,上海:学林出版社 2005 年版。

[16]黄凯锋:《当代中国价值观研究新取向》,上海:学林出版社 2007 年版。

[17]黄凯锋,唐志龙:《建设社会主义核心价值体系》,上海:上海人民出版社 2007 年版。

[18]李连科:《世界的意义:价值论》,北京:人民出版社 1985 年版。

[19]李连科:《哲学价值论》,北京:中国人民大学出版社 1991 年版。

[20]李建华:《和谐社会之魂——社会主义核心价值体系》,长沙:湖南人民出版社 2007 年版。

[21]李德顺:《价值论:一种主体性的研究》,北京:中国人民大学出版社 1987 年版。

[22]李德顺,马俊峰:《价值论原理》,西安:陕西人民出版社 2002 年版。

[23]李德顺:《新价值论》,昆明:云南人民出版社 2004 年版。

[24]李德顺,孙伟平:《道德价值论》,昆明:云南人民出版社 2005 年版。

[25]李从军:《价值体系的历史选择》,北京:人民出版社 2004 年版。

[26]李瑞兰,季乃礼:《修身·齐家·治国·平天下新论:中国传统整体主义价值观的历史理性与现代价值》,天津:天津社会学院出版社 2001 年版。

[27]李文华:《现代社会心理学》,武汉:华中科技大学出版社 2007 年版。

[28]刘永富:《价值哲学的新视野》,北京:中国社会科学出版社 2002 年版。

[29]刘明君、郑来春、陈少岚:《多元文化冲突与主流意识形态建构》,北京:中国社会科学出版社 2008 年版。

[30]刘建明、纪忠慧、王莉丽:《舆论学概论》,北京:中国传媒大学出版社 2009 年版。

[31]吕振宇、李明:《论社会主义核心价值体系》,济南:山东人民出版社 2009 年版。

[32]梅荣政、杨军:《社会主义核心价值体系与社会思潮析评》,北京:中国社会科学出版社 2010 年版。

[33]彭澎:《政府角色论》,北京:中国社会科学出版社 2002 年版。

[34]乔耀章:《政府理论》,苏州:苏州大学出版社 2000 年版。

[35]阮青:《价值哲学》,北京:中共中央党校出版社 2004 年版。

[36]石海兵:《青年价值观教育研究》,合肥:安徽人民出版社中国经济出版社 2007 年版。

[37]商戈令:《道德价值论》,杭州:浙江人民出版社 1988 年版。

[38]邵龙宝,李晓菲:《儒家伦理与公民道德教育体系的构建》,上海:同济大学出版社 2005 年版。

[39]孙伟平:《价值哲学方法论》,北京:中国社会科学出版社 2008 年版。

[40]童世骏:《意识形态新论》,上海:上海人民出版社 2006 年版。

[41]王玉樑:《价值哲学》,西安:陕西人民出版社 1989 年版。

[42]王玉樑:《价值哲学新探》,西安:陕西人民教育出版社 1993 年版。

[43]王玉樑:《当代中国价值哲学》,北京:人民出版社 2004 年版。

[44]王玉樑:《21 世纪价值哲学:从自发到自觉》,北京:人民出版社 2006 年版。

[45]王礼湛,陈杰,陆树程:《思想政治教育学》,杭州:浙江大学出版社 2004 年版。

[46]王伦光:《价值追求与和谐社会构建》,杭州:浙江大学出版社 2006 年版。

[47]王葎:《价值观教育的合法性》,北京:北京师范大学出版社 2009 年版。

[48]吴光章:《现代价值观新探》,昆明:云南科技出版社 2003 年版。

[49]邬 焜,李建群:《价值哲学问题研究》,北京:中国社会科学出版社 2002 年版。

(三)

[1](日)牧口常三郎:《价值哲学》,马俊峰、江畅译,北京:中国人民大学出版社 1989 年版。

[2](匈)维坦依:《文化学与价值学导论》,徐志宏译,北京:中国人民大学出版社 1992 年版。

[3](苏)B·П·图加林诺夫:《马克思主义中的价值论》,齐友、王霁、安启念译,北京:中国人民大学出版社 1989 年版。

[4](英)拉蒙特:《价值判断》,马俊峰等译,北京:中国人民大学出版社 1992 年版。

[5](英)安东尼·吉登斯:《现代性与自我认同:现代晚期的自我与社会》,赵旭东、方文译,上海:三联书店 1998 年版。

[6](美)芬德莱:《价值论伦理学:从布伦坦诺到哈特曼》,李德顺主编,北京:中国人民大学出版社 1989 年版。

[7](美)罗伯特·金·默顿:《论理论社会学》,何凡兴、李卫红、王丽娟译,北京:华夏出版社 1990 年版。

[8](美)塞森斯格:《价值与义务:经验主义伦理学理论的基础》,江畅译,北

京:中国人民大学出版社 1992 年版。

[9](美)杜维明:《儒家传统与文明对话》,彭国翔编译,石家庄:河北人民出版社 2006 年版。

[10](德)卡尔·曼海姆:《意识形态和乌托邦》,黎鸣译,上海:商务印书馆 2000 年版。

[11](苏)斯托洛维奇:《审美价值的本质》,凌继尧译,北京:中国社会科学出版社 1984 年版。

(四)

[1]胡锦涛:《以创新的精神加强网络文化建设和管理》,《党建》2007 年第 3 期。

[2]李长春:《大力推进和谐文化建设 繁荣发展社会主义文艺》,《求是》2006 年第 23 期。

[3]李长春:《把建设社会主义核心价值体系作为精神文明建设的主线》,《党建》2009 年第 3 期。

[4]刘云山:《深入推进社会主义核心价值体系建设 巩固全党全国人民团结奋斗的共同思想基础》,《党建》2008 年第 5 期。

[5]刘云山:《认清历史责任 发挥带头作用 为推动文化大发展大繁荣作出积极贡献》,《党建》2008 年第 11 期。

[6]《科学社会主义》记者:《构建中国特色社会主义核心价值观——访李忠杰教授》,《科学社会主义》2005 年第 2 期。

[7]陈章龙:《论社会转型时期的价值冲突》,《南京师范大学学报(社科版)》2004 年第 9 期。

[8]陈新汉:《社会主义核心价值体系——从价值哲学的角度看》,《哲学研究》2007 年第 11 期。

[9]陈新汉:《论核心价值体系》,《马克思主义研究》2008 年第 10 期。

[10]陈新汉:《论社会主义核心价值体系的人民主体性》,《哲学研究》2011 年第 1 期。

[11]戴木才、田海舰:《论社会主义核心价值体系与核心价值观》,《中国党政干部论坛》2007 年第 2 期。

[12]杜明娥:《生态文化:社会主义核心价值体系的时代内涵》,《社会科学辑

刊》2010 年第 1 期。

[13]冯平:《重建价值哲学》,《哲学研究》,2002 年第 5 期。

[14]房博:《社会主义核心价值体系的经济功能探析》,《党政干部学刊》2007 年第 11 期。

[15]高维钫:《社会主义核心价值体系与唯物史观》,《高校理论战线》2007 年第 7 期。

[16]黄凯锋:《社会主义核心价值体系的责任主体、路径依赖和结构分析》,《毛泽东邓小平理论研究》2007 年第 4 期。

[17]黄钊:《社会主义核心价值体系基本内容及其要素关系》,《思想教育研究》2007 年第 7 期。

[18]韩庆祥:《论建设社会主义核心价值体系的现实意义》,《中国党政干部论坛》2007 年第 10 期。

[19]兰久富:《价值体系的两个核心价值观念》,《东岳论丛》2000 年第 1 期。

[20]李斌雄:《我国社会主义核心价值体系教育的内容结构》,《思想理论教育》2007 年第 1 期。

[21]李景源、孙伟平:《价值观和价值导向论要》,《湖南科技大学学报(社会科学版)》2007 年第 4 期。

[22]秋石:《论社会主义核心价值体系》,《求是》2006 年第 24 期。

[23]石云霞:《社会主义核心价值体系教育的基本原则》,《思想理论教育导刊》2007 年第 3 期。

[24]汪信砚:《全球化中的价值认同与价值观冲突》,《哲学研究》2002 年第 11 期。

[25]吴潜涛:《社会主义核心价值体系的科学内涵》,《道德与文明》2007 年第 1 期。

后　记

在本书即将付梓之际，掩卷沉思，不胜感慨！曾几何时，撰文行书的艰辛，几欲让我止步，初尝成果的欢乐，又砥砺我前行。本书是在我的博士学位论文基础上修改而成，从充实、打磨、润色到最终定稿，历经近三年的时间，期间得到了众多师长、同仁的指导和帮助。

衷心感谢我的导师，武汉大学马克思主义学院熊建生教授！熊老师治学态度严谨、知识储备渊博、思维视角敏锐、诲人风格儒雅使我终身受益。毕业三年来，熊老师对我的工作和生活给予厚望和帮助，师恩难忘。回想在博士学习的整个阶段，导师的鼓励，情真意切，催我奋进；导师的教诲，春风化雨，促我前行。尤其是在我为选题彷徨犹豫时，熊老师结合我的兴趣，指点迷津，确定研究方向。在论文的选题立意、提纲架构、写作细节方面给予切中肯綮的指导。本书在撰写过程中承蒙熊老师的垂问和指导。个人的每一个进步，都饱含着导师的心血与汗水。熊老师学养深厚，为人谦和。从熊老师身上，我不仅学到了真知，而且学到了做人的品质。

光阴荏苒，师恩弥重。抚稿掩思，再次感谢博士学习期间导师组的老师们！值此向骆郁廷教授、沈壮海教授、佘双好教授、倪素香教授、项久雨教授表示感谢。导师们渊博的知识令人景仰，开阔的视野让人钦佩！在博士课程的授课中，导师们循循善诱、为人师表、诲人不倦的精神，成为伴我前行的财富和催我奋进的动力。感谢导师们在论文开题及写作过程中提出的宝贵意见，没有你们的指导和点拨，论文是难以完成的。还向三年来授课的老师丁俊萍教授、左亚文教授、夏建国教授、宋俭教授、袁银传教授、孙来斌教授、李楠教授等表示感谢，向顾海良教授、郑永廷教授、吴潜涛教授等校外名家致以崇高敬意。专家们对学科前沿问题的敏锐关注使我深受启发；专家们强烈的现实关怀意识，让我终生受益。

感谢桂林电子科技大学马克思主义学院各位领导、同事在本书写作和出版中给予的方便和帮助,感谢出版社的支持和关照,感谢家人!感谢所有帮助我的人!

本书对社会主义核心价值体系系统建设进行了一定程度的探索,因本人学养尚浅,不足和纰漏之处恳请专家、同仁、读者批评指正。

王占锋

2015 年 12 月 6 日于桂林花江